Lições de Filosofia Jurídica
NATUREZA & ARTE DO DIREITO

TÍTULO:	LIÇÕES DE FILOSOFIA JURÍDICA NATUREZA & ARTE DO DIREITO
AUTOR:	PAULO FERREIRA DA CUNHA
EDITOR:	LIVRARIA ALMEDINA – COIMBRA
DISTRIBUIDORES:	LIVRARIA ALMEDINA ARCO DE ALMEDINA, 15 TELEF. (039) 851900 FAX. (039) 851901 3004-509 COIMBRA – PORTUGAL Livrarialmedina@mail.telepac.pt LIVRARIA ALMEDINA – PORTO R. DE CEUTA, 79 TELEF. (02) 2059773/2059783 FAX. (02) 2026510 4050-191 PORTO – PORTUGAL EDIÇÕES GLOBO, LDA. R.S. FILIPE NERY, 37-A (AO RATO) TELEF. (01) 3857619 1250-225 LISBOA – PORTUGAL
EXECUÇÃO GRÁFICA:	G.C. – GRÁFICA DE COIMBRA, LDA. JANEIRO, 1999
DEPÓSITO LEGAL:	131464/99
	Toda a reprodução desta obra, por fotocópia ou outro qualquer processo, sem prévia autorização escrita do Editor, é ilícita e passível de procedimento judicial contra o infractor.

PAULO FERREIRA DA CUNHA
Doutor em Direito
(Universidades de Coimbra e Paris II)
Professor de Metodologia e Filosofia do Direito
(Universidade do Minho)

Lições de Filosofia Jurídica
NATUREZA & ARTE DO DIREITO

LIVRARIA ALMEDINA
COIMBRA – 1999

Outros Livros do Autor

– *O Procedimento Administrativo*, Coimbra, 1987

– *Quadros Institucionais – do social ao jurídico*, Porto, 1987 (esgotado); *Sociedade e Direito. Quadros Institucionais,* Porto, 1990 (nova ed. refundida e aumentada)

– *Introdução à Teoria do Direito*, Porto, 1988 (esgotado)

– *Noções Gerais de Direito*, Porto, 1.ª ed., 1988, 2.ª ed. 1991 (em colaboração com José Falcão, Fernando Casal, e Sarmento Oliveira). Edição bilingue português-chinês, revista, adaptada e muito aumentada: *Noções Gerais de Direito Civil,* I, trad. de Vasco Fong Man Chong, Macau, ed. subsidiada pelo Instituto Português do Oriente e Associação dos Advogados de Macau, 1993)

– *Problemas Fundamentais de Direito*, Porto, 1988

– *História da Faculdade de Direito de Coimbra,* Porto, 1991, 5 vols., (com a colaboração de Reinaldo de Carvalho). Edição Comemorativa do VII Centenário da Universidade, patrocinada pela Faculdade de Direito de Coimbra, prefaciada pelo Prof. Doutor Orlando de Carvalho

– *Direito*, Porto, 1990; 2.ª ed. 1991; 3.ª ed., 1994 (esgotado)

– *Pensar o Direito I. Do realismo clássico à análise mítica,* Coimbra, 1990; *Pensar o Direito II. Da Modernidade à Postmodernidade*, Coimbra, 1991

– *Direito. Guia Universitário*, Porto, 1990 (colaboração com Javier Hervada)

– *Princípios de Direito. Introdução à Filosofia e Metodologia Jurídicas*, Porto, 1993

– *Para uma História Constitucional do Direito Português*, Coimbra, 1995

– *"Peço Justiça!",* Porto, 1995

– *Tópicos Jurídicos*, Porto, 1.ª e 2.ª eds., 1995

– *Amor Iuris. Filosofia Contemporânea do Direito e da Política*, Lisboa, 1995

– *Arqueologias Jurídicas. Ensaios Jurídico-Políticos e Jurídico-Humanísticos*, Porto, 1996

– *Peccata Iuris. Do Direito nos Livros ao Direito em Acção*, Lisboa, 1996

– *Lições Preliminares de Filosofia do Direito*, Coimbra, 1998

– *A Constituição do Crime. Da Substancial constitucionalidade do Direito Penal*, Coimbra, 1998

– *Instituições de Direito. I. Filosofia e Metodologia do Direito*, Coimbra, 1998 (org.), prefaciada pelo Prof. Doutor Vítor Aguiar e Silva

– *Res Publica. Ensaios Constitucionais*, Coimbra, 1998

Teses

– *Mito e Constitucionalismo. Perspectiva conceitual e histórica,* Coimbra, 1990 (esgotado)

– *Constituição, Direito e Utopia. Do Jurídico-Constitucional nas Utopias Políticas*, Coimbra, 'Studia Iuridica', Boletim da Faculdade de Direito, Universidade de Coimbra/Coimbra Editora, 1996

– *Mythe et Constitutionnalisme au Portugal (1778-1826) Originalité ou influence française?* (Tese na Secção de História do Direito, Centro de Filosofia do Direito, na Universidade de Paris II)

Aos Senhores Professores Doutores

A. Castanheira Neves
António Braz Teixeira
António José de Brito
Fernando José Bronze
José Adelino Maltês
Mário Bigotte Chorão

Amigos da Sabedoria do Direito
e também meus Amigos

"(...)Doch weil, was ein Professor spricht,
Nicht gleich zu allen dringet,
So uebt Natur die Mutterpflicht
Und sorgt, dass nie die Kette bricht
Und dass der Reif nie springet.
Einstweilen, bis den Bau der Welt
Philosophie zusammenhaelt,
Erhaelt sie das Getriebe
Durch Hunger und durch Liebe.(...)"

Friedrich Schiller, *Die Weltwiesen*

Índice Geral

PREÂMBULO 11

Parte I
Direito Natural, Metodogia Jurídica e Teoria da Justiça 15

Capítulo Primeiro
Direito Natural e Teoria da Justiça
Deontologia, Terminologia, Sistematização 17

Capítulo II
A Aporia Metodológica do Direito Natural
Alegorias na Caverna 49

Capítulo III
**Da Metodologia do Direito Natural ao Direito Natural como Método
Jurídico**
Deambulações sob o céu estrelado 77

Capítulo IV
Perspectivas Jusnaturalistas. *Nova est Vetera*
Babel, o Deserto e o Vedor 101

Capítulo V
Um Direito Natural para o séc. XXI
Da intangibilidade e do normativismo à dialéctica e ao eclectismo 107

Capítulo VI
Da Teoria à prática na Metodologia do Direito Natural
O anão dialéctico 113

Capítulo VII
Do Direito Natural como Teoria da Justiça
Prolegómenos a uma Teoria Futura 123

10 · Lições de Filosofia Jurídica

Parte II
Símbolos e Cânones 141

Capítulo VIII
A Espada e a Lei
Simbolismo das representações plásticas da Justiça 143

Capítulo IX
O Direito e os Sentidos
Exercícios de Interdisciplinaridade 159

Capítulo X
O Jurista, Pintor da Natureza
Exercícios de Sinestesia 179

Capítulo XI
Estéticas e Juridicidades
Exercícios de Perspectiva 195

Capítulo XII
Do Fim dos Cânones ao Fim do Direito
Os Quatro Cavaleiros 217

CONCLUSÃO
Razão Dogmática, Razão Canónica, Razão Dialéctica
Viagens na Terra do Hobbit 231

LECCIONES 253

BIBLIOGRAFIA 255

ÍNDICE ANALÍTICO 269

PREÂMBULO

I. Ad usum delphini...

A recepção nacional e estrangeira das nossas *Lições Preliminares de Filosofia do Direito* animou-nos a prosseguir no cumprimento de um plano, já então anunciado, de ir dando a lume pequenos livros temáticos sobre esta matéria: uma espécie de *'textbook' em fascículos...* Começamos assim a cumprir a promessa, menos de um ano decorrido sobre a sua pública assunção.

Se é verdade que há estudantes (?) que não lêem, ou que fazem fotocópias de livros (enquanto esbanjam dinheiro em coisas variadas), ainda não abdicamos de os ter como principal destinatário destes nossos escritos. Se é certo que há também muitos, a quem os sistemas social e educativo empurram para a Universidade (e nesta acabam por chegar aos últimos anos), que se munem de dicionário para tentar compreender português corrente e nem assim o conseguem decifrar, nem por isso desistimos de escrever como o rigor nos pareceu requerer. Porém, notar-se-á aqui e ali um esforço de especial clareza...*ad usum*...

II. Lecciones

Este livro reflecte uma dupla vertente do nosso labor: nele constam capítulos apenas redigidos para aqui figurarem, e outros que nasceram com o fim simultâneo de satisfazer também outros compromissos. Alguns terão edições noutras línguas e noutros lugares, em revista ou livro.

Todos são, pelo menos etimologicamente, *lecciones*...

A sua elaboração pressupôs dois fios condutores comuns: Por um lado, a circunstância de procurarem dar a dimensão natural e a dimensão artística do Direito. Isto é, as relações deste com a Natureza, bem como a sua componente natural, tanto quanto a sua consideração enquanto Arte e em diálogo com outras Artes. Por outro lado, ambas as temáticas (natureza e arte) constituem afinal um todo, particularmente captador de muito da realidade e da essência da juridicidade.

Lições de Filosofia Jurídica

E assim sendo, a eleição da Natureza e Arte do Direito como temática(s) de leccionação após os prolegómenos, afigurou-se-nos do mais alto valor didáctico, sobretudo até porque à dimensão propriamente filosófica conaturalmente junta o problema metodológico, posto que tenhamos preferentemente tratado (e ainda assim escassamente) da "filosofia da metodologia".

III. Paratexto e Intertexto

Ao contrário das *Lições Preliminares*, vai este livro dividido por capítulos e não por Lições numeradas. É que a ordem, neste caso, não sendo de modo nenhum arbitrária, é contudo alterável conforme estratégias discursivo-curriculares diversas. Tanto mais que as matérias deste livro podem ser precedidas ou complementadas por outros estudos, o que tornaria vã essa numeração.

Mais ainda que nas primeiras *Lições*, prescinde-se ao máximo de aparato erudito, designadamente em notas de rodapé. Não desejando constituir qualquer cedência, é respeito pelo leitor e pelo editor: hoje, com os "sites" bibliográficos da internet, é tão fácil fazer trasbordar os pés de página com títulos de todo o mundo!... O que importa, em livros como este, é fornecer as fontes imediatas: isto é, as concretamente inspiradoras. Daí que a bibliografia contenha quase só os estudos citados, e apenas citemos o que se considerou essencial, ou irresistivelmente a propósito. Sendo uma grande injustiça para com obras de fôlego mais clássicas, mas que permanecem como pano de fundo formativo, este procedimento poupa muito tempo e muito papel (recursos escassos e caríssimos), podendo a falta ser suprida pelas indicações bibliográficas mais profusas noutras obras, designadamente as Bibliografias dos nossos *Lições Preliminares de Filosofia do Direito* (pp. 173-196) e *Pensar o Direito*, vol. II (pp. 415--435). É que as obras de fundo e os clássicos são para ser lidos integralmente, e não apenas nas passagens citadas a propósito.

IV. Advertência

Estranharão certamente alguns a metodologia aqui usada (sobretudo na I Parte), como que tentativa, com avanços e recuos, sempre re-problematizando (e recapitulando), qual Sísifo, questões que outros dão como resolvidas desde a primeira linha (ou *antes* da mesma, ou até *em vez* dela…). A ordenação dos capítulos da I Parte, com base na cronologia da sua elaboração, permitirá seguir o fio de um pensamento que também consigo próprio se pretende dialogante. Preferimos deixar intocado esse registo evolutivo que artificialmente harmonizar, deixando assim de lado a complexidade e até contraritoriedade de certas teses.

E se surpreenderá a alguns essa *mão* aparentemente *cheia de coisa nenhuma* que é a ideia de um direito natural como dialéctica, desejaríamos desde já reivindicar para ele também algum conteúdo substancial não meramente "lógico" ou "metodológico" (ou "processualístico"). Simplesmente, tal conteúdo será muito mais preenchido pela parte variável do Direito Natural que pela sua parte imutável. Ora, nesta última, toda a cautela é pouca para não considerar perene o que só o é à luz da nossa circunstância.

Quais as coisas jurídicas perenes, independentemente da perenidade de valores religiosos, éticos, ou até estéticos, já se torna deveras complexo determinar… Permanecendo, porém, o desafio [1].

E todavia há coisas perenes!…

V. *Propósito*

Continuamos neste livro, simplesmente, e afinal, seguindo a nossa perspectiva de sempre, em amizade pelo Direito e pela Justiça, defendendo a existência de um Direito Natural e advogando a metodologia dialéctica na Arte do Direito. Considerando que "quem sabe só Direito nem sequer Direito sabe", e reivindicando os estudos humanísticos como solidários dos jurídicos e essenciais à formação total dessa evidente unidade que é a personalidade de cada jurista. Sem o concurso da qual todas as teorias e todas as normas serão vento e poeira ao vento.

Por isso se privilegiam as grandes ideias do ser e da natureza do Direito, com base na razão e na sensibilidade, sem pasmo perante as muitas modas e as escassas novidades, e apenas com a reverência pelas *auctoritates* merecida pela solidez do seu legado.

---

[1] Cf. Juan Vallet de Goytisolo, *Que és el Derecho Natural*, Madrid Speiro, 1997; Xavier Dijon, *Droit naturel*, I. *Les questions du droit*, Paris, P.U.F., 1998; Pierre Kayser, *Essai de contribution au droit naturel à l'approche du troisième millénaire*, "Droit Prospectif", 1998, 2 p. 387 ss.. Jean-Marc Trigeaud, *Métaphysique et Éthique au fondement du Droit*, Bordeaux, Bière, 1995; John Finnis, *Natural Law and Natural Rights*, 7.ª reimp., Oxford, Clarendom Press, 1993; R. M. Dworkin (ed.), *The Philosophy of Law*, Oxford, Oxford Univer. P., 1977. Bruno Oppetit, *Philosophie du Droit*, Paris, Dalloz, 1999 (com prática).

PARTE I

DIREITO NATURAL, METODOLOGIA JURÍDICA E TEORIA DA JUSTIÇA

"Le droit naturel n'est qu'une méthode."

Michel Villey, *Abrégé du Droit Naturel Classique*, in *Leçons d'Histoire de la Philosophie du Droit*, nova edição, Paris, Dalloz,1962, p. 146

Capítulo Primeiro

DIREITO NATURAL
E TEORIA DA JUSTIÇA
Deontologia, Terminologia e Sistematização

> *"Como cidadão livre do Imperio da Razão, procurará o professor de Direito Natural a verdade, a ordem, a dedução, o methodo e a demonstração, onde quer que a achar."*
>
> *Estatutos da Universidade de Coimbra, liv. 2, t. 3, cap. 5, 6*

I. *Introdução. Em torno de uma deontologia da produção teórica*

1. *Teorias da* tabula rasa, *teorias para "épater le bourgeois" e epigonismo*

Os últimos tempos têm assistido a uma proliferação dos estudos de teoria da justiça, ou melhor, sobre teorias da justiça. E algo de paradoxal parece estar a suceder (aliás não só nesta temática): de um lado, surgem estudos não originais, mas em que a incultura dominante (chamemos-lhe, *cum grano salis*, "politicamente correcta") vê a descoberta da pólvora; por outro lado, há trabalhos que dizem coisas realmente inéditas, mas que rondam a fantasia e resvalam para o radical subjectivismo militante.

Os primeiros estudos, muitas vezes partem apenas da vontade de prescindir de fontes, e escrever ao sabor da convicção pessoal, inspirada por um acanhado círculo de leituras: e o que era confinamento passa, para um público pretensamente letrado também sem referências, a ser sinónimo

18 *Lições de Filosofia Jurídica*

de grande fôlego teórico. O segundo tipo de trabalhos, sendo normalmente de per si chocantes (não sabemos se o seu principal fito não é mesmo uma duvidosa fama, pelo hoje já tão inglório método de *épater le bourgeois*), postos em conjunto revelam um repetivismo assustador, e uma lógica interna primaríssima.

Como pano de fundo de tudo, e enquanto as águas se não aclaram ou a poeira das teorias não assenta, parece que, alheios tanto aos cânones clássicos como às inovações, uma cada vez maior mole de estudantes que pouco estudam vai passando, em anos sucessivos, obstáculos que o não são, sem necessitar de assimilar nem uma coisa nem outra [2].

Um exemplo, para começar, e apenas de um dos casos (que há coisas que nem merecem ser citadas). O trabalho de John Rawls [3], de escassa originalidade (como o próprio, com grande honestidade, parece confessar [4]) e estrutura algo discutível (que o autor também explicita em paratexto inicial [5]), apesar da sua boa-vontade legitimadora (ou por causa dela) e da aparente pretensão de assentar de novo os fundamentos da Pólis (ignorando um enorme legado [6]), conheceria uma fama sem precedentes, de epígonos sobre epígonos, produzindo infindáveis pilhas de textos.

Embora seja útil a discussão sobre estas matérias, só o é, realmente, até certo ponto, ou melhor, dentro de certas regras. A exposição de um ponto de vista de forma autoritária, dogmática [7], e não dialogante (ou só pseudo-dialogante) pode ser muito nociva, sobretudo quando exercida sobre almas desprevenidas e sem acesso a fontes de cotejo – como são, infelizmente, cada vez mais, os estudantes (embora eles façam tão frequentemente 'ouvidos de mercador', o que é de uma sabedoria instintiva notável).

---

[2] Para a situação em Portugal, cf., recentemente, Maria Filomena MÓNICA, *Os Filhos de Rousseau. Ensaio sobre os Exames*, Lx.ª, Relógio D'Água, 1997.

[3] John RAWLS, *A Theory of Justice*, Harvard University Press, 1971, trad. bras. de *Uma teoria da Justiça*, Brasília, Edições da Universidade de Brasília, Introdução e tradução de Vamireh Chacon, 1981.

[4] John RAWLS, *Uma teoria da Justiça*, cit., p. 22. Sobre a Teoria da Justiça (em geral, mas versando também, e muito agudamente, sobre a de Rawls), cf. António Braz TEIXEIRA, *Sentido e Valor do Direito. Introdução à Filosofia Jurídica*, Lx.ª, Imprensa Nacional-Casa da Moeda, 1990, p. 163 ss..

[5] John RAWLS, *Uma Teoria da Justiça*, cit., pp. 22-23.

[6] Allan BLOOM, "A Justiça: John Rawls contra a tradição da Filosofia Política", *in Giants and Dwarfs: Essays, 1960-1990*, 1990, trad. de Mário Matos, *Gigantes e Anões*, Mem Martins, Europa-América, 1991, p. 339 ss., máx. pp. 370-371.

[7] Cf., *v.g.*, Nelson SALDANHA, *Da Teologia à Metodologia. Secularização e Crise no Pensamento Jurídico*, Belo Horizonte, Del Rey, 1993.

Mas não sabemos mesmo se o pior não será a poluição comunicativa resultante de estudos vãos, redundantes, ou simplesmente sectários sob a capa de ciência, ou então fruto de imperfeita assimilação de outros estudos bafejados pela sorte da moda.

2. *Requisitos de rigor teórico e de responsabilidade*

Uma teoria da justiça é algo de muito sério. Com a demissão por parte da imensa maioria dos juristas face a estes problemas (não esqueçamos que a maioria dos juristas são os práticos do direito, que o vão exercendo sem qualquer referência filosófica, as mais das vezes) a responsabilidade dos filósofos do direito agrava-se. E tanto mais quanto esta matéria cada vez mais vai sendo terreno de discussão de estudiosos de formação filosófica mas não jurídica (como Kant ou como Rawls) que possuem, em geral, do direito, uma ideia muito distante... e normalmente errónea.

Mas a resposta dos jusfilósofos às teorias exógenas da justiça e ao desinteresse do comum dos juristas pela teorização não pode ser, como sucede tanto no próprio âmbito da doutrina jurídica, uma pulverização subjectiva dos estudos, onde se dá plena razão ao velho adágio alemão segundo o qual um professor é alguém que teima em pensar de maneira diferente dos outros (e, ao que parece, desde logo, dos demais professores). Realmente, o *cada cabeça sua sentença* é tão corrente no direito positivo que a pluralidade de opiniões dos filósofos do direito, com ela comparada, é quase uma unanimidade...

Em todo o caso, em matéria de teorias da justiça, pela particular natureza e importância do tema, deveria cada investigador ponderar duas vezes antes de acrescentar a longa lista bibliográfica. E o teste é muito simples: cada um deveria perguntar-se se irá dizer algo de novo, ou de maneira suficientemente original e interessante para poder ser realmente nova (*non nova, sed novae*). Se tiver passado neste primeiro teste introspectivo, o novel investigador poderá prosseguir sem problemas de consciência. Se não, não. E não falemos já de padrões muito elevados de qualidade: bastará recordar von Kirchmann, ao considerar que os clássicos (como um Cujácio e outros) são, na própria opinião dos sábios, insuperáveis [8].

---

[8] Julio Germán von KIRCHMAN, *Die Wertlosigkeit der Jurisprudenz als Wissenschaft*, 1.ª ed. al. 1847, trad. cast. de Werner Goldschmidt, *El carácter a-científico de*

20 *Lições de Filosofia Jurídica*

Evidentemente, *est modus in rebus*: quando deparamos com as teorias do "politicamente correcto" e o delírio de que muitas delas dão provas (associado, não raro, a uma mistura de niilismo e de ódio que os faz ver opressão e discriminação em tudo, e sentido em nada)[9], não podemos deixar de experimentar alguma saudade dos trabalhos redundantes que glosavam infinitamente os clássicos: que descanso!...

Assim, acrescentaríamos: originalidade, mas seriedade; novidade, mas conhecimento das soluções clássicas. Em suma: responsabilidade. A criação doutrinal é um lugar por excelência para a manifestação do sentido de responsabilidade. Quem sabe que males e que bens poderão vir ao mundo de uma opinião com a autoridade que a universidade ou o foro emprestam a quem neles se acolhe?

Em sede de teoria da justiça, matéria vital da Filosofia do Direito, importa ter os campos bem delimitados, as perspectivas bem claras; e assim, as adiposidades são sempre nocivas: *quod abundat nocet*.

Não é só por uma questão pedagógica, mas também o é. Todos são capazes de compreender teorias positivistas *versus* teorias jusnaturalistas. Mas quando as terceiras vias se multiplicam até o infinito, o que fica da dicotomia inicial? Parece que nada, e, contudo, por muito que se auto-classifiquem os autores disto ou daquilo, sempre serão (corrigimos agora a designação das correntes) ou monistas ou não monistas [10] na concepção

---

la llamada ciencia del Derecho, in *La Ciencia del derecho*, Savigni, Kirchmann, Zitelmann, Kantorowicz, Buenos Aires, Losada, 1949, p. 256.

[9] Cf. o eloquente livro de Henry BEARD/ Christopher CERF, *Dicionário do politicamente correcto*, trad. bras. de Vera Karan e Sérgio Karan, Introdução de Moacyr Scliar, Porto Alegre, L&PM, 1994.

[10] Dizemos "não monistas" porque a expressão dualismo, que durante algum tempo considerámos adequada a revelar a existência de um direito para além do positivo (sem que fosse necessariamente apelidado como "natural"), se nos afigura agora desajustada: por um lado, pode haver perspectivas que transcendam o monismo positivista sem serem dualistas (tal é o caso da perspectiva tripartida, direito positivo/natural/livre, expressa por L. Lombardi VALLAURI, *Diritto naturale e diritto libero*, in "Persona y Derecho", 23, 1990, p. 25 ss); por outro lado, a expressão dualismo pode significar, e efectivamente para alguns significa, que existem dois ordenamentos jurídicos, dois sistemas jurídicos, "dois direitos" (Cf., contra, Michel VILLEY, *Abrégé de droit natural classique*, "Archives Ph. Droit" VI, 1961). No nosso entender nada disso sucede: o Direito é uno. Cf., teorizando a crítica dos "dois sistemas", Javier HERVADA, *Lecciones propedéuticas de Filosofía del Derecho*, Pamplona, EUNSA, 1992, máx. pp. 512-514. Utilizando a expressão "dualismo" como alternativa a monismo positivista, ainda o nosso *Lições Preliminares de Filosofia do Direito*, Coimbra, Almedina, 1998, p. 62 ss..

do Direito [11]. Ou se considera haver apenas um direito, e esse é, tem de ser, o direito positivo, ou há mais que um (normalmente dois: o positivo e o natural; mas também pode haver três, como as três virtudes, sendo o terceiro, então, o direito livre [12]).

Em toda a teoria é importante que o autor seja claro nos conceitos e nas filiações, no que critica e no que defende, no que segue os demais (e a quais segue) e no que deles se afasta. Não se faz nunca uma teoria como a aranha tece a teia; há sempre influentes que se elegeram. Não seria de grande utilidade, em vez de fazerem prosperar um crítica de segundo ou terceiro grau que busca influências, que os autores desde logo enumerassem os *seus* clássicos?

As teorias não podem crescer como cogumelos. Se tal sucede, a taxonomia botânica facilmente será capaz de estabelecer-lhes famílias, que cedo arruinarão pretendidas originalidades...e famas.

Mas o problema é mais complexo ainda. Teoria e Direito têm também uma complexa história conjunta, que não é fácil esquecer, nem afastar.

E se colocarmos o problema ao nível da Filosofia do Direito, a questão agudiza-se ainda mais.

Antes de mais, as teorias jogam às escondidas com o Direito.

Depois, a Teoria do Direito serviu, historicamente, para tentar acabar com a Filosofia do Direito (ou para não contagiar de metafísica os cultores da matéria): donde se compreende a desconfiança desta face àquela, mesmo quando as coisas já evoluíram bastante epistemologicamente.

Cabe, assim, uma serena avaliação da importância das teorias para o Direito.

E temos de encará-las com prudência.

Pela nossa parte, não temos a mínima intenção de inovar. O nosso objectivo (também neste estudo) não é a originalidade: gostaríamos de nos limitar a repetir, talvez apenas em linguagem diferente, e associando informações dispersas e esquecidas, o que foi sendo útil teorização no passado, com provas dadas. Nada mais. Quando, como é o caso do Direito, temos a sorte de possuir de há séculos, um método seguro e comprovado (no nosso caso, essencialmente, a dialéctica), uma experiência exemplar prática (em concreto, a vida jurídica romana), autoridades que permanecem

---

[11] Algo no mesmo sentido, Jose LLOMPART, SJ, "Realidad, Teoria y Ficcion. 'Ciencia' o 'Gakumon'? in *Teoria y Realidad del Derecho*, Valparaiso, EDEVAL, 1989, p. 22 ss..

[12] Luigi Lombardi VALLAURI, *Diritto naturale e diritto libero,* cit., máx. p. 51.

22 *Lições de Filosofia Jurídica*

iluminadoras (Aristóteles, os jurisconsultos romanos, S. Tomás de Aquino), e, consequentemente, adquiridos teóricos fundantes, o anão que começa nestas lides muito pouco pode ir além dos gigantes.

II. O que é uma teoria? Teoria e figuras próximas

1. Theoria e Praxis

A voz corrente, mesmo a voz corrente universitária, pouco filosófica, costuma opor teoria a prática e, por um complexo que não vem sequer do melhor marxismo (pois, como dizia Lenine, "sem teoria revolucionária não há movimento revolucionário"), antes de um populismo degradador, prefere mais ou menos explicitamente esta àquela [13].

Temos vindo a insistir, com muito boa companhia, que não existe melhor teoria que uma boa prática, assim como não existe melhor prática que uma boa teoria. Mas será talvez este o momento de explicitar mais detidamente o problema, em vista da questão da teoria e das teorias do direito.

Antes de mais, a oposição de teoria a prática não tem um sentido universal. Tem até um sentido muito radicado, na histórica das ideias [14]. É sobretudo kantiana e idealista, e pós-kantiana e anti-idealista (anda sempre em torno da mesma dialéctica, na verdade). Para os gregos, *theoria* não é o inverso ou o oposto de *praxis*, mas de *aesthesis*. E isso tem enormes consequências.

---

[13] As poucas reivindicações teóricas (ou de conteúdo) dos estudantes (normalmente quedam-se por exterioridades) nas últimas décadas também alinham nessa heresia "contra-revolucionária": são contra o ensino teórico, querem universidades "ligadas à prática". Pelo que o sonho capitalista de as transformar em baratos laboratórios e gabinetes de estudos ao serviço das empresas privadas encontra (ao que parece) nos próprios contestatários os primeiros entusiastas. De facto, não há universidade mais ligada à prática que a que, por vocação ou estrangulamento financeiro (por falta de subvenções públicas), esteja dependente de financiamento empresarial, directo ou indirecto (sob forma contratual pontual, etc.). Cf. o nosso *Peccata iuris. Do Direito nos livros ao Direito em acção*, Lx.ª, EUL, 1996, p. 23 ss.

[14] Sobre toda esta matéria, cf. Wad GODZICH, *O Tigre no tapete de papel*, prefácio a *A Resistência à Teoria*, de Paul de Man, trad. port. de Teresa Louro Pérez, Lx.ª, Edições 70, 1989 (*The Resistence to Theory*, Minneapolis, Minnesota, University of Minnesota press, 1989) p. 14 ss..

2. Theoria e aestesis

Quem ainda hoje for a Atenas poderá compreender melhor. A caminho da Acrópole, na subida do monte sagrado que conduz à cidade alta, numinosa, oficial e aristocrática (sobranceira à ágora, que é a parte democrática da cidade, da discussão pública, da *doxa* – opinião) a via chama-se *theorias*. Tem uma bela vista sobre a cidade. Aqui e agora chamar-lhe-íamos "via panorâmica". Pois é exactamente esse o problema. Teorizar é ver, mas ver de alto, panoramicamente e oficialmente. A língua grega, que ainda hoje diz naturalmente o que as outras só sabem dizer culturalmente (e em grego) é, ainda aqui, absolutamente clara. A teoria é visão oficial, de longe. A estese é, ao contrário, ver mais de perto, porque é sentir, com os sentidos, mais imediatamente ou "à flor da pele" (de vista desarmada).

A máxima e melhor teoria, porém, é a que se faz da Acrópole. Enquanto a ágora pública é lugar de muitas esteses.

A divisão não é, pois, entre os que pensam ou que efabulam, de um lado, e os que actuam ou fazem, do outro; mas entre os que têm, nas palavras de Ruskin [15], uma "exultante, reverente e grata" percepção [16], e os que apenas chegam ao nível de uma "mera consciência animal" [17].

Aplicada a questão ao nosso campo, fácil é ver quem teoriza e quem apenas tem uma primária consciência do Direito e da Justiça.

A ideia de uma "exultante, reverente e grata" percepção, de uma consciência jubilosa ou maravilhada pode aproximar-se da daquele que contempla as essências, depois de haver visto apenas pálidas sombras dos arquétipos. Este encantamento aproxima-se do de uma revelação ou descoberta. Tal significa que o conhecimento rotineiro e banal (e livresco, meramente memorizador) não é conhecimento teórico neste sentido, pois de todo lhe falta a componente dinamíssima e mobilizadora de que falamos.

Alguns pontos basilares ficam, assim, assentes: o conhecimento teórico não é memorização de segunda mão, mas directo conhecimento; não é ingénua captação ("animal" lhe chama Ruskin), mas avisada compreensão.

---

[15] RUSKIN, *Pintores modernos*, II, iii, par. 1 e 8, *apud* Wad GODZICH, *Op. cit.*.

[16] O autor refere-se às impressões do belo, mas poderiam ser também percepções do verdadeiro, ou do justo: a contemplação de qualquer um deles é semelhante.

[17] Evidentemente que a estese também se "teorizou" (*hoc sensu*) em Estética (mas não vamos tratar agora dessa matéria).

3. *Theoria e doxa*

Os gregos nos voltarão a auxiliar no mais cabal entendimento da teoria. Na Grécia antiga, a teoria não era opinião. Nem podia dizer-se que Fulano tinha uma teoria, e Beltrano outra. Nem ainda que preferiríamos a de Sicrano, mais de acordo com a nossa perspectiva.

Aí *theoria* não se identifica, pelo contrário se opõe, a *doxa*.

Enquanto esta parece ser o resultado proto-teorético (conclusivo ou discursivo) da estese (de um contacto sensível com as coisas, com as realidades, especialmente com as palpáveis), a *theoria* não é coisa privada e pessoal, mas pública. Um *theoria* é fruto colectivo dos *theoros*, cidadãos particularmente qualificados, com missões diplomáticas (ou outras, de índole política muito importante), designados para ver e contar como foi, ou para testemunhar, elaborando uma versão colectiva de acontecimentos comunitariamente relevantes, uma versão pública e oficial. Os *theoros* têm tarefas de testemunhas e intérpretes. Os *theoros* são, pois, os fazedores da verdade oficial, do discurso oficial sobre a realidade (e daí serem cidadãos particularmente qualificados para tal, e nomeados para o efeito). E essa verdade é que é susceptível de ser esgrimida juridicamente.

4. *Theoria e Philo-sophia*

Evidentemente, esta verdade formal, provavelmente, pelo normal desvirtuamento devido à falibilidade humana, não raro desviada da realidade efectiva, da verdade material, levaria a que sofistas e filósofos a atacassem, não pela sua oficialidade, mas pela sua inexactidão. E nestas situações de antagonismo, como é hábito, acabaria por ser reabilitado o outro pólo da antítese, a estese. Também transfigurada, por seu turno: não já entendida enquanto conhecimento banal, simplesmente "sensitivo" (e algo míope), mas como dado objectivo dos sentidos, únicos em que se pode confiar, ante a manipulação do real operada pelas "teorias", cada vez mais desligadas do que todos vêem.

5. *Theoros e Mnemones*

Outra função social que entraria em decadência, esta logo com a expansão da escrita, era a do *mnemon* [18]. Muitas das funções dos *mnemones*

---

[18] Para todo este problema, cf. Jacques LE GOFF, *Memória*, in *Enciclopédia Einaudi*, Lx.ª, Imprensa Nacional-Casa da Moeda, vol.I. *Memória-História*, 1984, p. 20.

se aproximam das dos *theoros*, ligando, assim, teoria e memória. Realmente, não há teoria sem memória (e sem história): porque não pode haver teoria sem a recordação de teorias precedentes, e sem a sua inserção num discurso oficial, que é sempre uma corrente discursiva com o peso do tempo, de uma certa tradição.

Várias actividades tinham os *mnemones*. Ou melhor, a várias pessoas e em diferentes situações se dá o qualificativo de *mnemones*.

Poderiam ser testemunhas ou garantes probatórios de um acto jurídico isolado, por exemplo, e, para tal, não precisariam de especiais qualidades. Aí, o exercício da simples estese bastaria.

Também poderiam ser o permanente (mas, obviamente, particular) "secretário" de um herói, recordando-lhe os seus deveres ou o seu *fatum*.

E finalmente (e esta é a situação que mais nos importa) eram verdadeiros funcionários da memória e do testemunho, ou magistrados conservadores de ritos religiosos e fórmulas (e normas) jurídicas.

Se as funções de *theoros* e *mnemones* se aproximam muito, há uma distinção radical (mas, para alguns, muito subtil: e daí tantas confusões).

É que os *theoros*, a quem chamaríamos teorizadores e não simplesmente teóricos, é que fazem a teoria (colectivamente, e com respeito pela tradição, pela autoridade, etc.), mas têm uma atitude activa de criação. Porque não bastar ver como na estese: é sempre preciso ver interpretativamente. Por seu turno, os *mnemones*, os memorizadores, acabam por aproximar-se mais da estese não interpretativa (embora sempre haja interpretação), não interventiva, porque se limitam a reter, a guardar. E por alguma razão passariam, com o triunfo da escrita, e com a sua generalização, a ser reciclados em arquivistas.

Uma teoria é memória, é eco de memórias, mas um teorizador não é um decorador (aliás, um verdadeiro e etimológico decorador é alguém que sabe as coisas e as recorda com o coração: pelo que não é um simples papagaio ou gravador, recitador do que não ama nem entende), nem uma teoria um registo.

6. *Physikoi, Psychikoi, Pneumatikoi*

Esta divisão entre teorizadores e memorizadores nos leva a recordar que há diversos tipos humanos, relativamente às qualidades do espírito. Sem enveredarmos pelas complexas tipologias de Teofrasto ou de La Bruyère (que, aliás, no primeiro se inspirou expressamente [19]), e muito

---

[19] LA BRUYÈRE, *Les caractères de Théophraste traduits du grec avec les caractères ou les moeurs de ce siècle*, ed. de Paris, Booking Internatonal, 1993.

menos ainda pelas caractereologias lombrosianas (que são, em muitos casos, físico-psíquica apenas), a verdade é que notamos todos, mesmo empiricamente, algumas diferenças, e radicais. E há uma velha distinção, relativamente simples, que parece não ser, na catalogação geral, muito desajustada.

Para ela, há os homens comuns, naturalmente apegados aos sentidos e à matéria (os da estese afinal), às coisas físicas. São os *physikoi*. Depois, vêm os estudiosos, preocupados com a compreensão do mundo, reflexivos e especulativos (em que, afinal, predomina a alma, ou *psyché*, a meio caminho entre o corpo e o espírito), a que se designa por *psychikoi*. Os verdadeiros sábios, os únicos completamente desligados da variedade, ilusão e vaidade do mundo, e preocupados com o espírito (*pneuma*, mas também *nous*), são, porém, os contemplativos *pneumatikoi*.

Importa precisar o lugar da teoria no seio desta classificação. Ela encontra-se numa posição intermédia: não é nem a opinião vulgar, nem a própria sabedoria. Porque a teoria é uma versão não ingénua sobre a realidade. Não é ainda a própria verdade (quando se está perante uma verdade, cessam as teorias), mas uma perspectiva suficientemente ruminada, amadurecida, e confrontada com outras, sobre o que ou como será a verdade a propósito de algo.

7. *Da* sophia *à técnica*

Passando dos tipos humanos para as formas de relação com o mundo decorrentes de um posicionamento nesta escala do ser, do saber, do compreender, no topo teríamos, evidentemente, a *sophia*, a *hokma* judaica ou a *hikma* árabe. Esta *sapientia* (agora em latim) é, para S. Tomás de Aquino, uma *sapida scientia*, ou ciência saborosa, na qual os sábios se deleitam com os mais refinados manjares do espírito de que ela é Dom. Esta sabedoria, se absoluta, é comunhão mística ou quase mística em verdades absolutas. Mas há também a sabedoria mais terrena e relativa da filosofia (ou dos filósofos, que não são sábios, mas amigos da sabedoria). Mais abaixo na escala está a ciência, a qual já não se preocupa com a totalidade do ser e das essências, mas uma mais ou menos vasta fatia do real, que procura compreender e explicar. A ciência é o domínio do *Logos* ou da *Ratio*, da razão humana. Tão importante, e sempre tão falível.

Depois, na base da pirâmide, encontra-se a técnica: não a tecnologia [20] (que seria *logos ou logia* sobre a *techne*). A técnica é, *mutatis mutandis*,

---

[20] Jacques ELLUL, *Le Bluff Technologique*, Paris, Hachette, 1988.

Direito Natural e Teoria da Justiça 27

como a tarefa dos *mnemones*: aplica pacientemente os procedimentos recebidos. Para o saber-fazer é preciso que a ciência haja dito como se faz (que o haja descoberto ou inventado). A técnica é contacto directo com as coisas, e aproxima-se assim da estese.

A teoria encontra-se ao nível intermédio, também aqui. Mas, como vimos, nesta escala há, na verdade, quatro níveis: sabedoria, filosofia, ciência e técnica. Pelo que a teoria oscila entre a mais sábia filosofia e a mais técnica ciência, ou entre a mais científica filosofia e a mais filosófica ciência. Há, na verdade, teoria na ciência e teoria na filosofia. Como se incorpora na ciência algo de tecnologia, e na filosofia não pouco de meta-física ou sabedoria.

III. *Teoria, ficção e mito; realidade e verdade*

Chegados a este ponto, parece que tudo concorre para nos fazer entender uma meia dúzia de evidências que, por nem sempre à partida serem compreendidas, dão lugar aos piores dos males.

1. *Teoria, cepticismo e niilismo*

A primeira é a de que, para quem negue a existência do mundo, ou da realidade, ou tenha sérias dúvidas a esse respeito, tudo o mais não pode legitimamente passar de um jogo formal, uma espécie ainda mais volátil de coisa que uma partida de xadrez entre dois jogadores virtuais dentro do silêncio de um computador fechado.

O cepticismo ou o niilismo, nesta acepção, retiram credibilidade a qualquer teoria. Porque as teorias têm de ser apostas sobre o real, procurando explicá-lo. Como se vão dizer coisas sobre o real se ele não existe, ou não é lá muito seguro que exista?

A tentativa de olimpicamente continuar a teorizar sobre o direito depois de haver duvidado de tudo, persistindo na dúvida, pode redundar em filosofia analítica, normalmente em redução da *Rechtstheorie* a uma simples análise da linguagem [21]. O problema é que, se se não quiser andar sempre em círculo (vicioso), mesmo tal análise requererá mais alguma coisa. Ou seja, tal como as tentativas superadoras da dicotomia teórica

---

[21] Cf. a interessante tentativa de Gregorio ROBLES, *Introduccion a la Teoria del Derecho*, Madrid, Debate, 1988.

jusnaturalismo/juspositivismo sempre caem num ou noutro dos termos, também os auto-assumidos reducionismos não prescindem de alguma transcendência (mesmo sem o saberem nem desejarem).

2. *Realidade e verdade. Falsidade e erro*

Outra medida higiénica prévia, consiste em bem dimensionar o alcance das nossas forças racionalizadoras. Como vimos, estando no plano da teoria e não da sapiência, contamos histórias sobre o real, mas não estamos certos de que o real seja assim como o vemos. Aqui, é salutar um certo cepticismo. Mas um cepticismo metodológico e não radical, e muito menos um niilismo ontológico. Toda a teoria é, em boa verdade, uma hipótese. Embora quando formulamos teorias normalmente as apresentemos como teses, e quando aventamos uma hipótese desde logo sejamos cautelosos quanto ao seu valor, isto é, à sua verdade, a qual é, numa antiga fórmula consagradíssima, *adaequatio intellectus ad rem* (a adequação ou conformidade do intelecto ou das versões do intelecto às coisas reais). Já a realidade, essa, obviamente é o que é (*est quod est*), para utilizarmos (*pro domo*) uma também velha mas inultrapassada definição.

Todos estes elementos devem ser bem entendidos e bem esclarecidas as suas relações mútuas.

O real é a coisa em si. Talvez incognoscível, talvez só verdadeiramente apreensível pela sapiência, seja. Todavia, esse númeno tem de ser pressuposto (sob pena de não termos rede no trapézio da nossa indagação), entendendo-se que algo de si se vai revelando na sua vida fenoménica.

A verdade não é o mesmo que a realidade. Mas é a relação de correspondência possível entre o real e o teórico ou sapiencial. Uma teoria pode ser verdadeira ou falsa, não real ou irreal, embora uma teoria falsíssima e bizarra possa qualificar-se de irrealista, sonhadora, utópica... Do mesmo modo (embora seja aí muito mais difícil a avaliação verificadora) uma sentença ou um pensamento sapienciais possam ser verdadeiros ou falsos. Todavia, nesse campo, parece que se tem de suspender o juízo, porque os sábios sabem coisas que os mais argutos lógicos desconhecem, e a máxima sabedoria pode ser, muitas vezes, uma *docta ignorantia*, e, por vezes, uma estulta opinião...

Normalmente, as teorias, as teorias em sentido próprio (*proprio sensu*), não serão nem verdadeiras nem falsas. Porque, se fossem a própria verdade sobre algo, deixariam de ser teorias, mas verdades (explicações intelectivas concordes ou adequadas em pleno à realidade que descrevem).

Direito Natural e Teoria da Justiça 29

São, como dissemos, teses. E isso devem ser as teses universitárias: verdadeiras teorias, bem documentadas, mas sempre originais, propondo soluções ou explicações novas e credíveis para problemas importantes. E tal como as teses académicas devem ser o resultado de agudo e aturado estudo [22] e objecto de ponderada e amadurecida réplica (antítese) por parte dos seus arguentes, também ao nível da comunidade científica dos que já mostraram qualidades para formular teorias autonomamente (por saberem as dos outros e por terem algo de seu para dizer) a apresentação de teorias deve seguir essa dialéctica.

Se, porventura, de teses adversas surge uma síntese, essa funciona como nova tese, e as teorias anteriores, que a prepararam, passam à História (como inverdades ou meias-verdades).

Se se prova a veracidade de uma teoria, ela será então tida por verdade (mas as verdades teóricas costumam ser passageiras e localizadas, e por isso há muita cautela, mesmo ao nível científico-natural, em considerá-las como tais, ou como "leis"). Se se prova a falsidade de uma teoria, ela é abandonada ou estigmatizada como tal. Embora, por exemplo, o marxismo, no qual um Ortoneda, por exemplo, detectou inúmeros erros, continue exaltado (embora não por muitos, mas nestas questões o número importa muito pouco) como científico. Contudo, aqui entra o factor ideológico, e quando tal sucede não há nada a fazer.

Impropriamente, porém (ou provisoria e cautelosamente, não vá a ciência mudar...) também por vezes se fala em ciências físicas de teorias para a formulação expositiva de leis (as quais, em tais domínios, aparentemente seriam verdades...).

Uma teoria tida como falsa por uns e verdadeira por outros (radicalmente falsa, mentirosa, ou irrealista, etc.: não se trata de simples discordância de pontos de vista, mas da radical oposição, com base em certezas de parte a parte) dá lugar a grandes problemas.

Os que a julgam verdadeira, ou a identificam com a realidade, considerando-a uma verdade, ou, pelo menos, a têm como muito provável teoria *proprio sensu*. Os seus adversários podem chamar-lhe erro (sobretudo se comporta verificações fenomenicamente comprováveis ou cálculos sujeitos a idêntica contraprova) ou mentira (se se envolvem elementos *lato sensu* ideológicos).

---

[22] Cf., recentemente, Miguel Mark HYTLODEV/ J. de Pina MARTINS, *Utopia III. Relato em diálogo sobre o modo de vida educação usos costumes em finais do século XX do povo cujas leis e civilização descreveu fielmente nos inícios do século XVI o insigne Thomas More*, Lx.ª, Verbo, 1998, máx. pp. 39-40.

30   *Lições de Filosofia Jurídica*

Por uma questão de deontologia (neste caso, de cortesia...ou hipocrisia) académica, as expressões erro e mentira são normalmente trocadas por outras; um erro pode ser uma inconsistência ou uma contradição (partindo do princípio que, mesmo quem errou nas contas, não errou em todas... pelo que conhece as propriedades das operações aritméticas elementares), e uma mentira normalmente é qualificada como excesso de subjectividade, ficção, ou mito.

Estas etiquetas, porém, podem levar a confusão, até porque, devido a vários motivos, não são utilizadas com propriedade.

Longe de nós propor uma denotação menos eufemística, no mundo já tão agónico em que falamos. Mas há que reabilitar algumas destas denominações, abusivamente confundidas com outras.

E, se quiséssemos ser rigoroso, diríamos algo como isto: uma teoria claramente inverídica é falsa ou errónea. Falsa, se falsifica, mascara o real: normalmente ideologicamente. Errónea, se comete algum vício lógico, se é contraditória, ou se não tem correspondência evidente com os fenómenos sobre que versa. *Grossissimo modo*, o erro está ao nível da mais simples "captação" da realidade; a falsidade, no plano da representação, ao nível em que a questão da verdade se coloca.

3. *Fictio e Mythos*

Mais complexo é o problema suscitado pela ficção e pelo mito.

Na linguagem corrente da estigmatização teórica, parece não haver muita diferença entre uma e outro. Salvo, talvez, na medida em que uma ficção poderá ser uma efabulação (inverídica) pessoal, enquanto o mito teria honras de ser, de algum modo, *error communis*. E de novo voltamos aos nossos paradigmas iniciais: um mito é (neste sentido corrente) uma efabulação inverídica, mas que ganhou raízes numa comunidade. Num público, que o aceita como verdadeiro...ou quase.

Ponde de parte o problema específico das ficções jurídicas (que são procedimentos técnicos do Direito plenos de inventiva e grande utilidade prática, desde os romanos [23]), a *fictio* é, em geral, um discurso ou um pensamento do faz-de-conta, do como se, *als-ob* [24].

---

[23] A. Santos JUSTO, *A 'fictio iuris' no Direito romano ('actio ficticia'). Época clássica*, I., Coimbra, Separata do vol. XXXIII do Suplemento ao "Boletim da Faculdade de Direito", e o nosso "Fórmulas e técnicas normativas", in *Tópicos Jurídicos*, Porto, Asa, 1995, pp. 58-59.

Em consequência, não parece legítimo nem útil considerar-se que um pensamento assumidamente ficcional (e isso é o que sucede na ficção literária, desde logo: há uma *mimesis*, por mais fantástica que seja) possa corresponder (ainda que ao nível simplesmente onomástico ou qualificativo) à inverdade ou ao erro [25]. A ficção não é a verdade, mas é um tipo de veracidade: conhecidas as regras do jogo, descobre-se a verdade.

Coisa mais complexa, mas de algum modo semelhante, é a que ocorre com o mito.

Mito é significante com diversos significados. Costumamos preferir a teorização sobre o mito para a qual ele é simultânea ou alternativamente três coisas: uma narrativa das origens, explicação legitimadora e fundadora ou fundante; uma ideia-força; uma ficção, e, no limite, uma "mentira" [26].

Mas é necessário entender-se que o mito pode ser uma entidade respeitabilíssima no mundo da cultura e do espírito, ao contrário do que os propagandistas da simples razão costumam inculcar nos espíritos adolescentes, logo nas primeiras lições de Filosofia do ensino secundário.

O mito pode ser uma forma de, poeticamente, metaforicamente, dizer grandes verdades. Com mentiras ou narrativas fabulosas contar o que só assim é apreendido em toda a sua grandeza, dramatismo, complexa realidade.

Por isso o mito, sendo, em rigor, inverídico, acaba por raramente ser erróneo ou mentiroso, antes podendo transportar quem o compreenda a uma verdade que ultrapassa mesmo o filosófico e se coloca do lado da sabedoria.

Os Gregos simultaneamente acreditavam e não acreditavam nos seus mitos [27]: nisso demonstrando um imenso discernimento e uma subtileza digna de verdadeiro povo culto.

A ficção e o mito ficam, assim, mais do lado da verdade e da sabedoria do que do da mentira e do erro.

---

[24] VAIHINGER, *The Philosophy of 'As if'. A system of the theoretical, preactical and religious fictions of mankind*, trad. ingl. De C.K. Ogden, reimp. Da 2.ª ed., Londres, Routledge & Kegan Paul, 1965.

[25] Já assim não faz (mas julgamos que apenas por razões de comodidade didáctica e *brevitas causa*) Jose LLOMPART, SJ, "Realidad, Teoria y Ficcion. 'Ciencia' o 'Gakumon'?, cit., *passim*.

[26] Raoul GIRARDET, *Mythes et Mythologies Politiques*, Paris, Seuil, 1986.

[27] Paul VEYNE, *Les grecs, ont-ils cru à leurs mythes?*, Paris, Seuil, 1983.

4. *Teoria vs. realidade*

Como chamaremos, então, a uma teoria que não corresponde à realidade, que é inverídica?

O problema é complexo. Não tanto pela escolha de um nome, mas pelo que já vamos vendo que está subjacente à questão.

Uma teoria ou é falsa (falaciosa, ideológica no sentido pejorativo, etc.) ou errónea (débil no plano lógico, contraditória, refutável pela invocação simples e não muito interpretativa de dados, etc.). Mas, como dissemos, mesmo uma e outra (pela impenitente vaidade e teimosia dos homens, e pelos seus interesses) muito dificilmente serão aceites como tais pelos seus criadores ou adeptos, e, consequentemente, por eles não serão abandonadas facilmente. Só uma *metanoia* (regeneração, conversão, autocrítica, etc.) raríssima levará honestos estudiosos a "dar a mão à palmatória", renegando aquilo em que anteriormente tinham acreditado.

Assim sendo, o mundo da realidade encontra-se filtrado sempre por teorias, muitas das quais são apenas opiniões armadas de uma linguagem e uma conceitualização formalizadas e complexas.

Como vimos, uma teoria, em rigor, não deveria ser produto de uma qualquer simples subjectividade opinativa. Mas também o que o carácter colectivo das teorias dos *theoros* gregos significava era o seu modo não subjectivo, mas oficial. Hoje, mais que nunca, numa sociedade de massas comandada por vezes pelo simples capricho de um *opinion maker* detentor de *media* adequados, pode um sábio isolado da multidão ser capaz de maior objectividade e de uma visão mais comunitária, porque mais livre, muito mais livre para pensar o bem comum.

Assim, embora, em rigor, uma coisa seja a verdade, outra as teorias (com aspiração concorrente à mesma), outra as hipóteses (pré-teorias, préteses, ou posições mais tímidas ou ainda não completas), e, num plano bem diverso, outra coisa sejam as opiniões (fruto simplesmente subjectivo), é muito difícil ver até que ponto todas se não misturam, apesar dos rótulos que ostentam. Há teorias que são meras hipóteses, mas teriam vergonha de assim se confessarem, temendo ficar apoucadas. Há hipóteses que já são teorias, mas se resguardam da crítica com a modéstia. Haverá uma ou outra verdade que ainda se diz apenas teoria. E algumas mentiras sabidas e consabidas (por falsidade e/ou por erro) que continuam como teorias de porta aberta. Etc..

Daqui, além do rigor das distinções, talvez ainda se salve a separação entre real, vero, e teórico. Porque, na verdade, o que as mais das vezes acaba por suceder é passar-se a uma catalogação pragmática (e nem sempre assumida e explícita) para a qual sobre a realidade e como aproximações

Direito Natural e Teoria da Justiça 33

possíveis à verdade (a qual acaba por ser identificada *tant bien que mal* com uma certa consensualidade, ao menos uma *communis opinio doctorum*) o que há são diversas teorias (se elaboradas dentro das mínimas regras de produção académico-científica) e opiniões (ou seja, o saber corrente dos profanos, ou o que não é veiculado dentro das normas de produção académico-científica).

Tal significa uma despromoção efectiva da teoria, que passa a poder ser uma mera opinião, desde que escorada na autoridade do *status* do seu produtor, e/ou legitimada pela forma (procedimento) da sua apresentação, respeitado o ritual das fórmulas em uso no meio.

E assim já não vale sequer a pena procurar uma palavra consensual para a teoria que é *doxa*, ou para a teoria que é erro ou falsidade. Será uma destas coisas. Nada mais. Será, em geral, inverídica (a *doxa* pode ser, todavia verídica, só que não é teórica).

E doravante o que passará a importar é a seguinte dicotomia: de um lado, está a realidade e a verdade não teórica, mas absoluta, e, do outro, cada vez mais distantes de ambas, esgrimem entre si adversas teorias (que, se pudessem, prescindiriam totalmente do real: e os estudos formalistas analíticos têm tentado). Consequentemente, ao falar-se de teoria e de realidade as palavras passam a assumir uma significação dicotómica: teorias são teorias (especulações, discursos), a realidade (ou a verdade) é outra coisa.

Este é o desembocar do caminho da total paridade entre opiniões e da consideração como teorias do que o não era.

Sempre a má moeda expulsa a boa, e aqui também as teorias erróneas e falsas são muitíssimo prejudiciais às verdadeiras.

Mas como é politicamente incorrecto considerar teorias boas e más (salvo umas quantas da moda ou fora de moda), e trememos todos de medo ante a possibilidade de incorrer nesses pecados novos do totalitarismo opinativo corrente, conformamo-nos todos já a essa simples ideia: as teorias descrevem, explicam, formalizam o real, que é diverso, mas que elas perseguem. Melhor ou pior, bem ou mal, acabamos, no nosso demissionário tique pseudo-democrático (porque isto não tem nada a ver com democracia, ou, se tiver, é no sentido contrário ao do tique), por deixar ao critério do observador.

Quer dizer: os especialistas matutaram vidas sobre o assunto, têm complexo *instrumentarium* para medir, ponderar, julgar; estão, ainda assim, em desacordo entre si, por vezes há séculos (como entre os jurisconsultos, no Direito), mas, na sua máxima liberalidade, tornam juiz da sua causa qualquer autodidacta ou caloiro que venha a topar com os seus escritos. É óbvio que só aparentemente assim sucederá...

IV. O que é a uma doutrina?

1. Sentido profano de doutrina

A propósito deste ponto, não resisto a contar uma história verídica, que sucedeu comigo num dos meus primeiros anos de docência. É uma dessas preciosidades da tolice que muitos crêem só poder ser de ficção (como se fosse vera, não o sendo), mas afianço haver muitas testemunhas do ocorrido. Confesso fazer ela parte da minha antologia particular do disparate académico. Que, reconheço, tem crescido a olhos vistos...

Leccionava eu no primeiro ano Introdução ao Direito (cadeira infelizmente desprezada, mas importantíssima) e havia já ensinado com detença a matéria das fontes do direito. Um dia, para me aperceber do *feed-back* do que estava ensinando, disparei sobre a assistência a seguinte pergunta, muito fácil, aliás, depois do que houvera dito em sucessivas aulas teóricas: "E então haverá alguma relação entre a doutrina e a jurisprudência?"

Fez-se silêncio na ampla sala. Dir-se-ia que passava um anjo.

Ao cabo de alguns momentos que pesaram como horas, ante a minha perplexidade (também eu era quase caloiro, mas na docência, e julgava que se sabia mais que na verdade se sabe), vejo no fundo da sala erguer-se um braço, em que juraria se agitava um lenço branco a pedir tréguas (ora aqui está um exemplo de ficção: não vi lenço nenhum, claro!).

E a aluna, tacteando o caminho, depois de repetir a pergunta, atreveu-se a balbuciar (havia então muito mais respeito e mais consciência do que se sabia):

"Bem. Depende."

Como nestas coisas costumamos apreciar, por princípio, alguma visão panorâmica e diferenciada das situações, não sendo mal visto um certo relativismo metódico, para começar, abri um grande sorriso acolhedor, convidando a estudante a prosseguir. E ela atalhou, numa formulação condicional, sem mais delongas:

"Se o juiz for católico..."

É exactamente este o primeiro problema da doutrina. É a sua polissemia. Para um diligente estudante de então (creio que o não será para um de agora, mas não sei verdadeiramente) a primeira evocação despertada pela palavra doutrina é a do catecismo. Por isso o catecismo poderia influenciar a jurisprudência... A aluna pensava bem, mas não sabia de todo o que fosse *doutrina jurídica*.

2. Polissemia no uso jurídico da expressão

O sentido corrente em direito, e que ela deveria conhecer, parece--nos muito equívoco, por demasiado lato. No limite, tudo o que os juristas teóricos fazem é doutrina, e, por vezes, também coisas práticas, desde que feitas por teóricos. E algumas coisas prático-teóricas feitas por práticos.

Mesmo no próprio seio dos estudos jurídicos, o termo doutrina encontra-se nos nossos dias quase tão impreciso e quase tão lato quanto o termo teoria há meia dúzia de décadas. Então, como se sabe, podia falar-se indiferentemente de teoria como a opinião pessoal de um autor, a posição de um tribunal, a exposição tratadística de um ramo do Direito, ou até a opção do legislador [28].

Expliquemo-nos melhor: actualmente, tanto é considerado doutrina um artigo ou um tratado ou um manual sobre um ramo de Direito (seja da autoria de quem for, julgamos), como umas lições de um professor de Direito, como um parecer jurídico do mesmo. E também é tida como doutrina, *ex vi legem*, algum trabalho aparentemente jurisprudencial de juízes. De facto, afirma o art.º 2.º do Código Civil português (todavia declarado parcialmente inconstitucional [29]):

"Nos casos declarados na lei, *podem os tribunais fixar*, por meio de assentos, *doutrina* com força obrigatória geral." (sublinhados nossos).

Quiçá se poderá dizer que os tribunais aplicam sempre doutrina (embora sobre legislação), e que, quando o caso é mais controvertido e duvidoso (como era nos que davam lugar a assentos), fixam doutrina. E, se têm poder para tanto (agora já não), conferem-lhe força obrigatória geral. Mas poderá dizer-se sempre que aplicar doutrina e mesmo fixar doutrina não é fazer doutrina. Embora tenhamos dúvidas sérias sobre tal: porque se casos há em que os juizes se louvam de doutrina dos professores, muitos há também (julgamos que muito mais) em que são eles próprios a explicitar o sentido e o alcance da lei ou do Direito, fazendo eles próprios doutrina. E este último caso parece decisivo: os tribunais fazem sempre jurisprudência, mas o conteúdo dessa jurisprudência parece ser doutrinal sempre que se não julgue pela simples e seca remissão de artigos

---

[28] Cf., *v.g.*, Christian ATIAS, *Théorie contre arbitraire*, Paris, P.U.F., 1987, pp. 27--29.

[29] Mas a inconstitucionalidade dos assentos com força obrigatória geral não nos parece afectar o uso linguístico segundo o qual certo trabalho jurisprudencial (e quando os assentos permaneciam legalmente incontestados, talvez até legislativo ou para-legislativo) é tido por doutrina.

36   *Lições de Filosofia Jurídica*

(e, com a obrigação da motivação das sentenças, tal não pode nunca ser feito).

Conclusão: a jurisprudência também envolve doutrina, e produz doutrina. Mas não seria mais claro se se mantivesse o monopólio da expressão para os teóricos? Há muito quem o faça, ignorando sistematicamente as aportações doutrinais da jurisprudência.

Finalmente, e para não pulverizarmos demasiado as situações, sempre diremos que o vocábulo "doutrina" parece ligar-se a ressonâncias polémicas (e muito políticas, também). Parece, assim, que uma teoria assume o nome de doutrina quando sobe o tom, ou afirma mais enfaticamente. Mas a fronteira entre ambas é ténue. Hoje é cada vez mais raro chamar-se doutrina a uma teoria de alcance curto ou médio. Só uma grande escola ou corrente pode ainda aspirar a tal designação. Não choca a ninguém ouvir falar da doutrina de Kant sobre o direito (aliás autor de obra homónima, que facilita o uso), ou sobre a doutrina krausista, ou sobre a doutrina de Kelsen. Mas curioso se torna verificar que mesmo grandes empreendimentos teóricos não consensuais e localizados, embora de fôlego, não encontram geralmente quem assim os designe. Estamos a pensar, desde logo, em grandes construções, como as penalistas, desde uma teoria finalista da acção a uma teoria da culpa na formação da personalidade. Assim parecendo que a doutrina acaba por possuir um cunho mais pessoal.

3. *Tentativa de sistematização*

Muitos se não dão conta de que doutrina é singular e é plural.

Quando se afirma que se deve seguir a solução X ou Y, por ser a da doutrina maioritária, evidentemente que se não está a remeter para o trabalho individual de um único autor (que nem sequer seria doutrina maioritária se fosse o único a haver tocado no assunto). Neste caso, a doutrina é plural, é o conjunto de opiniões de vários. E é ainda a mesma situação de pluralidade que encontramos quando afirmamos, por exemplo, que a doutrina não está de acordo sobre determinado ponto (o que é a sua normal situação), ou ainda que a doutrina se não tem debruçado sobre a questão (o que é de deplorar, se a questão for importante).

Mas também se pode falar em doutrina individual, do autor Fulano ou Beltrano, sobre este ou aquele assunto.

Nestes dois casos, quer-se apenas significar, sem mais, teorias (ou opiniões... mas deveriam ser sempre teorias) sobre o direito, *de iure constituto e de iure constituendo.*

Temos dúvidas que todos os trabalhos desta última categoria sejam verdadeira doutrina no sentido jurídico que vimos analisando agora. Um projecto de reforma constitucional de alto a baixo não será mais filosofia política ou política pura, embora exija, evidentemente, conhecimentos técnico-jurídicos? Julgamos que a consideração como doutrina de qualquer utopia reformista é muito errónea. Pôr a par o fantasista que efabule direitos potestativos para os minerais e o atento e rigoroso exegeta do Código civil só contribuirá para confundir as coisas.

Por razões diferentes, mas com alguma analogia com estas, também não consideramos que a maioria dos estudos das Ciências Jurídicas Humanísticas [30] sejam doutrina, pelo menos no mesmo sentido em que é doutrina um parecer doutrinal sobre um caso controvertido (e essa acepção haverá que mantê-la) de Direito Comercial. Um estudo sobre o Direito visigótico, ou sobre a falácia naturalística, ou a adopção nos países muçulmanos, ou a delinquência dos tóxico-dependentes será doutrina jurídica? Temos as maiores dúvidas. E não deixa de poder ser elaborado por especialistas teóricos de Direito. A temática é que parece se não enquadrar.

E a Filosofia Jurídica comportará que se fale em doutrina?

Agora já será noutro plano, não descritivo, mas de tese. O mais normal, pelo carácter enfático da doutrina, é revelar-se ela em assuntos mais "quentes", isto é, sobretudo os constitucionais e penais, a fugirem os primeiros para a política e os segundos para a ética. Doutrinas do direito divino dos reis, da soberania popular, do contrato social, do livre arbítrio, da culpa na formação da personalidade, etc.. São doutrinas e são teorias. Mas como são teorias que almejam tanto a proximidade com a verdade, como que são promovidas (ou despromovidas) a doutrinas.

Também se lhes pode chamar apenas teorias (a designação "doutrina", nestes casos de teses concretas, acaba por se situar entre o cepticismo pouco entusiasmado e o pejorativo). Outros, de outra banda doutrinal, não terão pejo em chamar-lhes ficções ou mitos. Normalmente, com intuitos polémicos. Uma ou outra vez (mais rara) com distanciamento sociológico ou afim.

---

[30] Cf. Francisco Puy, *Filosofía del derecho y Ciencia del Derecho*, in "Boletim da Faculdade de Direito", Universidade de Coimbra, Coimbra, vol. XLVIII, p. 145 ss., e o nosso *Amor Iuris. Filosofia Contemporânea do Direito e da Política*, Lx.ª, Cosmos, 1995, p. 73 ss..

4. *Sapientia ou doxa*

O problema da doutrina é que, ou é considerada apenas no plano formal (caricaturalmente como "aquilo que os professores de direito fazem quando não estão afundados em burocracias ou ocupados em aulas meramente repetitivas"), acabando por não abarcar a doutrina feita pelos tribunais (não só os juízes: também os advogados, nas suas peças, fazem, por vezes, doutrina), e englobando estudos do plano da política, da utopia, ou de índole jurídico-humanística, ou então, não o sendo, é de muito difícil apreensão.

Numa perspectiva não formal, não vinculada necessariamente aos seus agentes produtores, doutrina equivale a teoria. Talvez apenas com um matiz. O de se querer uma teoria mais válida, mais vera, talvez até mais actuante.

Como tomar partido nestas matérias é pouco prudente, a expressão doutrina ficou reservada para os poucos que o desejam fazer, e normalmente apenas para estigmatizar. Um doutrinário ou até um doutrinador é homem de uma parcialidade, enquanto um teórico é apenas um não prático (muito mais inofensivo), e um teorizador um sintetizador da prática, ou arrumador do caos mental: será mais ou menos esta a opinião corrente.

Temos que reconhecer que uma doutrina encerra (quando não esconde), normalmente, uma de duas coisas: ou como que um desvelamento da sapiência (esse é o sentido da doutrina como ensinamento das verdades religiosas, mas ultrapassa esse domínio só confessional), ou como a cristalizada opinião, mais ou menos fanática.

Entre a *sapientia* revelada e a *doxa* camuflada de semi-teoria ou mega-teoria, a expressão doutrina parece-nos gasta. E algo imprória para um consumo generalizado. No círculo do sociolecto jurídico, inclinamo-nos para um seu uso parcimonioso, e quiçá aceitaríamos o corrente, pelo qual quase ficamos a saber que quem qualifica como doutrina algo tem sobre esse algo grandes reticências. Coenvolvendo essa designação uma espécie de ironia sobre as pretensões de exagerada importância e/ou veracidade que a teoria dita doutrina se arroga. Evidentemente que também nos parece de manter o uso de "doutrina" como a respectiva fonte de direito, com os reparos apontados.

5. *A doutrina e os juristas*

A este propósito caberá sublinhar que seria decerto útil recordar aos nossos estudantes as categorias de juristas ou pseudo-juristas, relacionando-

Direito Natural e Teoria da Justiça

-os com a doutrina. Porque hoje qualquer recém licenciado em Direito pode mandar fazer cartões e papel timbrado qualificando-se como jurista, jurisconsulto, ou penalista, civilista, constitucionalista, tendo apenas como punição a retribuição natural do ridículo (todavia minorada pela grande ignorância pública).

Há um texto de um importante jusfilósofo português do século passado (de inspiração krausista ecléctica) o qual, cabalmente e de forma sintética, esclarece as classes de gentes que lidam com o Direito e as leis. Permitimo-nos citá-lo:

"Aquele que somente possui algum conhecimento das leis pela prática, diz-se *Jurisperito*. Aquele, que tem um conhecimento sistemático das leis, fundado na Filosofia do Direito, diz-se *Jurisciente*; e, se a este conhecimento reúne o hábito de aplicar as leis aos casos correntes, diz-se *Jurisprudente* ou *Jurisconsulto* (...). Aqueles, que apenas repetem as palavras das leis sem entrarem no seu espírito, foram chamados por Cícero *leguleios*. Aqueles, enfim, que cavilam as leis, ou abusam da jurisprudência, são chamados *rábulas*."[31]

Evidentemente, apenas os Jurisprudentes ou Jurisconsultos farão verdadeira doutrina. Concede-se que, em alguns casos, também os Juriscientes. Mas nenhuns mais.

V. *Teoria da Justiça e Doutrina do Direito Natural*

1. *O problema conotativo*

O caminho de precisão conceitual e linguística percorrido até aqui foi longuíssimo, mas julgamos ter valido a pena, porquanto agora tudo fica muito mais facilitado, e poderemos, assim, avançar rapidamente para o esclarecimento do nosso ponto principal.

Há quem chame à teoria do direito natural precisamente doutrina do direito natural. Nunca ouvimos apelidar o estudo da justiça de "doutrina da justiça". À luz do que dissemos antes, tudo se compreende facilmente.

A expressão teoria (mais que filosofia) tem um crédito científico-natural positivo, enquanto a filosofia se encontra numa região ambígua, apenas em vias de reabilitação depois de varrida como metafísica e obscurantista (ou improfícua) por ventos positivistas. Por isso se desejou

---

[31] Vicente Ferrer Neto PAIVA, *Philosophia de Direito*, Coimbra, p. 43.

substituir a Filosofia do Direito pela Teoria do Direito [32] nos *curricula* universitários, ou diluir a primeira pela sua associação à Sociologia, à Filosofia do Estado, ou à Metodologia (qualquer delas matéria capaz de consumir a cadeira por completo, e muito bem).

Daí Teoria da Justiça (em simetria com a Teoria do Direito) para um estudo sobre os valores jurídicos (e não axiologia jurídica, talvez pelo seu sabor excessivamente filosófico); daí também Doutrina do direito natural, para o estigmatizar enquanto particularismo, enquanto teoria subjectiva, no fundo, opinião (*doxa*) e não ciência.

No fundo, poderá deduzir-se isso mesmo da inócua explicação de Koyré, segundo a qual uma teoria seria nada mais que uma doutrina trabalhada e criticada pela metodologia (no fundo, vertida nos moldes da linguagem jurídica). Mas não o façamos dizer o que quiçá não desejou, e citemo-lo: uma teoria seria então

"une doctrine qui, partant naturellement des donnés du sens commun, les soumet à un traitement extrêmement cohérent et systématique" [33]

É verdade que doutrina tem também um significado positivo, ligado à revelação de verdades, sapienciais e não científicas ou sequer filosóficas. Mas o problema é de falta daquilo a que se chamaria hoje "legitimação pelo consenso": quantos dos nossos estudantes realmente para isso se encontram despertos, disponíveis? E quantos acreditam nisso? Se lhes dissermos que o direito natural é uma doutrina, e lhes expusermos os princípios respectivos, baseados apenas no argumento da autoridade, decerto os estudarão para exame, talvez os debitem neste, mas irão a correr esquecê-los logo que obtenham a respectiva aprovação. E, anos passados, um ou outro que se torne escritor ou cineasta há-de (com certa razão, e esperemos que com alguma graça e bom gosto) meter o mestre a ridículo.

Se não se deve ceder à pressão politicamente correcta de preferir a "teoria", a sociologização e a "metodologização" à Filosofia do Direito

---

[32] Cf., desde logo, Ralf DREIR, *Was ist und wozu Allgemeine Rechtstheorie?*, Tuebingen, 1975, p. 5. Claro que, na sucessiva subdivisão das matérias da nossa civilização indo-europeia, a Filosofia do Direito como que se vingou: pois se então se temia nada restar para ela, depois da Teoria do Direito (ou quedar-se-lhe apenas o Direito Natural, quiçá), agora é a Teoria do Direito que parece esvaziar-se pela autonomização crescente, de onde se destacam já ramos como a lógica jurídica, a hermenêutica jurídica, a retórica jurídica, a informática jurídica, etc. As quais passam, em muitos casos, de novo a caber na Filosofia do Direito... V. Jose LLOMPART, SJ, "Dos mil años en busca de una teoria objectiva del derecho", in *Teoria y Realidad del Derecho*, cit., p. 36 ss..

[33] Alexandre KOYRÉ, *Etudes d'histoire de la pensée scientifique*, Paris, P.U.F., 1973, p. 173.

Direito Natural e Teoria da Justiça

(as duas primeiras mais activas, a última procurando maior descomprometimento), também já se não pode afirmar um direito natural de catecismo, apto a decorar. Uma das piores coisas que poderia suceder ao direito natural seria precisamente transformá-lo numa doutrina (ou numa ideologia), e debitá-lo em chavetas para consumo de estudantes do tipo *mnemones*. Construções abstractas do direito natural, como as jusracionalistas, só contribuirão para o desacreditar, tal como ocorreu no passado.

Pelo contrário, somos de opinião que há que dar vida ao carácter dialéctico do direito natural, à sua dinamicidade (relativa variabilidade aquisitiva que não colide com a imutabilidade referida nas clássicas características [34]) e à importância de que se reveste na análise do caso concreto, enquanto *kairós* e fundamento da *epieikeia* (*aequitas*, equidade). Este anti-teoricismo é também o do legado realista clássico, fundado na tríade formada pelo pensamento jusfilosófico aristotélico, o legado romanístico, e o renascimento flosófico-jurídico aquinatense [35].

Na verdade, como recorda Javier Hervada logo no início da sua *Historia de la Ciencia del Derecho Natural* [36], Aristóteles, na *Ética a Nicómaco*, ao falar em direito natural (*physikón díkaion*) [37] não visa referir-se a um direito abstracto, a um ideal, ou algo afim, mas antes a justiça materializada, ou seja, verdadeiro direito, parte do ordenamento jurídico da *Pólis*.

---

[34] Neste sentido, também Mário Bigotte CHORÃO, *Introdução ao Direito.I. O Conceito de Direito*, Coimbra, Almedina, 1989, p. 148.

[35] Sínteses particularmente felizes do realismo clássico se devem a Javier HERVADA, *Introducción crítica al Derecho Natural*, 4.ª ed., Pamplona, EUNSA, 1986; Idem, *Le droit dans le réalisme juridique classique*, in "Droits. Revue Française de Théorie Juridique", Paris, P.U.F., n.º 10, 1989, p. 31 ss.; Michel VILLEY, *Abrégé de droit naturel classique*, in "Archives de Philosophie du Droit", VI, 1961, pp. 25-72, in ex in Idem, *Seize essais de Philosophie du Droit dont un sur la crise universitaire*, Paris, Dalloz, 1969, e, em Portugal, Mário Bigotte CHORÃO, *Introdução ao Direito. I. O Conceito de Direito*, p. 29 ss.. Uma interessante panorâmica histórica é a de Jean-Pierre SCHOUPPE, *Le réalisme juridique*, Bruxelles, E. Story-Scientia, 1987. Cf. Ainda: Michel VILLEY, *De l'indicatif dans le droit*, in APD, XIX, Paris, Sirey, 1974, p. 33 ss; Idem, *Jusnaturalisme — Essai de définition*, in "Revue Interdiscipinaire d'Etudes Juridiques" , n.º 17, 1986; Idem, *Le droit dans les choses*, in Paul AMSELEK / Christophe GRZEGORCZYK (dir.), *Controverses autour de l'ontologie du droit*, Paris, P.U.F., 1989, p. 11 ss.; Idem, *Mobilité, diversité et richesse du Droit Naturel chez Aristote et Saint Thomas*, in "Archives de Philosophie du Droit", XXIX, 1984, pp. 190 ss..

[36] Javier HERVADA, *Historia de la Ciencia del Derecho Natural*, Pamplona, EUNSA, 1987, p. 17.

[37] ARISTÓTELES, *Ética a Nicómaco*, V, 7 (1134 b).

Porém (como são as palavras!), se este espólio magnífico do realismo clássico nos ensina o dinamismo e a necessidade de aplicação concreta, de obtenção prática do justo nas situações da vida real, tal acabará por se revelar de algum modo contrário às conotações mais dogmáticas e teoricistas do vocábulo "doutrina". Na medida em que é um repositório coerente e sistemático, poderia, sem dúvida, ser chamado teoria ou corpo ou conjunto de teorias (porque apurado pelos séculos, de elaboração que supera largamente os particularismos e as subjectividades, concatenado, depurado, etc.). Mas, apesar de tudo, assim não sucederá as mais das vezes: mais propriamente se lhe chamará doutrina.

É um complexo eterno retorno. "Doutrina do Direito natural realista clássico" ou "doutrina realista clássica" soa com a imponência do *Parténon*, dos *Fora* romanos e da Catedral de saber que é a *Summa Theologiae*, não tine a falso ou a oco de ideologia ou pregação particularistas. E soa bem.

Daí que, se o Direito Natural, *tout court*, não pode ser encarado ou considerado como uma doutrina, já, no seu seio, pode haver várias doutrinas jusnaturalistas. E o realismo clássico é uma delas.

O que é, então, o Direito Natural, considerado nesta malha conceitual que vimos tecendo?

2. *Doutrina do Direito Natural: a melhor qualificação positivista*

O direito natural, visto da banda positivista, qualquer que seja, é ou pode ser, múltiplas coisas:

a) *Theoria*
na medida em que é servido (ou se consubstancia em) uma explicação colectivamente gizada, com carácter de semi-oficialidade, formalizada em termos cientificamente ou filosoficamente adequados;

b) *Doxa*
porquanto apenas se lhe reconhece formal cientificidade, e normal-mente se considera que decorre de subjectivismo dos seus autores ou aderentes; porém, ao considerar o direito natural uma opinião, o juspositivista já entra no terreno polémico, sujeitando-se a que igual apodo seja devolvido à sua teoria jusfilosófica, pelo que é mais comum evitar-se este confronto;

c) *Fictio*

na medida em que efabularia a existência de um direito fantasma atrás ou acima do único direito real que conhece, o positivo (esse sim, visível, palpável, comprovável);

d) *Mythos*

isto é, uma ficção suficientemente burilada e consagrada no imaginário colectivo, de tal forma apelativa, e mesmo tendo granjeado tamanha adesão que passa a ser um facto social autónomo [38] o fenómeno da crença nesta realidade criada;

e) *Doutrina*

finalmente, até porque na doutrina podem concorrer todos os elementos já referidos: a subjectividade da *doxa*, a estrutura e a formalização da *theoria*, a *mimesis* da *fictio* (verosimilhança face ao real, mas não veracidade), e a inefável capacidade mobilizadora (de algum modo mística) do *mythos*.

Assim, um positivista poderá usar qualquer das referidas qualificações para designar (do seu ponto de vista) o direito natural. Mas, tudo pesado (inclusive as cautelas e os telhados de vidro) optará (ou deverá optar) pela expressão *doutrina*. Teoria será muito benévolo; a utilização de qualquer das outras hipóteses de qualificação, tornar-se-ia excessivamente subjectiva (e o positivista gosta da objectividade). Só "doutrina" é expressão suficientemente ambígua para dizer e não dizer que se trata de uma má teoria: já o tínhamos anteriormente pressentido.

3. *Direito Natural: realidade, teoria, verdade*

Mas, para um jusnaturalista, o Direito Natural só pode ser doutrina no sentido, muito diferente de "a boa doutrina", a "pura e sã doutrina", ou, como se diz hoje mais, mas a outro propósito, mais restrito, "a melhor doutrina".

---

[38] Antonio TRUYOL Y SERRA, *Esbozo de una Sociologia del Derecho Natural*, in "Revista de Estudios Politicos", Madrid, vol. XXIV, 1949, p. 15 ss.. E o nosso "Sociologia do Direito Natural", in *Pensar o Direito*, I. *Do realismo clássico à análise mítica*, Coimbra, Almedina, 1990, p. 175 ss..

Na verdade, por Direito Natural entende-se muita coisa (talvez demasiada: e daí alguma razão andará em quantos têm vindo a propor algumas novas denominações [39], todavia sem qualquer tradição, como é óbvio).

Sem pretensões de exaustividade, o Direito Natural é, pelo menos para muitos (será talvez estulta a pretensão de falar por todos):

a) *Uma realidade, ou várias realidades*:
Desde logo, o direito natural é concebido como uma parte do todo Direito, cuja existência ou realidade é tida a par da do direito positivo.

b) *Uma teoria, ou um conjunto de teorias, ou um conjunto de doutrinas* (no sentido positivo)
O que significa que por direito natural se podem designar diversas concepções cientifica ou filosoficamente admissíveis (ou válidas) acerca do real: o direito natural não é só uma realidade, mas a explicação dela, e das suas conexões com o direito positivo, etc.. O jusnaturalismo, ou, talvez melhor, os jusnaturalismos são as concretas teorias explicativas do ser e do viver da realidade "direito natural".

c) *Uma verdade, ou um conjunto de verdades*
Esta verdade ou verdades significam adequadas visões mentais ao real. Cada teoria do direito natural pode optar por considerar-se a verdade, ou apenas uma teoria, a caminho dela. Mas, obviamente, nenhuma se tem por ficção, opinião, e será muito difícil que se tenha por mito, por mais positivo que o seu significado se torne.

Prescindimos obviamente aqui de uma análise do direito natural nos planos ético, político, metafísico, religioso, etc., onde também encontra importantíssimo tratamento teórico. Tal nos é imposto por óbvias razões de concisão e de isolamento do objecto.

Em Direito e só em Direito, qual, então, a melhor designação para o estudo do Direito Natural, para as cadeiras em que haja de estudar-se, etc.?

A questão, como se adivinharia desde o princípio, parece ganhar em tratar-se conjuntamente com a da Teoria da Justiça.

---

[39] Cf., v.g., Percy BLACK, *Challenge to Natural Law: The Vital Law*, in "Vera Lex", vol. XIV, n.º 1-2, 1994, p. 48 ss..

Se, para um jusnaturalista, não será correcto hoje afirmar-se que toda a Filosofia do Direito é Direito Natural [40] (pois engloba já aquela, além do mais, muito do que frutificou à sombra da Teoria do Direito), e sabendo-se igualmente que, pelo seu carácter vocacionalmente prático, há Direito Natural que não é Filosofia do Direito, seria porém não muito difícil fazê-lo concordar que, bem vistas as coisas, a Teoria da Justiça autêntica é o próprio Direito Natural. Mas, evidentemente, na condição de tantos teorizadores sobre a justiça modernos concordarem em abdicar de tal designação, a qual, na verdade, dado o uso, parece ser mais marca sua. Isto para se não confundirem as posições.

Ora se por absurdo a marca "Teoria da Justiça" ficasse sem dono, não nos repugnaria considerar que as teorias do direito natural (ou o direito natural enquanto teorias, ou doutrinas) são, nada mais, nada menos, que verdadeiras teorias da justiça.

E assim a expressão Direito Natural poderia ficar reservada para a realidade jurídica, gémea do direito positivo. Quanto à consideração sobre a veracidade de qualquer teoria, seria dimensão que, naturalmente, não poderia entrar em linha de conta na sistematização.

Desta forma, a Ciência do Direito Natural (possível nome da cadeira ou cadeiras a restaurar: aliás tão correcto na designação de uma *episteme*, como provocatório face ao exclusivismo cientista dos positivistas) englobaria vários ramos, científicos uns, filosóficos, outros.

Desde logo, os ramos relacionais: pois há uma história e uma sociologia do Direito Natural. Mas também os ramos intrínsecos: a Filosofia do Direito Natural, debruçando-se sobre a sua essência, conhecimento, etc., isto é, sobre o Direito Natural enquanto parte da realidade jurídica simultaneamente una e dúplice (ou tríplice, como vimos), e a Teoria da Justiça (dita no singular, mas versando sobre plurais teorias jusnaturalistas, e também no seu cotejo com as posições positivistas). Não há qualquer perigo de confusão nem conflitos de competência com a Filosofia do Direito (que, não tendo a ver directamente com a metodologia do Direito Natural, evidentemente se preocupa com a Teoria da Justiça, tal como a História da Filosofia do Direito também se cruza com a História do Direito Natural), nem, muito menos, com a Teoria do Direito (que tem prescindido de estudar o Direito Natural, em qualquer das suas facetas relevantes).

---

[40] Sobre o problema e análogos, cf. Gregorio ROBLES, *Introduccion a la Teoria del Derecho*, cit., p. 16 ss..

A intersecção entre Direito Natural e Filosofia do Direito não significa identidade, nem confusão, mas, hoje, acaba por ser muito útil e salutar, dado que esta, de expediente postivista anti-direito natural que historicamente foi, já provou ser verdadeiramente filosófica [41]: e daí a necessidade, do ponto de vista positivista, de defecção da *Rechtstheorie...* também ela gorada, como já dissemos. Evidentemente, tudo o que nesta global Ciência (*episteme*) jurídica do Direito Natural (não curamos agora de eventuais estudos noutras áreas, como assinalámos) é filosofia se integra evidentemente na Filosofia do Direito: especialmente a Filosofia do Direito Natural e a parte filosófica da Teoria da Justiça. Mas a Filosofia do Direito não só não se restringe a estes temas como, mesmo para um jusnaturalista, não pode dizer-se, hoje, apenas preocupada com o Direito Natural.

Será possível objectar-se-nos, por exemplo, que a expressão Filosofia se estará assim a perder, e que se poderia talvez dizer Filosofia do Direito Natural e não Ciência do Direito Natural (até porque a matéria seria muito mais filosófica que científica), e preferir, se se quisesse distinguir depois, Filosofia da Justiça a Teoria da Justiça.

Embora as expressões sejam sedutoras, não concordamos com tal visão. É que o Direito Natural não é só (quiçá nem deveria ser principalmente) um problema de filosofia, mas de verdadeira ciência jurídica... natural. Tanto na designação global, como no estudo específico da Justiça não se trata apenas de Filosofia. Na Ciência (como *Episteme*, claro) cabe a Filosofia, mas nesta não cabe aquela. E na Ciência do Direito Natural há matérias claramente não filosóficas, como as históricas e as sociológicas, antes de mais, e mesmo na Teoria da Justiça há parte filosófica e parte que se espera dogmático-prática, ou metodológica (científica, portanto), pela qual a Justiça filosoficamente concebida poderá fazer-se acto. Pessoalmente consideramos que uma activa e interventiva (metodologizada) Teoria da Justiça de raiz jusnatural poderia ser importante contributo para a redenção do Direito e do Direito Natural (que, na verdade, nenhum se salvará sozinho).

Falar apenas de Filosofia do Direito Natural é limitativo; só de Direito Natural, ambíguo, nada específico; em Teoria do Direito Natural, redutor, porque há também Direito Natural para lá da teoria. Enfim: ciência não cientista (ou só Direito Natural, isso admitimo-lo), em que figuram

---

[41] Cf., sobre toda esta problemática, Javier HERVADA, *Lecciones propedéuticas de filosofía del derecho*, cit., máx. p. 28 ss.; e o nosso *Lições Preliminares de Filosofia do Direito*, cit., p. 90 ss.

história e sociologia, filosofia do direito natural (mais estática) e teoria da justiça (mais dinâmica), contendo uma metodologia não metodologizante [42].

Entretanto, reconhecemos que mais sorte do que nós têm os Japoneses que, esses sim, dispõe de palavra perfeitamente adequada ao tipo concreto de *episteme* que é o todo destes estudos de Direito Natural (aliás também útil para designar o estudo do Direito positivo): é a expressão *gakumon*. Composta por dois caracteres chineses, um que expressa a ideia de saber (*gaku*), e que nos remete para os conhecimentos adquiridos, e um outro que denota a ideia de questão ou pergunta (*mon*), dando-nos a sensação de que na "ciência", e especialmente nesta, não se trata só de conhecer o conhecido, mas de tentar sondar o indesvendado [43].

Propomos, assim, a presente catalogação como simples hipótese de trabalho, ou seja, sem uma certeza excessiva, aguardando que as críticas nos convençam do erro ou nos firmem a convicção. Confessamos que nos assaltaram angustiosas preocupações quanto a saber se este escrito não será, afinal, mais um, desprovido dos requisitos que tão rigorosamente reclamávamos para os demais. Somos sempre mais complacentes connosco próprios...e por isso ele vê a luz do dia.

Quanto ao registo da patente "Teoria da Justiça", lembremo-nos que não nos está vedado o uso do nome. Não só porque a lei da propriedade intelectual no-lo consente, como porque até o célebre Rawls, sempre aprumadíssimo deontologicamente, entendeu por bem chamar à sua *Uma Teoria da Justiça*. Uma apenas. A família jusnaturalista terá outras...

---

[42] Nelson SALDANHA, *Da Teologia à Metodologia. Secularização e Crise no Pensamento Jurídico*, cit.. Já defendendo a "dogmática", a "teoria jurídica", cf., *v.g.*, Claus-Wilhelm CANARIS, *Funktion Struktur und Falsifikation Juristischer Theorien*, in "Juristenzeitung", 1993, p. 377 ss., (trad. cast. *Función, estrutura y falsación de las teorias juridicas*, Madrid, Civitas, 1995).

[43] Jose LLOMPART, SJ, "Realidad, Teoria y Ficcion. 'Ciencia' o 'Gakumon'?, cit., pp. 30-31.

Capítulo II

A APORIA METODOLÓGICA DO DIREITO NATURAL
Alegorias na Caverna

> "(...) *that I may know all accidents and destinies, and when I return, will write my secret law upon those ivory tablets, just as poets and romance-writers have written the principles of their art in prefaces; and will gather pupils about me that they may discover their law in the study of my law (...)*"
>
> W. B. Yeats [44]

I. *Metodologia do Direito Natural. 'Contradictio in terminis'?*

1. *Direito natural, realidade do mundo do espírito*

O direito natural pode ser concebido como uma ideologia ou como uma realidade. Como ideologia, se falsa consciência (Marx), ou como bandeira que cobre mercadoria (Jaspers); como realidade, ainda que do terceiro mundo (Popper), do mundo das coisas do espírito. Neste estudo, partimos do princípio de que o direito natural, podendo embora ser tido

---

[44] W. B. YEATS, *The Tables of the Law*, in *Mythologies*, 3.ª ed. , Londres, Papermac, 1982, p. 301.

50   *Lições de Filosofia Jurídica*

como ideologia num certo sentido (aspiração permanente à justiça, ainda que tecnicamente não muito preocupado – algo como a apresenta Fernandez-Galiano), essencialmente não é ideológico no sentido de um mito-ludíbrio, ou de uma utopia-cidade ideal quimérica.

2. *Direito natural e epistemologia*

Uma vez entendido o direito natural como uma realidade, nova questão se coloca, pois é certo que esta pode ou não deixar-se captar pelas redes ou malhas da ciência. Tranquilizemo-nos, porém. O direito natural não é tão esotérico, arcano, ou sequer esquivo, porquanto não poucos autores consideram essa apreensão científica possível, já que existiria até uma Ciência do direito natural.

Seguindo os parâmetros epistemológicos clássicos, havendo tal ciência, então, ela possuirá certamente um objecto (no caso vertente, o estudo do direito natural ou o próprio direito natural – presume-se), e ainda (pelo menos) um método. A metodologia do direito natural estudaria assim o método ou os métodos do direito natural.

3. *Dificuldades teóricas: anúncio*

Todavia, o problema parece não ser assim tão simples.

3.1. *Relações direito natural/direito positivo e unidade do jurídico*

Primeiro, porque o direito natural entretece com o direito positivo malhas de relação que aos dois fazem comungar de uma unitária e superior essência, a da juridicidade. Donde caber perguntar-se se não fará mais sentido uma única metodologia (complexiva) para o conjunto dual e dialéctico direito natural e direito positivo.

Acrescendo, desde já, que parece ser um importante problema metodológico o da relação entre ambos.

3.2. *O radical problema metodológico*

Em segundo lugar (embora talvez este devesse ser o primeiro problema a considerar, pela sua radicalidade), encontra-se a própria questão da *metodologia*, da sua legitimidade (ou, pelo menos, da sua muito singular especificidade), já no próprio direito em geral, já, em particular, no direito natural.

Se as ciências físicas (ditas naturais) e as ciências abstractas (ditas puras) consentem ou até reclamarão uma epistemologia metodologista, já as *epistemai* morais e políticas (e além do mais as normativas), como o Direito, e em especial o direito natural, dependerão assim tanto da metodologia? E, em caso afirmativo, que particular tipo de ciência não terá então por ela sido induzido e, sem ela, que outras formas de ciência não poderiam ter, alternativamente, florescido?

4. *Metodologia do direito natural: 'contradictio interminis'?*

De tudo o que fica dito poderá, em geral, levar a perguntar se o direito natural, pela sua espontaneidade (brotando sem artifício), e/ou pelo facto de se formalizar em acto no e pelo direito positivo (e só por ele) se não encontra desprovido de *metodologia*, ou antes, se não encontra a sua própria metodologia fora de si, precisamente no dito direito positivo. Assim, o direito positivo seria o "caminho para" o direito natural, e a ciência do direito positivo (a normal ciência jurídica, *tout court*) a *meta-odos-logos* (metodologia: ciência do caminho para...) do direito natural. O que, de algum modo, implicaria ser a metodologia do direito natural uma *certa contradictio in terminis*.

5. *Alguns caminhos (métodos) do direito natural*

Porém, sempre se dirá que se pode conceber uma metodologia do direito natural em perspectiva autónoma, como caminho para o conhecimento do próprio direito natural. Esta genealogia do direito natural seria a sua própria metodologia, ficando a aplicação a cargo do direito positivo, ou de uma instância intermédia, cinzenta ponte entre o direito natural e o direito positivo.

Se, entretanto, se quiser conferir maior formalização e autonomia a esta passagem (do direito natural para o direito positivo), então ver-se-á aí também motivo para encontrar uma metodologia.

6. *Três formas metodológicas de direito natural*

Parece, assim, à primeira vista, haver três formas de conceber uma metodologia do direito natural:

6.1. Ciência jurídica positiva

Uma primeira hipótese é concebê-la como a própria ciência jurídica positiva, quando admita a sua inspiração jusnatural e a assuma (transpondo-a) metodologicamente.

Nesta perspectiva, a metodologia do direito natural como que se niiliza, pela identificação com um ente muito autónomo e poderoso, o próprio direito positivo.

Todavia, será importante analisar em que medida o direito positivo está consciente da sua função de transposição (positivadora) do direito natural e consequentemente opera essa materialização ou densificação de direito natural em concreto. E tal investigação (tal como a correspectiva prática) constituiria também, realmente, uma dimensão da verdadeira metodologia do direito natural.

6.2. Transição do direito natural para o direito positivo

Sob um outro ponto de vista, será entendida como o momento ou momentos de transição do direito natural para o direito positivo, se se conceber mais isolada e estaticamente o direito positivo.

Donde, a conceber-se esta dimensão metodológica haveria que não considerar a anteriormente referida (6.1.) por evidente incompatibilidade de concepção teórica.

E somos de opinião que, de facto, esta possibilidade é menos fecunda que a anteriormente formulada.

6.3. Indagação do direito natural

Outra possibilidade ainda é a sua concepção como estudo do conhecimento (ou da constituição-criação) do direito natural. Perfeitamente legítima e útil indagação.

7. As duas vertentes mais fecundas: indagação e positivação

Assim, considerando a menos valia da segunda concepção referida, ficaríamos com duas vertentes da metodologia do direito natural: a gnoseológica e a relacional, ou, se preferirmos, a ontológico-cognoscitiva (ou onto-gnoseológica), onto-noética e a trans-positiva. E a expressão trans-positiva parece mais significativa porquanto disso mesmo se trata, de *trans*-portar normatividade do natural para o *positivo*.

8. *Grandes problemas da metodologia do direito natural*

Os grandes problemas da metodologia do direito natural passam, assim, a ser os seguintes:

8.1. *Questão ontonoética*

Como podemos conhecer o direito natural?

8.2. *Questão transpositiva*

Como se torna o direito natural em direito positivo?

Têm sido dadas classicamente muitas respostas a ambas as questões. E raramente tem havido a consciência que tais são verdadeiros problemas metodológicos. Porém, afigura-se-nos muito mais importante a substância das mesmas que a sua catalogação.

Vamos tentar seguir o nosso próprio caminho apenas, sem referência a outras sendas já percorridas, certo de que outros não apenas foram e são possíveis, mas até melhores. Também aqui há lugar para metodologias pessoais. Mas, como acabará por concluir o atento e informado observador, acabaremos por desembocar, não raro, em territórios alheios, e até vias já muito gastas. Tal facto também parece ser eloquente sobre os limites imanentes de qualquer metodologia do direito natural.

II. *Conhecimento do Direito Natural*

Qual o método ou métodos para conhecer o Direito Natural?

1. *Velhos Caminhos*

Como dizíamos: os caminhos do direito natural são velhos, e estamos fadados a percorrê-los mais ou menos sempre. Tal é um bem: porque

54 — Lições de Filosofia Jurídica

estamos assim menos sujeitos aos erros de pseudo-originalidades pessoais e de grupos, que são tanto motivo de perdição nas metodologias do direito positivo.

2. Antropologia e Teologia

Pode chegar-se ao direito natural por uma ideia de Homem apenas, ou por uma ideia de Homem com Deus. Em qualquer dos casos, a concepção de Homem apta a fazer nascer preocupações jusnaturais não poderá ser muito optimista (não precisa de ser pessimista, mas realista), isto é, não pode ser uma visão idílica ou utópica da natureza ou da condição humanas. Para reconhecer a existência do direito natural é preciso acreditar na pequenez e sobretudo na falibilidade e eventual injustiça das leis humanas (e demais fontes de direito, aliás).

É mais fácil partir da ideia de um Deus-legislador primordial. Mas em tempos de descrença e indiferença como ainda são os nossos, acaba por ser mais "científico" fazer uma *épochê* da transcendência no plano religioso e procurar provar o direito natural no simples terreno do profano.

A empresa resulta mais aliciante, mais rigorosa, e com hipóteses também de ser mais consensual. É demasiado fácil (e acaba por tornar-se demasiado perigoso, porque também falível) falar de direito natural no estilo dogmático de uma teologia exposta a profanos, num rol de dogmas indiscutíveis. Mas esta é já uma questão de pedagogia, ou de metodologia pedagógica, ou didáctica.

3. Visão e Introspecção

3.1. Deduzir ou Ver e Ponderar?

Ver a realidade e consultar o coração e o intelecto parecem-nos ser os procedimentos óbvios para se chegar ao direito natural. Pelo menos, os primeiros a experimentar.

Pela decantação generalizadora das normas jurídicas positivas (até de várias ordens jurídicas) podemos, sem dúvida, chegar a princípios gerais de direito, ou até a algumas conclusões sobre a unidade do ordenamento ou do sistema jurídico. Porém, tal poderia até reverter-se, numa utópica ordem de distopia, onde reinasse a injustiça mais repugnante, em acolhermos princípios contraditórios com o direito natural. Não. O direito natural não é susceptível de alcançar-se pelas simples operações intelectivas de redução a denominadores comuns, generalização ou analogia. A lógica produz monstruosidades, por vezes, e muitas mais não passa da redundância.

De resto, não se trata, apenas nem principalmente, de analisar normas, mas de ver também e em particular todo o tipo de actos e factos jurídicos, em inter-acção, enquanto meios de criação de justiça ou de injustiça.

Da observação dessa complexa realidade vivente pelo atento e descomprometido espectador (embora sabendo-se radicado e situado, e sem complexos quanto a isso), e dos efeitos dela na sua sensibilidade e na sua inteligência, resultará uma de duas: ou ele desesperará da condição humana, vendo que o mundo anda torto, e torto fica mesmo quando mais parece pretender-se endireitá-lo, e um dia amansará o seu grito em resignação, conformando-se com a injustiça, normalmente sob o alibi do "realismo" ou da "responsabilidade"; ou então acabará por pensar ser a justiça concreta de cada *hic et nunc* apenas um tentâmen, pervertido pela maldade e/ou pela ignorância dos homens, assim como uma sombra da caverna platónica face ao mundo dos arquétipos.

E começa aqui o separar das águas.

3.2. Os 'Cavernícolas'

Os que tiverem a caverna por única realidade serão os positivistas. E ainda que tentem aprimorar o seu mundo de sombras (em esforço mais ou menos decorativo) não sairão nunca do rochedo bruto.

Os que não temerem a luz, todavia ofuscante, do mundo verdadeiro, nela verão o direito natural.

O problema é que homens habituados às sombras terão que trazer a luz para dentro da caverna (nisso se assemelhando aos simples aprimoradores ou decoradores desta, negadores do espaço-exterior).

É possível (é provável) que se incorra em muitíssimos erros nessa tentativa de roubar o fogo sagrado (ou a sagrada luz), já que, apesar de tudo, há um certo prometeísmo nesta empresa, mesmo quando ela se pretende realista e contrária a todos os voluntarismos, antropocentrismos excessivos, etc.

A tentação mais imediata parece ser enfrentar a luz pura e incandescente do direito natural, de vista desarmada. A imediata cegueira será o preço.

Cega é a atitude do ingénuo que descobriu a injustiça na caverna do nosso mundo e, sem qualquer preparação jurídica, filosófica, cultural... se mete a clamar por direito, justiça, ou até... direito natural (se alguma vez ouviu a expressão).

Tomando os seus sentimentos pela luz, ainda não saíu da caverna e já vai identificando a *vera lex* com o que conviria aos seus concretos interesses (e não raro é sincero e não interesseiro nessa grosseira assimilação). Depois, parará, as mais das vezes. Mas se o coração embotado e a consciência cauterizada ainda lhe permitirem continuar, quando atingir a estreita fenda que dá para o exterior, cego que já estava, cegará duas vezes, nada compreendendo da claridade: pois obscuro e mais arcano ainda que a caverna natal é o seu mundo de agora, o universo sem fronteiras do seu egoísmo pseudo-justicialista.

Uma outra tentação é frequente: a típica atitude do investigador de segunda mão. Este, limitar-se-á a sistematica e cientificamente aplicar os seus métodos a ouvir as verdades e as mentiras dos exploradores do primeiro tipo: os quais, obviamente, lhe não contarão nada de importante, senão como vivência psicológica ou efabulação mais ou menos literária.

Aos relatos sobre o que cegos dizem, o cego guiado pelos cegos acrescentará ou não o seu discernimento, a sua fantasia, a sua opinião, o seu interesse e parcialidade. E dará do direito natural uma visão sábia e letrada, mas evidentemente falsíssima.

Terceiro grupo é constituído pelos experimentadores/exploradores. De sondas em riste, ou simplesmente munidos de óculos de sol, eles dirigem-se para o clarão, cheios de fé.

Se os que o enfrentam sem qualquer protecção ficam cegos (como vimos), já estes algo vão lobrigando. Só que tudo o que captam será colorido das cores das suas lunetas.

E esse é o grande problema (por alguma coisa desde o princípio negámos o carácter ideológico do direito natural): ainda não sabemos, assim, que método seja o melhor para captar o direito natural. Contemplar essa realidade a olho nu, isto é, na ingenuidade desprovida de ciência, normalmente dá em cegueira fanática ou, ao menos, demasiado particularista. Deduzi-lo como um *armchair sociologist* (ou *anthropologist*) na poltrona do ouvir-dizer e do inventar, redunda em fraude ou em muito erro. Afrontá-lo com excessivas protecções teóricas (écrans que sempre se interpõem entre sujeito e objecto) e um lastro ideológico filtrante, dá ao direito natural uma feição que se adequa aos meios de pesquisa: e assim o desvirtua.

Parece-nos ser este o principal drama das metodologias captativas do direito natural.

3.3. *Metodologia híbrida*

Claro que sempre podemos recomendar (numa dessas conhecidas piruetas teóricas que acabam por já nem chocar muito, dado o hábito e o *happy ending*) o prudente método híbrido, em que, sem perder a pureza do ingénuo não letrado se evite o seu particularismo ou fanatismo "auto-didáctico"; em que, sem prescindir da ciência e da erudição, se critique tudo o que a ela pareça estar a colar-se por simples *sim-patia*, procurando que os óculos não sejam venda de cegueira mono-color, mas apenas filtro contra a intensidade da luz; em que, além da experiência própria, se dê ainda ouvidos à alheia de crédito merecedora, tudo sopesando com discernimento nas balanças da razão e do coração.

Parece que um método deste jaez, tão armadilhado que está de "freios" e "contrapesos" (como para algo de muito diferente diria Montesquieu), não poderia falhar. O único problema é este: será exequível? Quem será o timoneiro tão experiente e tão cauto que de tantos perigo o batel consiga livrar? Quem domina assim o leme?

Esta hibridação tão exigente, esta atenção tão esperta a perigos, leva-nos a um outro problema, que é o problema pessoal na tarefa de encontrar e aplicar o direito natural.

Complexa questão.

4. *Destinatários e agentes do direito natural*

4.1. *Um direito natural elitista?*

Julgamos haver uma grande confusão neste problema da componente pessoal da teoria. E a questão é vital e aguda, naturalmente piorando quanto mais a nossa sociedade é de massas, mesmo nos níveis em que deveria sempre e só ser de elites (do valor, claro), para bem das mesmas massas [45].

---

[45] Afirma, *v.g.*, Louis LE FUR, no seu *La théorie du Droit Naturel:* "Tout droit est trouvé, je ne dis pas créé, inventé, mais découvert par une élite, doctrine et jurisprudence, qui le tire de la réalité même, de la nature des choses, disent les anciens auteurs; puis il descend de l'élite dans la masse – en réalité, le Droit descend et ne monte pas, comme on l'a cru parfois; – et lorsque l'opinion publique est conquise, les gouvernements, mêmes hostiles, doivent suivre, de plus ou moins son gré".

Michel Villey apontaria claramente, nos seus póstumos *Carnets*, onde se encontra a ferida, ferida em sangue: é que nem todos compreendem nem compreenderão nunca o direito natural. O direito natural, assim, não pode ser coisa para todos.

Mas, retorquir-se-á: não haverá nesta asserção insanável e evidente contradição com o que repetidamente muita e boa doutrina tem ensinado quanto às características do direito natural? Não é ele universal e universalmente cognoscível? Não reside a lei natural no coração de todos os homens?

Tentaremos dar uma explicação possível para esta aparente contradição (sem dúvida que não a única, nem completa, nem definitiva, e muito menos a melhor, decerto).

4.2. O Néon ou o Sol?

Por um lado, o homem de hoje já não vive na genuína caverna platónica. Ao terem ouvido falar no mundo exterior, os positivistas construíram dentro da caverna sistemas de iluminação artificial que fazem as vezes do tão apregoado sol dos jusnaturalistas. Mais: enquanto estes, embrenhados em disputas intermináveis sobre o astro-rei, chegam a descurar as suas candeias, quais virgens imprudentes, aqueles foram montando electrificações. É o caso dos direitos humanos: em rigor, não são direito natural, são luz eléctrica, mas lá vão alumiando. E não será por acaso que a Amnistia Internacional tem uma vela como símbolo...

Perante a iluminação efectiva que já vai havendo em vários recantos da caverna (não em todos: na verdade, até em muito poucos), há muito quem recuse a existência de qualquer sol. Os tribunais que julgam crimes contra os direitos do Homem, esses, esplendem como luzeiros de néon: esses acabam mesmo por tornar efectivo o que se julgava apenas ideal ou programático, se não mesmo utópico.

Haja néon, o sol será tido como um velho mito.

As almas com escassa necessidade de luz (e sobretudo desconhecedoras já do que seja luz natural) não farão o esforço de procurar o sol lá fora. Basta-lhes ligar o interruptor.

A esmagadora maioria das pessoas, e muitos juristas se integram placidamente na massa já (ai de nós!), querem lá saber do Direito e do direito natural se os seus pequeninos direitos (ou o que julgam sê-lo, ou o que querem que o seja) forem alcançados, respeitados, protegidos!

4.3. *Complexidade do direito natural*

Por outro lado, a complexidade do estudo e sobretudo da prática do direito natural, pela imensa falibilidade dos juízos concretos a seu propósito, além da relativa desconsideração a que, em geral, é votado no mundo jurídico complexado pelo formalismo nórdico, não são de molde a incentivar os juristas nesta senda. Pode até admitir-se teoricamente a existência do direito natural. Porém, a essa profissão de fé ontológica não corresponderá, na esmagadora maioria das vezes, nenhuma consequência metodológica. Os docentes que proclamam o credo jusnaturalista são-no, disse com graça alguém, *apenas até ao Natal*. Quando há que metodologizar são positivistas.

4.4. *Síntese*

Tais obstáculos não configuram uma situação de incompatibilidade entre os princípios ontológicos clássicos do direito natural e as vicissitudes da sua crise hodierna.

Realmente, o reconhecimento da existência do direito natural pode brotar com relativa facilidade na sinceridade espontânea de espíritos ainda não contaminados pelas ideologias niilistas ou fanáticas de qualquer imanentismo (espécies de fundamentalismo, muitas vezes um fundamentalismo laico [46]). Mas note-se: falamos apenas do reconhecimento da existência, não do rigor e apuro teóricos de uma *metodologia* do direito natural.

Perante o choque e a indignação das injustiças, mesmo das injustiças da lei e da justiça oficial, positiva, vigente, não há quem não possa admitir que, por detrás (ou antes, acima) deste direito outro Direito estará: ou deveria estar. Mas daí a dizer como seja em concreto um tal Direito outro, e Direito com maiúscula, vai um caminho enorme. Atente-se que este salto de um direito a outro é que corresponde (pelo menos numa importante versão) à metodologia: por um lado, metodologia de criação do Direito, ou normogénese; por outro, mais adequada ao objecto direito natural, porque é natural, normonoética (conhecimento normativo do direito natural), ou conhecimento do "pré-existente" direito natural. Tudo isto só possível de percorrer metodologicamente.

---

[46] Cf. o nosso "Fundamentalismo" na *Enciclopédia Verbo*, edição séc. XXI, e bibliografia aí citada.

E, como aflorámos já, se o carácter incipiente de uma visão ingénua do direito natural é obstáculo, não menor o é a sofisticação artificial (sempre anti-natural, mesmo nestes domínios) do mundo contemporâneo, e a complicação demencial da inflação legislativa, a anarquia de certo pluralismo normogenético, e a sofística logorreia de muita doutrina positivista e afim, quando metida a teorizar... ou a filosofar (?!) sobre o Direito.

Curioso se torna verificar que, se muito do afastamento do direito natural se deve à sua inegável complexidade, também uma extrema complexidade na formação e na prática jurídicas como que são *Ersatz* de qualquer direito natural, e segura vacina contra qualquer incursão fora da caverna.

O problema está sobretudo na mundividência do Homem e do Jurista.

O renomado estudioso do direito natural Erik Wolf afirmou que o direito natural interessa a todos os homens. Muitíssimo de acordo. Porque será então que tão poucos (mesmo de entre os juristas) com ele se preocupam, ou por ele se interessam?

O direito natural não interessa às massas porque elas só se interessam pelo que a propaganda lhes manda interessarem-se. Pequena resistência à sociedade do marketing (ou do mau marketing, se preferirmos) é a escola (a família quase não conta já para a esmagadora maioria dos casos, reduzida que está a círculo muito mutável de consumo comum em escassas horas do dia). Donde, a única esperança de alguém se interessar pelo direito natural seria ele ser ensinado nas escolas.

A cosmovisão das políticas públicas, sempre na linha do "politicamente correcto", a ditadura mental da contemporaneidade de pseudo-pós-ideologias (na verdade, pseudo-pós-socialismo) é, por acção e por omissão, contrária ao estudo do direito natural. Por isso, o direito natural não se estuda mesmo. Quase não se fala nele em muitas Faculdades de Direito, e muito menos se lhe faz alusão noutros cursos ou no ensino secundário, onde deveria ser obrigatório, tal como, aliás, os rudimentos do direito positivo.

Permitimo-nos insistir no problema, e com algum simplismo didáctico. A questão pode formular-se assim: alguém gostaria sequer de música e se interessaria por ela se (por um absurdo utópico, mais ou menos platonista) não houvesse músicos na cidade e ela não fosse ensinada nas escolas? E até mesmo os desportos de massas, como o futebol. Alguém o jogaria se o não conhecesse (ou o inventasse)?

Aí está: estamos reduzidos à condição de inventores, ou pioneiros, cada um de nós. E não já anões aos ombros de gigantes (S. Bernardo) que pudéramos haver sido, antes sempre anões, e nunca anões conhecedores do labor dos demais anões. Cada anão terá de singular e individualmente sentir-se chocado com o *ius positum* ou chamado para o *ius naturale*. É como se, fundados no falso argumento da cognoscibilidade e racionalidade universais da geometria (ao menos da euclidiana), os estados prescindissem de a ensinar nas escolas, obrigando cada menino ao trabalho de Hércules de deduzir *ex novo* todos os teoremas. A similitude com o direito natural não poderia ser mais flagrante.

O interesse pelo direito natural depende do *despertar* da consciência para ele. E embora essa possa vir naturalmente (face a uma afronta, a uma agressão, a uma injustiça, por exemplo), muito mais generalizada e eficazmente se conheceria pela escola. Mas deixamos o tema para os especialistas.

O homem comum não cultiva esta matéria. Nada de imprudências. Deus nos livrara também de uma opinião pública engalfinhada por causa de teorias ou de casos de direito natural. Obviamente que o conhecimento e a vivência do direito natural pelo homem médio se não concebe da mesma forma que para os especialistas, os juristas (na verdade, em rigor, todos os juristas).

Ora os juristas também sabem muito pouco e muito pouco se preocupam com o direito natural.

A mundividência do jurista médio (a grande maioria) está a medio-crizar-se profundamente, por via da inflação e da não selecção real dos diplomados e dos profissionais. Assim sendo, as suas aspirações, os seus valores, o seu comportamento, não se vão distinguindo muito dos do homem comum, apenas se destacando de forma mais evidente quando, *ex officio*, o jurista deixa de o ser para, julgando sê-lo, afivela a máscara (excessivamente afeiçoada ao rosto) de *homo burocraticus*. O que constitui uma situação em qualquer das suas componentes gravíssima, pela perda de especificidade e mais-valia da corporação.

E tal implica, assim, que o jurista de hoje normalmente camufle a sua imensa ignorância sobre o direito natural com um sorriso trocista e pseudo-intelectual face a tão vetusta relíquia mais ou menos obscurantista (leu certamente num desses guias de bolso que, face à expressão *direito natural*, é conveniente o bem-pensante abanar a cabeça e fazer um sorriso meio esgar, entre a mofa e a complacência).

Se o nosso novel jurista tiver costela esquerdista ou esquerdizante, poderá então louvar-se ainda de excelentes calúnias identificadoras do direito natural com regimes ditos de direita (e da mais extrema), e se for ateu militante terá à sua disposição outros tantos autores que lhe dirão

62   *Lições de Filosofia Jurídica*

convictamente que isso do direito natural é uma ideologia inferioríssima ao serviço dos mais inconfessáveis interesses da Igreja Católica.

Assim tranquilizará a ignorância. Sobretudo porque o contrário disto poderia pacificamente também ser dito, e igualmente estaria errado.

4.5. *Justiça jusnaturalisticamente "laica"*

Mesmo o problema da justiça e da injustiça, quando preocupem o jurista (o que vai sendo raro) tenderá a ser equacionado apenas no plano político ou pessoal-grupal (psico-sociológico). Tudo dependerá (nessa visão ingénua, pretensamente sabida), primeiro, de haver ou não uma boa política, um governo de um bom partido ou de uma boa maioria, e, depois, com o desencanto desta visão, tudo passará a ser equacionado simplesmente em função da honestidade e competência dos homens: assim cheguem ao poder os homens bons que façam as leis, os que bem as executem, e haja juizes igualmente rectos que as façam cumprir nos casos patológicos. Nada mais (e nada menos...). O investimento de todo o problema da justiça no direito positivo desloca, assim, evidentemente, toda a questão para o plano político, des-juridicizando a questão. Mais ainda: na realidade acabando por tornar o próprio Direito *proprio sensu*, de tão inespecífico e de tão servil, efectivamente vão, supérfluo enquanto realidade *a se*.

4.6. *Dificuldades do jusnaturalismo e o recurso do direito positivo*

Com agentes potenciais descrentes e impreparados, o direito natural não poderá chegar aos seus destinatários (que são todos os homens). Mas importa precisar: não se pode pensar que o direito natural seja metodologicamente destinado a ser manejado por todos (como, aliás, qualquer simples "alta tecnologia") na sua estrutura e funcionamento internos. Mas, como todos sabemos, mesmo os mais sofisticados aparelhos tendem a ser postos à disposição dos consumidores que primam adequadamente os respectivos botões. Se o direito natural puder ser transistorizado de tal forma, sem perigo para ninguém (e sem, desde logo, se não desvirtuar) essa democratização seria desejável. Temos, porém dúvidas: porque o direito natural não é um bem de consumo de massas (ainda que duradouro), e porque todas as tentativas de massificação, nesta matéria (como os aludidos Direitos Humanos) redundaram em empobrecimento. Mas suspendamos o juízo, dada a inactualidade da questão.

Todos os homens estão sujeitos ao direito natural, a ele têm direito, ou, melhor ainda, dele não podem escapar, e isso é bom para eles. Mas nem todos os juristas (só os melhores e que para tanto se prepararem) poderão ser *mediadores* (*metodologizadores*) entre o direito natural e os seus concidadãos. Quase se poderia dizer (embora não seja conveniente fazê-lo) que nem todos os juristas podem ser juristas (ou *são* efectivamente juristas)...

Recuemos: embora estas asserções sejam verdadeiras, que a desesperança nos não consuma. Há um recurso sempre: o direito positivo. O direito positivo, se for minimamente adequado, poderá constituir uma pálida imagem de um direito positivo integral, conforme ao direito natural. Donde devermos considerar que a luta política ou juspositiva pela justiça imanente não deva ser desprezada ou esquecida, mas antes encorajada, apesar de constituir uma via perigosa e lateral, povoada de riscos de desvirtuamento.

Se o direito natural não é para todos, nem sequer para todos os juristas, também o não é a luta político-jurídica. Alguns se quedarão (e é bom que se quedem) pela simples e diligente aplicação do dado, sem fantasias, sem voos. Causará, apesar de tudo, menos injustiças uma tal atitude.

III. *Aplicação do direito natural*

1. *Positivação vs. Teorização?*

Perante as dificuldades que se nos deparam a propósito do conhecimento do direito natural, somos tentado a afirmar que a grande forma de conhecer o direito natural é procurar aplicá-lo, isto é, torná-lo positivo.

Contra esta tese milita uma certa repugnância (que pessoalmente partilhamos) pela ideia anti-teorética (sempre algo primária, e normalmente de consequências desastrosas e raízes duvidosas) que possa sugerir.

Mas matizemos as coisas: não é desprovidos de todo e qualquer *instrumentarium* teórico que nos meteremos a aplicar o que não sabemos o que seja. Nunca é tal. Apenas queremos dizer que "a prova do bolo é comê-lo" (essa é a radical prova), e a vida efectiva do direito natural é em acto (não simplesmente em potência), quando se torna (ou os seus preceitos, perspectivas, etc. se tornam) direito positivo.

Assim, o grande problema metodológico do direito natural afigura--se-nos passar para o momento ou o lugar da aplicação, da alquimia positivadora.

A metáfora do positivista Hans Kelsen nos sirva. Se o Direito (queria ele dizer, claro está, o direito positivo) transforma em Direito tudo aquilo em que toca, pressuporemos que tal juridificação seria transformação do desvalioso, bruto e informe...em oiro. Mas como ocorrerá na realidade, decerto menos idílica que a imagem de um positivista ainda com arroubos poéticos? Muitos pensarão que se aplica aqui uma inversão do dom de Midas: o natural oiro é que se converteria em lixo, quando positivado. Mas não exageremos, nem para um lado, nem para o outro.

A maioria esmagadora das normas jurídicas (e outros actos jurídicos), pelo menos numa sua consideração singular e abstracta, ou são justas ou são indiferentes e meramente regulatórias (e, nesse sentido, adquirem uma justiça indirecta, pois para ela indirectamente também contribuem). Só que todo este oiro parece não brilhar. Não se duvida que o seja; mas não cintila, e, assim, não arrebata suficientemente...

Sem falar da maldição refrangente de toda a degradação das Ideias neste mundo sublunar, o certo é que neste *opus* há elementos que acabam por se fundir com o oiro original, tornando impuro, e outros do legítimo que ficam no cadinho ou se consomem no processo.

Prevenidos de que o direito positivo é sempre um direito de queda, imperfeito (mas nem por isso passa a ser o direito natural o direito perfeito: até por que, desde logo, lhe falta a vigência ou positividade para o ser), continuamos a perguntar: afinal, qual a metodologia do direito natural para fazer-se (ou fazer o) direito positivo (e assim mostrar-se de forma mais inteligível que a que se oferecesse ao conhecimento teorético)?

2. *O direito natural na criação do direito positivo: enunciação*

Esta sucessiva devolução ou redução dos problemas metodológicos do direito natural não nos faz desembocar em estuário largo. Miríades de deltas, como as plurais fontes, acabam por nos confundir de novo.

Sintetizando, cremos que a questão da metodologia do direito natural se reconduz ao problema da criação recta do direito positivo. Porque não pode haver formação adequada deste sem a atenção dada àquele, nem sua aplicação, nem sua judicação. Enfim: o direito positivo anda sempre (ou deve andar) na esteira do direito natural.

E daqui decorre que, a nosso ver, a metodologia do direito natural terá de ser encarada numa tríplice dimensão:

2.1. Na "criação" do Direito

O que nos leva à consideração, pelo menos, das fontes imediatas de direito, não no sentido institucional, mas no conceptual ou hipotético (não no vigente, mas no mais latamente positivo). Aqui, a pergunta é, simplesmente (as respostas a dar-lhe é que são complexas): como há-de constituir-se o direito positivo para ser justo (concorde com o direito natural), na lei, no costume, etc.?

2.2. Na "execução" do Direito

Fundamentalmente se põe o problema ao nível governamental e ao nível administrativo. A pergunta, agora, é esta (também simples de formular e complexíssima de responder, na prática): como agir rectamente, justamente, aplicando a lei, o costume, etc.?

2.3. Na judicatura

Ao nível das questões contenciosas ou litigiosas, in iure, ou fora do tribunal se põe também o mesmo problema, mutatis mutandis. Como bem avaliar uma causa, defender a parte, julgar, tudo de acordo com a justiça (em concordância com o direito natural) mas sem esquecer a mediação tantas vezes mais imediata (e legalmente imposta não raro como a única) do direito positivo? Como compatibilizar os parâmetros de direito natural e direito positivo numa tal situação? E será de compatibilização que se trata, ou de prevalência?

3. O direito natural na criação do direito positivo: implicações actuais

O primeiro conjunto de problemas referido (2.1.) costuma ser integrado teoricamente no âmbito do estudo das fontes do direito, questão que, pelo seu cientificamente erróneo deslocamento tradicional das sedes filosófica, metodológica e jurídico-constitucional (que seriam as suas) para a civilística, acaba por ser reduzida a uma visão muitas vezes simplesmente funcional e formalista, e, evidentemente, totalmente alheia a qualquer referência à intervenção constitutiva ou reguladora do direito natural.

66 Lições de Filosofia Jurídica

Os problemas seguintes (2.2. e 2.3.) conduzem-nos para o domínio da interpretação e da aplicação da lei (e de todas as normas jurídicas), ou seja, para o terreno da Hermenêutica Jurídica. Em último termo, afigura-se-nos que todos (mesmo as fontes) se reconduzem ao último: é sempre toda uma questão de hermenêutica. Salvo quiçá em quanto, no plano das fontes, seja autónoma criação: e aí teremos provavelmente nomologia, dikélogia, teoria da legislação, etc., se tais disciplinas, ainda com contornos longe de serem consensuais, não enveredarem por uma via tecnicista e formalista, situação em que seriam imprestáveis para compreender o florescimento de direito nascente.

Diríamos então, para sintetizar, que as principais fronteiras (e fronteiras que são *limes* e barricada onde se luta todos os dias) do direito natural, hoje, parecem sobretudo ser a Hermenêutica jurídica e a (chamemos-lhe assim) Teoria da Legislação. E esta última, sobretudo porque podemos de algum modo prescindir do costume nessa geral "nomologia": pois, quer queiramos quer não (e não queríamos...), a sociedade moderna atrofiou o costume até à desertificação consuetudinária, até manifesta falta de *animus* dos agentes jurídicos interessados, isto é, por rarefacção, também, de exercício da cidadania autónoma (*auto-nomos*).

Um tentâmen de metodologia do direito natural deverá, assim, versar sobre:

I. *Uma Teoria da legislação*

II. *Uma Hermenêutica jurídica* [47]

4. *Privação metodológica jusnatural e estratégias superadoras na ciência jurídica geral*

No fundo, o direito natural serve para ajudar a fazer boas (justas) leis, e bem as interpretar e aplicar rectamente (ou só justamente aplicar, se preferirmos).

---

[47] Cf., entre nós, os excelentes estudos de José Joaquim Gomes CANOTILHO, *Teoria da Legislação Geral e Teoria da Legislação Penal. Contributo para uma Teoria da Legislação. I Parte*, Separata do número especial do "Boletim da Faculdade de Direito", Estudos em Homenagem ao Prof. Doutor Eduardo Correia, Coimbra, 1988, e A. Castanheira NEVES, "Fontes do Direito" e "Interpretação Jurídica", in *Digesta. Escritos acerca do Direito, do Pensamento Jurídico, da sua Metodologia e Outros*, II, Coimbra,

A Aporia Metodológica do Direito Natural

Ora, em que medida convoca hoje o direito positivo (as fontes orgânicas, institucionais, ou políticas do direito positivo: ou, o legislador) o direito natural para fazer leis justas e como o faz o governo ou o funcionário ou o juiz para (de formas e em instâncias diversas) as aplicar?

Expressamente, essa convocação (sobretudo por fora de moda e por incorrecção política, mas também por falta de evidente ou literal apoio legal em muitos países) é praticamente inexistente. Já surdamente, inconscientemente até, pelo contrário, ela é muito frequente.

Mas uma tal situação reflecte o contrário de uma ciência e de uma metodologia. Denota outrossim a fase pré-científica e pré-metodológica (diríamos, com alguma ironia, teológica, ou metafísica...) em que afinal se encontra a hodierna ciência jurídica (geral) na sua dimensão metodológica, em relação ao direito natural. Com consequências a não descurar para toda a ciência jurídica.

Amputada da consciente utilização da sua "metade" (componente complementar e *conditio sine qua non*) natural, a ciência jurídica comum encontra-se, assim, ao nível metodológico, numa proto-história de apreensão meramente espontânea, empírica ou intuitiva do justo.

Assim, o terreno está livre para o florescimento de estratégias superadoras da limitação. De tanto se não falar (nem se poder falar) em metodologia do justo, florescem formas ficcionais de fazer intervir o justo sentimental ou as concepções pessoais ou grupais de justiça.

Não é, assim, nada de estranhar que, por exemplo, a governação se faça ao sabor da inspiração (ou do capricho), a burocracia siga segundo a rigidez cadavérica do pseudo-cumprimento de ordens, e nos tribunais se conheça a célebre inversão do silogismo judiciário. Esta última, sobretudo, acaba por poder considerar-se como uma autêntica tentativa de "escrever direito/Direito por linhas tortas", dando, em último recurso, voz à intuição, já que se reconhece que o mero logicismo legal do silogismo judiciário perfeito não resultaria em justiça.

A inversão do silogismo judiciário não é a única manifestação desta situação de desamparo da jurisprudência. Muitos outros procedimentos

---

Coimbra Editora, 1995, respectivamente p. 7 ss., e p. 337 ss.; Id., *Metodologia Jurídica. Problemas Fundamentais*, Coimbra, Coimbra Editora, 1993, p. 83 ss. e respectivas bibliografias. Sobre a lei em geral, cf. ainda, especialmente, Michel Bastit, *Naissance de la Loi Moderne*, Paris, P.U.F., 1990, e Jean Carbonnier, *Essais sur les Lois*, Évreux, Répértoire du Notariat Defrénois, 1979. V. ainda Jorge Miranda/Marcelo Rebelo de Sousa (coord.), *A Feitura das Leis*, II, Lisboa, Instituto Nacional de Administarção, 1986 (2 vols.).

(alguns catalogáveis *sub specie* "jurisprudência das cautelas", por exemplo), ilustrariam a situação, verdadeiramente perigosa, e particularmente refutadora de muitos dogmas quanto à alegada "nulidade" do poder judicial (desde um Montesquieu).

Mesmo sem necessidade de aderir à situação judicial do *common law* [48], não será certamente despiciendo questionar se uma tal informalidade metodológica na jurisprudência se não revelará afinal preferível à bizarria das construções jusnaturalistas do jusnaturalismo moderno, que tanto afastariam os juristas do direito natural, e com razão dariam azo à crítica dos positivistas legalistas.

Mais uma vez, a resposta é de cardápio: *in media virtus*. Nem o delírio dedutivo (dedutivista, realmente) do jusracionalismo [49], nem a presente indigência fundamentadora. A qual, *in extremis*, também de tanto remeter para convicções no limite meramente pessoais (ou feitas pessoais) acaba por perder enquanto discurso publicamente legitimador.

Em todo o caso, esta lembrança do que sucedeu no passado, com tão funestas consequências para o direito natural (pois o jusracionalismo é já mais positivismo que direito natural, mantendo-se, porém, sob a sua capa fraseológica), é a nosso ver importante. E terá a vantagem de nos recordar algo sobre a justiça, que é fim e princípio (alfa e ómega) do direito natural (se é que não pode identificar-se, *lato sensu*, com ele): é que ela é uma busca constante e perpétua, não um *quid* a apanhar e a reter, não uma fórmula que, uma vez encontrada, sempre garanta a re-composição da substância desejada.

Constans et perpetua voluntas pode bem ser um *iter*, *itinerarium* como *metodologia*.

Mas se por metodologia entendermos apenas o que é vontade (*voluntas*), com pouco mais ficaremos que essa informe boa vontade dos agentes jurídicos rectos que gostariam de fazer boas leis, de as aplicar bem, e de julgar justamente com base nelas.

---

[48] Cf. os nossos "Common Law", "Equity Law", "Equity" e "Direito Comparado" na *Enciclopédia Verbo*, Edição do Século XXI.

[49] Exemplo evidente desse dedutivismo é a obra de J. G. FICHTE, *Grundlage des Naturrechts nach den Prinzipien der Wissenschaftslehre*, 1976-1797 (Há ed. francesa recente: *Fondement du droit naturel selon les principes de la doctrine de la science*, apres., trad. e notas de Alain Renaut, Paris, P.U.F., 1984).

5. Duas metodologias jusnaturalistas

Quer dizer: *grosso modo*, dir-se-ia que há duas metodologias do direito natural:

5.1. Metodologia "instintiva"

A primeira possibilidade, talvez ainda não completamente nem propriamente metodológica numa acepção mais científica, mas que constitui já uma tentativa nesse sentido, é o fazer do caminho de forma intuitiva ou como que orientado pelo instinto (...*quod omnia animalia docuit*). O uso desta "metodologia" instintiva é corroborado, por alguns positivistas, pela expressão "*feeling*" jurídico, que outra coisa mais não é que faro, manifestação sensória do instinto de localização.

Para pôr em acção esta "metodologia" há apenas que usar de escorreita inteligência e recta intenção, fazendo o resto a lei moral, inscrita no coração de todos.

Mesmo esta forma tão natural de caminhar não pode ficar desamparada, pois se a natureza grava a lei natural no peito humano, a corrupção social não permite a existência de qualquer "bom selvagem". E daí a educação moral e cívica (ao menos essas duas) terem de auxiliar a natureza, neste aspecto, ao menos nos dias que correm.

5.2. Metodologia 'proprio sensu'

A outra forma de metodologia, a metodologia em sentido próprio, requere já estudo e uso da razão, uma razão estruturante, com construções teóricas mais gerais, abstractas e buriladas.

Relativamente fácil de gizar num papel (como todas as construções dogmáticas do direito, sobretudo se forem utópicas, isto é, não radicadas: e como isso se vê nos texto de *iure condendo* da pena de tantos juspositivistas!), esta metodologia é a mais complexa, como dissemos.

É que se não trata apenas de encontrar um modelo teórico e de o levar às últimas consequências (como tanto acontece, sobretudo com os construtores de códigos de direito positivo). O *quid* aqui não é maleável. O direito natural não se presta a todas as manipulações. Uma metodologia do direito natural tem, muito especialmente, que respeitar o seu objecto, que passa a ser sujeito e agente da teoria.

6. O problema da metodologia em si mesma

Mas à intrínseca complexidade do direito natural e da sua metodologia *proprio sensu* (metodologia da ciência do direito natural) acresce ainda um problema de tomo (na realidade, precede-a), frente ao qual é impossível passar ao largo. Trata-se do problema essencial da própria metodologia.

Teremos de sobre ele reflectir um pouco, até pelas dificuldades especiais que à questão geral acrescem no caso vertente do direito natural.

Tentando sintetizar muitíssimo, diríamos tudo com um aparente estultilóquio por redundância: *o problema da metodologia é ser metodologia!*

Expliquemo-nos, melhor, porém: o problema da metodologia, realmente, é o de ser *apenas, só*, metodologia. Donde não poder nem dever aspirar a ser mais ou a ser outra coisa.

Ora uma metodologia, permitimo-nos insistir, é tão-somente um de entre vários caminhos, ou vários de entre mais caminhos possíveis. Em todo o caso, não pode ninguém com intenções de ir a algum lado (e aqui o destino é mais importante, chama-se Justiça, e Justiça em concreto) pode quedar-se, deleitado pelo passeio, gozando as vistas, e esquecendo-se da sua meta.

Se em todo o direito a metodologia, sendo vital para o trânsito, é apenas via (nem ponto de partida, nem ponto de chegada), e consequentemente ancilar, instrumental, mais ainda o é ou parece ser no âmbito do direito natural, onde urge chegar ao fim, e o fim é que determina o percurso (obviamente de acordo com o princípio, ou princípios...).

Claro que, embora possa haver ocorrido, por contraste, o tópico da legitimação dos meios pelo fim (ou fins), é evidente que ele não tem aqui o menor cabimento. Todos sabemos que os maus meios que um bom fim alegadamente legitimaria (mas não consegue tal: porque os resultados dependem sempre dos meios utilizados) nunca foram meios adequados a esse fim, nem esse o fim daqueles meios. O nosso problema é totalmente diverso.

O que nos preocupa não é a total e sabida inadequação de uma via para a Justiça, é antes o seu possível desajustamento não suspeitado.

Os métodos são métodos: mas nem sempre resultam. Por isso se fala de métodos infalíveis; sinal de que os há falíveis. E como se não trata de produzir sempre a mesma coisa (a Justiça é uma relação, não é um absoluto autónomo), o género, a medida, a intensidade, as variáveis tão várias dos meios a usar podem resultar aqui e ali não, e gradativamente melhor ou pior hoje e amanhã, etc., etc.. E cada caso é um caso. Essa a razão da utilização (até como válvula de segurança do positivismo jurídico) da dimensão (por vezes considerada *fons iuris*, erradamente) da equidade.

Tudo isto nos deve pôr de sobreaviso não propriamente *contra* a metodologia (porque ela é inocente, ou inimputável) mas em relação a ela e às suas verdadeiras forças.

A metodologia não tem forças senão como via ou meio de transporte. *Nemo datur quod non habet.* Não se lhe peça a ela o que não pode dar. Não se alcandore o que é instrumental, subsidiário (embora com um contributo constitutivo) em quintessência daquilo para que deve tender e donde retira a sua razão de ser.

Por consequência, a metodologia do direito natural deveria decorrer de uma ideia de direito natural, e as metodologias mais práticas, mais concretas, ou mais modernizadas em que deverá exercer-se (Teoria da legislação e Hermenêutica jurídica) deveriam pressupor uma Teoria da Justiça que as fundamentasse e lhes desse horizonte.

Mas o obstáculo metodológico parece inultrapassável: porque para a construção dessa teoria da Justiça, ou doutrina do direito natural, um jusnaturalista terá de ir pelo caminho da descoberta do direito natural: logo, quem não quiser começar pelo direito natural em prática, terá de ir desencantá-lo às essências, por via de uma metodologia cognoscitiva *nomo-noética*.

7. Caminhos e Lugares. Da metodologia à tópica

Não duvidamos que há sempre um caminho a percorrer. Mas há também sítios.

Também há tópicos, *topoi*, ou *loci*, isto é, lugares comuns (tão apropriadas designações, e tão felizes!).

Poderíamos assim conceber o jogo das relações entre o direito natural e a metodologia respectiva como análogo dos laços entre *iter* e *topoi*.

Não será decerto por acaso que o direito natural é, não raro, desvendado aos profanos por meio de adágios, máximas, princípios (com o *pathos* próprio da autoridade e da tradição): tópicos afinal.

Uma boa parte dos brocardos latinos constituem hoje princípios do direito positivo (de todo o direito, na verdade) terão sido máximas de direito natural.

Como se vai, então, dessas máximas (já de si espécie de *flashes* ou clarões fugazes, como relâmpagos, de uma realidade que se nos revela afinal esquiva, o direito natural) passar para o quotidiano jurídico justo?

Eterno retorno, ou círculo vicioso?

8. *Direito natural e metodologia do direito natural*

Parece que do direito natural temos apenas um conhecimento tópico, como que por descobrimento de concisos (lacónicos até) princípios, curtos artigos de tábuas da lei (natural).

Dos primeiros princípios (que não serão estritamente jurídicos) como o célebre *fazer o bem e evitar o mal*, os demais não poderão simplesmente deduzir-se. Mas, em grande medida, terão que extrair-se pela subtil sabedoria da prudência (a qual comporta elementos de discernimento e de experiência, de vivência ponderada), e em especial da prudência acumulada ao longo de séculos.

Porém, as dificuldades são inúmeras, e também o desacordo, quando passamos a concretos desafios. Seja-nos permitido um só.

Deitemos mão do crime mais repugnante e o que mais generalizadamente, no tempo e no espaço, tem merecido mais severa condenação. Não conhecemos, de facto, nenhuma ordem jurídica para a qual privar um homem da sua vida possa ser indiferente.

Pergunta-se, então: "Não matarás" será um desses princípios, jurídicos e jusnaturais? Reclamando apenas do legislador positivo que comine adequadas penas para a gravidade da conduta infractora do princípio, em normas adequadas?

Estamos pessoalmente persuadido que algo à volta desta questão terá de existir no direito natural. Se não houvesse nenhum preceito jusnatural a proscrever tal conduta, decerto de pouco valeria o direito natural. Mas uma questão aparentemente tão simples como esta (e *prima facie* tão consensual) pode dividir-nos.

Alguns poderão preferir ao excessivamente bíblico preceito referido, o mais inócuo "direito à vida". Mas haverá ainda quem afirme que o direito é sempre algo de secundário, na esfera de alguém, donde falar-se em direito à vida seria um contrasenso, porquanto a negação do aludido direito anula concomitantemente o seu sujeito titular. Pelo que outra solução seria preferida. Há muitas...

Mas mesmo que se admita, como faz a Constituição portuguesa (art.º 24.º), a existência do direito à vida (e a fórmula que desenvolve tal título remete para a inviolabilidade da vida humana, art.º 24.º, n.º 1) sabemos todos que os problemas não cessam, havendo divergência de tomo, sobretudo quanto à determinação do que seja vida humana.

Não estamos melhor no domínio da efectivação metodológica dos princípios.

Como tornar efectivo, ao nível do direito positivo o "não matarás", o "direito à vida", etc.? Proibindo o homicídio? O aborto? A eutanásia? A guerra? A pena de morte?

A Constituição portuguesa optaria por apenas proscrever esta última nesta sede (art.º 24.º, n.º 2). Quanto à guerra, o art.º 7.º parece esclarecedor sobre o pacifismo constitucional de princípio, *ma non troppo*...

As interrogações não param: deve ser a lei ordinária ou a Constituição a dar força positiva a estes princípios (inclinamo-nos pessoalmente para a conveniência da sua formalização constitucional)? Nesse caso, deverá o princípio em causa ser acolhido na Constituição, em geral? E porque apenas a recusa da pena de morte?

Como facilmente se vê, estas questões (algumas delas com um tudo nada de falácia) são de metodologia jurídica positiva (neste caso, de Teoria da legislação, e mais até de Política da legislação ou Política do Direito).

9. *A Aporia metodológica do direito natural*

Arriscamo-nos, em consequência do que vimos dizendo, a voltar ao nosso ponto de partida: parece que não há uma autónoma e própria metodologia do direito natural, mas metodologia do direito positivo com atenção ao direito natural.

Seja. E que vai então aprender o direito positivo no direito natural para que o princípio constitucional do direito à vida seja protegido (por exemplo)?

Claro está que o problema se não pode pôr assim. Porque a tutela constitucional do princípio já resulta de opções constitutivas de direito positivo (no caso de uma constituição formal, evidentemente: não nos referimos agora à constituição material, onde o princípio está sempre).

Voltemos então a um passo anterior: antes de consagrar o direito à vida, como se posicionavam estas questões? Evidentemente, pelo recurso à metodologia não metodológica, intuitiva ou instintiva, ou seja: não por uma verdadeira metodologia.

Pode ser que se consiga encontrar um método harmónico, seguro e geométrico de enquadramento e compreensão da reacção al-química entre o direito natural e as entidades geradoras do direito positivo (fontes do direito em sentido político, orgânico, etc.). Receamos todavia que, para além do que não é metodológico no direito natural (isto é, para lá dos

74   *Lições de Filosofia Jurídica*

princípios essenciais: dos tópicos, e, consequentemente, do que possa ser tópica, retórica e dialéctica jurídicas), pouco de fecundo se encontrará.

Porque a metodologização racionalizadora do direito natural equivaleria a uma alteração da sua natureza, aliás já cristalizada abusivamente em tópicos (quando é um sopro irreprimível e avassalador de vontade de justiça, perpétuo e constante).

É possível que esta situação de círculo vicioso, que desde o início deste livro pressentimos, configure uma autêntica situação aporética. Talvez esse seja um alibi conveniente para a inconclusividade em que ficamos. Mas o título já prevenia e anunciava a conclusão pouco conclusa.

Arriscaríamos, independentemente desta questão, a chamar mesmo a esta questão a aporia metodológica do direito natural.

10. *Para além da metodologia*

Seja como for, a verdade é que o direito natural não fica diminuído se não se encontrar ou não se vir facilmente dotado de uma máquina metodológica autónoma e complexa, com o aparato das grandes construções dogmáticas do direito positivo.

Porque o que mais importa não é, verdadeiramente, revelar o naipe de trunfos escondidos que sempre vetariam a normal hierarquia das cartas positivas do direito. Essa, que assim acabaria por aparecer como uma espécie de *arcana lex*, nunca poderá, na finitude, historicidade e circunstância de um tempo e lugar concretos, vir completamente à luz. Porque é para todos os tempos e está além deles, porque é para todas as situações, e contudo trancende-as. E invoca-se antes de ser descoberta ou conhecida. Clamar por Justiça não é ainda saber *que Justiça*, antes reconhecer que a que diz sê-lo não o é.

O mais importante, nesta indagação e neste esforço, acaba por ser algo que tem com a metodologia (pelo menos com a nossa noção corrente de metodologia, forjada nos moldes da metodologia positiva e positivista) uma ligação só muito ténue, ou em sentido só figurado. Talvez, porém, atentando na *differentia specifica* do *quid* em causa, o direito natural, ainda lhe possamos chamar metodologia, e então viveríamos tranquilos... De que se trata, então?

O mais importante parece-nos ser o conhecimento histórico das doutrinas do direito natural e da casuística da sua aplicação, através de cuja ponderação o jurista, como quem treina o gosto artístico, vai aprendendo o justo como quem se afeiçoa ao belo.

Por isso também, decerto, é duvidoso que a Jurisprudência ou Direito em sentido epistemológico (pelo menos na sua parte natural, mas há ainda quem alargue a dúvida ou a negação à positiva) seja verdadeira ciência e não apenas (e nobilissimamente) arte. E a arte não se detecta nem se cria com metodologia (nesse caso, dir-se-ia técnica).

Assim, talvez o direito natural não possa nem deva seguir o caminho do direito positivo pela metodologização. E quiçá nesse "sei que não vou por aí" pudesse o direito positivo também aprender algo, na sua febre metodologista de hoje.

Entretanto, talvez o caminho do direito natural seja como os *Holzwege*. Não que sejam caminhos que não dêem a parte nenhuma. Pelo contrário: são caminhos que nos fazem descobrir os melhores recantos da floresta do Direito; só que apenas conhecidos pela arte dos mais experimentados e sábios dos lenhadores.

Capítulo III

DA METODOLOGIA DO DIREITO NATURAL
AO DIREITO NATURAL
COMO MÉTODO JURÍDICO

Deambulações sob o céu estrelado

> *"As operações de limpeza são as que ocupam*
> *a maioria dos cientistas durante todas as suas*
> *carreiras."*

Thomas S. Kuhn [50]

I. *Do problema da metodologia em geral*

1. *O Direito, de cientificamente influente a influenciado e traumatizado*

Já vai longe o tempo em que os juristas comandavam a técnica ou a metodologia científica. Em que os harpedonaptas re-atribuíam *a cada um o seu* depois das cheias do Nilo, criando assim a geometria por causa do direito [51]. Ainda no séc. XV, apesar de todo o nominalismo e cientismo

---

[50] Thomas S. KUHN, *The Structure of Scientific Revolutions*, University of Chicago Press, 1962, trad. cast. de Agustín Contín, *La Estructura de las Revoluciones Científicas*, Mexico, Fondo de Cultura Económica, 1992, p. 52.

[51] Michel SERRES, *Le contrat naturel*, Paris, François Bourin, 1990, p. 87 ss., máx. p. 90. Para intersecções (ou mesmo raízes) jurídicas da geometria na Grécia antiga, Idem, *Les origines de la géométrie*, Paris, Flammarion, 1993, trad. port. de Ana Simões e Maria da Graça Pinhão, *As origens da Geometria*, Lx.ª, Terramar, 1997.

78 Lições de Filosofia Jurídica

crescentes, era o Direito Romano a influenciar (com os seus hipotéticos Caius, Titius e Sempronius), desta feita a álgebra, na obra especiosa (*Spécieuse*) de um François Viette[52].

Tudo isso foi esquecido. O fascínio que as ciências positivas passaram a exercer sobre os juristas passou a ser magnetizante e em grande medida inibidor. Um profundo complexo de inferioridade se apossou dos estudos jurídicos, cuja principal obsessão passaria a ser dotar-se de uma metodologia *more geometrico*, ou no mínimo, garantidora de estatuto científico à área. A *Reinerechtslehre* sempre nos pareceu um esforço desesperado para não ficarmos atrás da psiquiatria. No mundo burguês da Viena dos tempos doirados[53], deveria ser fatal para a competição mundana entre médicos e juristas que os primeiros houvessem penetrado nos mistérios da alma, enquanto a repetida citação de Kant continuava a lembrar: *"Noch suchen die Juristen eine Definition zu ihren Begriffe vom Recht."*[54].

Evidentemente que o processo de passagem de uma mundividência teologizante para uma cosmovisão metodologizante vem de muito antes de Kelsen e até de Kant, acompanhando o processo geral de secularização, e conduzindo à preferência pelo formal, o estrutural, o lógico, enfim: o exterior, o não-comprometido, o que é, em grande medida, decerto rigoroso (embora nem sempre) mas substancialmente tautológico. À falta de verdadeira experimentabilidade no Direito (embora algumas tentativas hajam sido feitas), a racionalidade e o dedutivismo têm sido a regra. Desde a escola moderna do direito natural aos positivismos.

2. Crítica do metodologismo triunfante

Não entraremos no pormenor do empobrecimento reducionista desta tendência metodologista, que teve em língua portuguesa, não há muito, uma impecável síntese, na obra do brasileiro Nelson Saldanha, *Da Teologia à Metodologia. Secularização e crise no pensamento jurídico*[55].

Mas está em tempo de se inverter a tendência, e *da austera, apagada e sempre algo vil tristeza* em que o Direito tem vivido no plano meto-

---

[52] Michel SERRES, *Le contrat naturel*, p. 94.

[53] Algumas curiosas evocações de E. H. GOMBRICCH, *An autobiographical sketch*, in *The essential Gombrich. Selected writings on art and culture*, ed. Richard Woodfield, Londres, Phaidon, 1996, p. 21 ss..

[54] I. KANT, *Kritik der reinen Vernunft*, B 759, A 731, fn.

[55] Nelson SALDANHA, *Da Teologia à Metodologia. Secularização e crise no pensamento jurídico*, Belo Horizonte, Del Rey, 1993.

dológico, por via do seu complexo de inferioridade cientista, se passar a uma autognose que compreenda o Direito no que ele realmente é, pondo os pontos nos *ii* sobre o sentido, o papel e o valor da metodologia.

É absurda a situação que se vive, de primado da metodologia. Denotando uma dupla incompreensão, que chega a ser ignorância. Incompreensão, antes de mais, do que seja o próprio Direito (não uma ciência, mas uma arte [56]; ou ciência apenas enquanto *episteme*), e, correlativamente, incompreensão do seu método próprio – que não é nenhum método científico, porque o Direito se não destina a conhecer o real ou a intervir nele do mesmo modo que a ciência e a técnica. Incompreensão, em segundo lugar, da própria situação autognótica das ciências "científicas" que foram e são o seu modelo, mas que já prescindiram de tais padrões para si próprias.

Comecemos pela última ignorância.

3. *Da falência do método nas ciências* tout court.

No plano científico, são tantas as dúvidas, as incertezas, e tão forte a ideia de que não existem métodos científicos, que o racionalismo é, afinal, um verbalismo, que poderemos mesmo pensar se a própria "ciência" também não será essencialmente não-científica, e como que uma forma de "arte". O que coloca os ditos cientistas sociais e os cultores da dita ciência jurídica no embaraço pouco cómodo (e na verdade ridículo) de quererem ser eles os *últimos dos moicanos* da ciência racionalista, positivista. De uma ciência que, na perspectiva dos cientistas de hoje, não é representativa de toda a ciência, ou até, quiçá, não passa de um mito.

Lembremos apenas dois testemunhos.

Antes de mais, algumas das principais teses da introdução à edição chinesa [57] do célebre *Against Method*:

---

[56] Muito certeiras e significativas nos parecem ser as palavras de Cabral de Moncada: "É, porém, evidente, que aquilo a que acabamos de chamar o *conhecimento jurídico do direito* não pode ainda ser essa ciência nem ter a dignidade do saber científico. De outro modo, quem quer que tivesse na cabeça todos os artigos do Código Civil seria um consumado jurisconsulto. Bastar-lhe-ia saber o que dizem as leis". Luís Cabral de MONCADA, *Filosofia do Direito do Estado*, II, Coimbra, Coimbra Editora, 1965, p. 56. Evidentemente, o autor, matizará, adiante, esta afirmação, a qual, porém, permance com um significado autónomo, muito inspirador.

[57] Paul FEYERABEND, *Against Method*, trad. port. de Miguel Serras Pereira, *Contra o Método*, Lx.ª, Relógio D'Água, 1993, pp. 11-15.

a) os factos, operações e resultados que constituem as ciências não têm uma estrutura comum;

b) os êxitos científicos não podem ser explicados de uma maneira simples:

c) o sucesso da 'ciência' [*sic*] não pode ser usado como argumento para a abordagem de problemas ainda por resolver de acordo com um modelo-padrão

d) a 'não cientificidade' [*sic*] dos modos de proceder não é um argumento para os pôr de lado

e) o público pode participar na discussão sem perturbar as vias para o êxito já existentes

f) podem existir muitas espécies diferentes de ciência

g) a ciência do primeiro mundo é uma ciência entre muitas outras.

Gostaríamos de, ao menos, recordar as teses de cada capítulo desta obra decisiva, mas vamos limitar-nos a três pontos apenas: a síntese da introdução, a do capitulo 17 e a do capítulo 21 (e último). Continuamos a citar o autor, que é, como se sabe, um cientista:

> "A ciência é um empreendimento essencialmente anárquico: o anarquismo teórico é mais humano e mais susceptível de encorajar o progresso do que as alternativas respeitadoras da lei e da ordem"[58]

> "Nem a ciência nem a racionalidade são critérios universais de medida da excelência. São tradições particulares, inconscientes do seu enraizamento histórico"[59].

> "[...] A ira perante a destruição insensata de realizações culturais com as quais muito poderíamos ter aprendido, perante a segurança arrogante com que certos intelectuais interferem na existência das pessoas, e o desprezo pelo fraseado melífluo de que se servem para embelezar as suas malfeitorias foram, e continuam a ser, a força que moveu este livro."[60]

O testemunho de Carl Sagan parece-nos também da maior importância, porquanto este cientista aliava ao renome de especialista a reputação e o conhecimento públicos de um grande divulgador. Embora na sua obra

---

[58] Paul FEYERABEND, *Contra o Método*, p. 17.
[59] Paul FEYERABEND, *Contra o Método*, p. 20.
[60] Paul FEYERABEND, *Contra o Método*, p. 21.

Da Metodologia do Direito Natural ao Direito Natural como Método Jurídico 81

se detectem ainda muitos preconceitos cientificistas, que se resumem na ideia de ciência como secularização e luta contra os demónios das trevas [61], por isso mesmo adquirem maior valor algumas intuições sobre a ciência e o seu método.

Sagan começa logo por considerar que deve aos pais, sem nenhuma formação científica e de origem humilde (e significativamente não aos seus primeiros professores) o maior incentivo e como que a mais decisiva inspiração científica:

> "Os meus pais (...) ao porem-me simultaneamente em contacto com o cepticismo e o deslumbramento, ensinaram-me os dois tipos de pensamento que estão na base do método científico e que são tão difíceis de conciliar." [62]

Por outro lado, presta uma decisiva homenagem às Humanidades, às Artes e à Filosofia, que não é retórica, mas vivencial. Sagan, integrado no programa educativo da Universidade de Chicago, estudou ciência não numa perspectiva tecnocrática ou tecnológica, mas inserida na "deslumbrante tapeçaria do conhecimento humano", como poeticamente afirma. Alguns ficarão estupefactos, certamente, com estas linhas, retratando o tipo de ensino que teve:

> "Era considerado impensável um aspirante a físico não conhecer Platão, Aristóteles, Bach, Shakespeare, Gibbon, Malinowski e Freud — entre muitos outros." [63]

Importância de um saber integral, dos clássicos e dos cânones, e concepção da ciência como parte desse saber, bem como cepticismo e deslumbramento como vectores essenciais da sua metodologia, eis lições a reter.

---

[61] Cf., desde logo, os paratextos da edição original e da edição portuguesa (cujo título é até mais claro, e concorde com a dedicatória) do livro de Carl SAGAN, *The Demon-Haunted World*, 1995, trad. port. de Ana Falcão Bastos e Luís Leitão Bastos, *Um Mundo infestado de demónios. A Ciência como uma luz na escuridão*, 2.ª ed., Lx.ª, Gradiva, 1998. Dedicatória: "Para Tonio, o meu neto desejo-te um mundo sem demónios e pleno de luz".

[62] Carl SAGAN, *Um Mundo infestado de demónios. A Ciência como uma luz na escuridão*, cit., p. 11.

[63] *Ibidem*, p. 13.

82   *Lições de Filosofia Jurídica*

Insistir na ciência contra os cientistas que a pensam, e reivindicá-la (ou tê-la sempre como) precisamente em matérias para as quais, desde o início, se sabia que tal não fazia sentido, pela natureza das coisas, isto é, dos estudos em causa, é perseverar diabolicamente no erro.

II. *Pressupostos Filosófico-Jurídicos*

Também no plano jurídico são necessárias algumas precisões. Partiremos, assim, para a abordagem da metodologia do Direito Natural, de algumas teses que não poderemos, *brevitatis causa*, sequer tentar provar aqui:

1. *Carácter artístico do Direito*

O Direito não é tanto ciência como sobretudo arte. E todas as tentativas para o cientificar *a outrance* o complicam escusadamente e o afastam dos seus fins. Criando mais problemas ainda.

2. *Imprescindibilidade e ancilaridade da metodologia jurídica*

O Direito, arte que é, não prescinde de uma dada técnica (pensada numa metodologia), a qual não é mais, em geral, que uma colecção de meios adequados à produção de bons efeitos (não excepcionais, mas razoáveis), colhidos na experiência histórica do exercício da arte. A metodologia está para o direito, do ponto de vista didáctico, algo como o solfejo (ou a teoria dele) para a música. O julgamento de Salomão, exemplo paradigmático de solução justa, passa por cima de todas as metodologias e de todas as técnicas. Lembrando Miguel Angel Asturias: "para quê ir de burro, se posso ir de avião?" Salomão tomou um jacto. Ou terá sido um foguetão?

3. *Adequação da metodologia à* episteme *que serve. A dialéctica para a arte jurídica*

Em consequência, a metodologia é instrumental e derivada do tipo de *episteme* em presença.

Aristóteles põem em relevo que nem todos os métodos convêm a todos os tipos de indagação [64]. E sendo o tipo de certeza no Direito apenas do tipo da probabilidade, é a dialéctica que lhe convém, e o árbitro das suas disputas é a *phronesis*, a *prudentia*. A virtude do jurista não é (ou não é tanto) a justiça, mas a prudência.

4. Unidade do Direito: ontológica e metodológica. A aporia (ou dilema?) do direito positivo

O Direito é uno: não há um direito natural e um direito positivo como direitos ou sistemas separados (tampouco o primeiro é o bom e ideal, e o segundo o mau e real), mas são os dois parte do mesmo direito. Pode dizer-se, retomando uma formulação cara a Javier Hervada, por exemplo, que, *cum grano salis,* o direito natural é a parte natural do direito e o positivo a parte cultural. Donde, não poder haver direito positivo sem direito natural (aporia do direito positivo) [65]. Esta unidade ontológica do Direito implica uma unidade metodológica.

Dada a necessidade de o natural fundar o cultural como *conditio sine qua non*, segue-se a aporia do direito positivo: para existir, tem de pressupor o direito natural.

Posta a questão em termos mais agónicos, esta aporia poderá volver-se em *dilema positivista*?

5. Metodologia do direito, caminho para a justiça

Não há uma metodologia do direito positivo e uma metodologia do direito natural, mas a metodologia do Direito. Aliás, um dos mais importantes problemas metodológicos de todo o Direito afigura-se-nos ser o da

---

[64] Atente-se, *v.g.*, neste passo, do início da *Tópica*: "É dialéctico o silogismo que conclui a partir de premissas prováveis. São evidentes e primeiras as coisas que garantem a sua certeza, não por outras, mas por elas mesmas, porque, nos princípios da ciência, não devemos inquirir o porquê fora deles, mas cada um destes princípios deve achar garantia em si mesmo. Prováveis são as opiniões recebidas por todos, ou pela maioria, ou pelos sábios, e, entre estes últimos, pelos mais notáveis e pelos mais ilustres." ARISTÓTELES, *Organon*, V., *Tópicos*, trad. port. e notas de Pinharanda Gomes, Lx.ª, Guimarães, 1987, pp. 10-11 (Livro I, 1-100 a-100 b).

[65] Javier HERVADA, *Lecciones propedéuticas de filosofía del derecho*, Pamplona, EUNSA, 1992, p. 512 ss..

84   *Lições de Filosofia Jurídica*

ligação entre direito natural e direito positivo. Ou seja, por outras palavras: sendo (ou devendo ser) toda a metodologia do direito um caminho para a concretização do justo, do justo concreto, um dos grandes problemas que se põe nessa senda é o da criação e aplicação do direito positivo de acordo com o direito natural.

6. *Dialéctica, método do Direito*

Afigura-se-nos que em todos os momentos metodológicos do Direito a metodologia é a mesma: a dialéctica. Evidentemente, a expressão foi prevertida das mais variadas formas [66]. Mas referimo-nos à dialéctica aristotélica, romana, aquinatense, a dialéctica do realismo clássico.

Há dialéctica na indagação axiológico-social do direito, na procura do direito nas coisas [67] – embora seja uma parte normalmente escondida do icebergue do direito.

Há dialéctica no caminho para a descrição verbal desse direito, na elaboração das normas jurídicas [68] – os debates parlamentares são ao menos um *fumus* dessa dialéctica.

Há dialéctica na vivência corrente do direito e na sua aplicação administrativa – cada vez mais, sobretudo com as modernas exigências administrativas de audiência dos interessados, atendibilidade de interesses difusos, etc.., que dialectizam o procedimento administrativo [69].

Há dialéctica no litígio judicial – o debate forense (e todo o andamento do processo judicial) dá-nos uma imagem do carácter dialéctico do jurídico. Sem dúvida que esta é a situação em que mais claramente se evidencia o carácter dialéctico do Direito: e tal ocorre, sem dúvida, porque o sentido próprio do justo aí ocorre – *suum cuique tribuere*. É o juiz que, em última instância, atribui a cada um o que é seu, no sentido que esta atribuição tem, originalmente, em Direito [70].

---

[66] Cf., *v.g.*, Pierre-Jean LABARRIÈRE, *Le discours de l'altérité*, Paris, P.U.F., 1982, p. 24.

[67] Cf. Michel VILLEY, *Le droit dans les choses*, in *Controverses autour de l'ontologie du droit,* dir. de Paul Amselek e Christophe Grzegorczyk, Paris, P.U.F., 1989, p. 11 ss..

[68] Sobre os métodos para estabelecer normas de direito, cf. Juan VALLET DE GOYTISOLO, *Metodologia jurídica*, Madrid, Civitas, 1988, p. 104 ss.. Quantos às leis, cf. *Ibidem*, p. 113 ss. V. ainda Jean CARBONNIER, *Essais sur les lois*, Répertoire du Notariat Defrénois, Evreux, 1979; Jorge MIRANDA/Marcelo Rebelo de SOUSA (coord.), *A Feitura das Leis*, II, Lisboa, Instituto Nacional de Administração, 1986 (2 vols.).

[69] Cf. já o nosso *O Procedimento Administrativo*, Coimbra, Almedina, 1987.

[70] Sobre os métodos tendentes à determinação do justo em concreto, Juan VALLET DE GOYTISOLO, *Metodologia jurídica*, cit., p. 118 ss..

III. *Do céu dos conceitos ao limbo das doutrinas*

1. *A tentação normativista*

Mas mesmo que estejamos de acordo sobre o carácter de arte e *episteme* e não de ciência racionalista do Direito, e sobre o carácter dialéctico do seu método, muitos problemas subsistem quanto a uma metodologia do direito natural.

Estamos em crer que uma boa parte deles resultam da atracção cientista ainda não completamente abandonada, que nos faz claudicar e nos atrai para soluções construtivistas e dogmáticas. Outros problemas decorrerão talvez da tentação (que vem de certa neo-escolástica e da tutela do direito natural pela teologia e pelos moralistas) no sentido de formalizar em normas ou princípios o direito natural, e que depois encontrou nos professores racionalistas de direito natural das Luzes (também eles não juristas) continuadores de tipo dedutivista.

A ideia de aproximar a arte do justo do caso concreto, e de correr o risco da casuística é de muito difícil aceitação para muitos de nós, não só pela nossa formação jurídica de base normalmente positivista (ou, para os mais novos, pseudo-superadora do positivismo), como pelos maus exemplos do direito livre, do realismo norte-americano, e de algum informalismo dito pós-moderno. Por isso, embora aceitemos, teoricamente, o carácter dialéctico da metodologia, vamos muitas vezes logo em busca de princípios, normas e normas sobre normas, num dedutivismo que por vezes faria inveja aos kelsenianos.

2. *A sedução dos extremos: jusnaturalismo proclamatório e jusnaturalismo construtivista*

Nos dois extremos estão, pois:

a) a aceitação teórica (e eventualmente enfática, mas só proclamatória) da existência do direito natural, mas efectivamente desprovido de metodologia – dizendo-se, por exemplo, que o direito positivo se deve encarregar, com a sua metodologia própria, de tornar prático (por si) o direito natural;

b) ou a construção de um castelo de cartas (neste caso são trunfos) do naipe jusnaturalista, muito complexo, pleno de princípios e deduções, regras e inferências, que a mais ligeira brisa crítica poderá deitar por terra. Como em todos os castelos de cartas,

86   *Lições de Filosofia Jurídica*

basta que uma premissa (ou carta da base) esteja mal colocada, para toda a torre de Babel ruir, na sua impante audácia.

Entre estas duas posições talvez possa encontrar-se um equilíbrio, procurando dialectizar, também aqui, as antinomias. Porém, ambas as tentações são muito cativantes. A sua radicalidade seduz pela pureza.

O perfeito não-sistema da primeira é um sistema perfeito. Quem poderá negar o direito natural se se disser que é uma aspiração imorredoira à justiça (*constans et perpetua voluntas*), e que o direito positivo e os seus aplicadores devem tornar tal direito, de potência apenas que é, em acto.

Por outro lado, as teorias sistematizadoras surpreendem também e seduzem por essa função de naipe de permanente trunfo: o direito positivo pode ser injusto; mas independentemente da justiça ou corrupção deste, o direito natural é sempre puro. E como resplancecem as novas tábuas da lei! Um direito natural deduzido todo logicamente de primeiros princípios evidentes por si próprios, e alastrando a mais e mais áreas da vida, não é um projecto grandioso? Sobretudo se estivermos de acordo com a lista dos direitos e deveres. Como é tranquilizador, perante a ignorância do *profanum vulgus*, ou a hesitação da *ventosa plebis*, sacar o trunfo da manga e dizer, altissonantemente, acima de todos os políticos: *é assim, certo ou errado, porque é de direito natural.*

3. *Minimalismos jusnaturalistas*

Algumas posições mais equilibradas, e sempre um tanto minimalistas, têm sido ensaiadas: nem vaga aspiração e endosso para as boas intenções dos concretos agentes jurídicos, nem código-sombra, escrito em letras de oiro no mármore de um céu dos conceitos. Alguns princípios mínimos, pois, para futura concretização pelo direito positivo...

Assim, por exemplo, no início do século, Víctor Cathrein, reduz o direito natural aos *tria pracepta iuris* romanos: *honeste vivere, neminem laedere, suum cuique tribuere* [71].

Muito mais próximo de nós, Javier Hervada dá-se plena conta da armadilha normativista de uma "lista cerrada de derechos naturales obtenidos por deducción de la naturaleza humana." [72], considerando, muito

---

[71] Víctor CATHREIN, *Filosofía del Derecho*, 2.ª ed. cast., Madrid, Reus, 1926.
[72] Javier HERVADA, *Lecciones propedéuticas de filosofía del derecho*, p. 523.

Da Metodologia do Direito Natural ao Direito Natural como Método Jurídico   87

justamente, uma tal ideia uma incompreensão da verdadeira natureza do direito natural "propria del iusnaturalismo moderno y, en parte, de la neoescolástica desviada"[73]. Não se trata, pois, de uma lista de direitos (lembramo-nos sempre das extensas declarações de direitos liberais), mas de ver que, em cada situação (logo, em mutabilidade, embora com elementos de permanência [74]), surge uma rede de direitos adequada aos fins naturais do homem. E daí que se possa falar de algo de irredutível e permanente. Desenvolvendo, descrever-se-ia assim o (único) direito natural fundamental: *"el derecho de la persona a su ser, a su libertad y al desarrollo de su personalidad"*[75].

Recordemos outras teorizações prudentes e lacónicas:

Para Capitant, o direito natural é apenas um princípio director, o ideal de justiça [76]. Navegando em águas semelhantes, designadamente aceitando com facilidade a variabilidade institucional, a qual se compatibiliza com um direito natural de princípios rectores, encontram-se nomes como os de Louis Le Fur, Renard, e Dabin [77].

O sintetismo e prudência destas posições são, pelo menos, notáveis.

Poderíamos também retomar as fontes romanas e afirmar que os direitos naturais são essencialmente os referidos para o *ius naturale* no Digesto [78], ou alargá-los, como fazem Isidoro de Sevilha [79] e o nosso

---

[73] Javier HERVADA, *Lecciones propedéuticas de filosofía del derecho*, p. 524.

[74] Cf. Michel VILLEY, *Mobilité, diversité et richesse du Droit Naturel chez Aristote et Saint Thomas*, in "Archives de Philosophie du Droit", XXIX, 1984, pp. 190 ss..

[75] Javier HERVADA, *Lecciones propedéuticas de filosofía del derecho*, p. 524.

[76] CAPITANT, *Introduction à l'étude du droit civil*, p. 35, cit. por Jacques LECLERCQ, *Leçons de droit naturel, apud* Xavier DIJON, *Droit naturel*, I. *Les questions du droit*, Paris, P.U.F., 1998, p. 40.

[77] Cf. *Ibidem*.

[78] *Ius naturale est, quod natura omnia animalia docuit: nam ius istud non humani generis proprium, sed omnium animalium, quae in terra qua in mari nascuntur, avium quoque commune est Hinc descendit maris atque feminae coniunctio, quam nos matrimonium appelamus, hinc liberorum procreatio, hinc educatio: videmus etenim cetera quoque animalia, feras etiam istius peritia censeri.* Sublinhemos três palavras, que são a chave desta definição: *coniunctio/matrimonium*; *procreatio, educatio.* Não é preciso sequer conhecer o modo definitório greco-romano do *genus proximum* e da *differentia specifica* em três termos (sendo o último o *quid specifficum*), presente já (apesar de todas as polémicas, e *cum grano salis*) nos célebres *tria praecepta iuris*, para pelo menos suspeitarmos de que os dois primeiros momentos tendem para o último, o qual, consequentemente, é o ponto focal de todo o Direito Natural. A educação de uma sociedade é a base de toda a argamassa comunitária, e da normatividade natural nela existente.

[79] ISIDORO DE SEVILHA, *Etymologiæ*, V, IV, 1. Cf. o nosso "Do Direito Clássico ao Direito Medieva O papel de S. Isidoro de Sevilha na supervivência do Direito Romano

88   *Lições de Filosofia Jurídica*

Tomás António Gonzaga [80], aos do *ius gentium* [81]. O leque dos que figuram nas *Etimologias* já seria razoável... E, em qualquer caso, haveríamos por nós a força da tradição.

Em qualquer dos casos, temos sempre uma lista: de um direito ou de mil, mas sempre uma enunciação que inevitavelmente se arriscará a ser tomada por dogmática.

4. *Do minimalismo à ideia de mutabilidade do Direito Natural*

Mais radicais ainda parecerão ser as ideias de um direito natural de conteúdo variável (como é o caso das teorias de Stammler). Porém, essas são as únicas dialécticas. Há, evidentemente, coisas que não mudam nem podem sequer pôr-se em causa. Mesmo dialecticamente, Aristóteles considera que os questionadores de certos pontos de partida (princípios) merecem é reprimenda [82]. Também na natureza e na natureza normativa assim sucede. Mas a natureza também não é una. Pelo que é possível suspeitar-se que também o não seja a natureza normativo-jurídica, o direito natural. Para os cientistas naturais, que tanto veneramos ainda, essa mutabilidade (e até instabilidade) da natureza é já um autêntico *principium sapientiae*. Diz um recente prémio nobel da Química: "La réalité du devenir est la condition *sine qua non* à notre dialogue avec la nature." [83]

---

e na criação do Direito Ibérico", in *Para uma História Constitucional do Direito Português*, Coimbra, Almedina, 1995, p. 93 ss.

[80] TOMÁS ANTÓNIO GONZAGA, *Tratado de Direito Natural. Carta sobre a usura. Minutas. Correspondência. Documentos*, ed. crítica de M. Rodrigues Lapa, Rio de Janeiro, Instituto Nacional do Livro, 1957, p. 121.

[81] O *ius gentium*, tal como nos surge no Digesto, era o natural humano, comum a todos os homens ou seja, uma espécie de "direito natural humano" (pois o *ius naturale* era humano-animal, zoológico): "*Ius gentium est, quo gentes humanae utuntur quo a naturali recedere facile intellegere licet, quia illud omnius animalius, hoc slis hominibus inter se commune sit.*".

[82] ARISTÓTELES, *Topicos*, cit., p. 30: "Quem proponha a questão de saber, por exemplo, se é preciso ou não louvar os deuses e amar os pais, não pede mais do que uma boa correcção, e quem pergunta se a neve é branca ou não, só tem que abrir os olhos. A controvérsia nunca se deve criar, nem acerca de assuntos cuja demonstração é próxima, nem acerca de assuntos cuja demonstração é longínqua. No primeiro caso, não há qualquer dificuldade e, no segundo, as aporias são muito grandes para um simples exercício disputativo." (I, 11, 105 a).

[83] Ilya PRIGOGINE, *La fin des certitudes*, Paris, Odile Jacob, 1996, p. 177.

Evidentemente, ninguém ignora a polissemia do termo natureza (bem como do termo direito), classicamente levantada por Eric Wolff [84].

Evidemente, eis-nos chegados a uma encruzilhada, porquanto a imutabilidade, e já, de certo modo, a normatividade, foram sendo estabelecidas como características essenciais do Direito Natural. Que direito natural é então esse que não pretende ser ao menos apresentado como um conjunto de preceitos, e que admite, além de um núcleo essencial (o qual, todavia, sem uma enunciação preceptiva, permanece obscuro, misterioso mesmo), também elementos mutáveis, acidentais?

Ao menos se perguntará o que se encontra nesse reduto mínimo imutável, e como deve operar ele – isto é, novamente, qual a sua metodologia.

Não há muito para dar: não há sobretudo grandes princípios, mas pode haver um método. E esse é o método dos criadores do Direito, os romanos. Pode dizer-se que, em muitos casos, não sucedeu como se teoriza: certo; podemos até conceder que será um tipo-ideal. Não, nem isso? Pronto, será um mito. Mas deveras um mito fecundíssimo.

IV. *Teses*

1. *Objectividade do Direito Natural e metodologia sócio-axiológica indagadora*

O direito natural está nas coisas, na realidade, na natureza, nas relações sociais concretas: não está na razão pura, nem nos sentimentos mais ou menos piegas dos homens [85].

O primeiro método é o de indagação do direito. É um método sócio-axiológico, de extracção da normatividade (dever-ser) a partir do ser. Não, obviamente, por generalização, por sondagem, ou por referendo, mas tentando a determinação (dialéctica, fazendo dialogar os factos, as práticas...)

---

[84] Eric WOLFF, *Das Problem der Naturrechtslehre*, trad. cast. de Manuel Entenza, *El problema del derecho natural*, Barcelona, Ariel, 1960.

[85] Cf. Michel VILLEY, *Abrégé de droit naturel classique*, in *Leçons d'Histoire de la Philosophie du Droit*, Paris, Dalloz, 1962, p. 133 (tb. já 128 ss.); Idem, *Le droit dans les choses*, cit..

90   *Lições de Filosofia Jurídica*

do razoável, equilibrado, do proporcional, do adequado, do justo nas relações sociais históricas concretas, em especial as de cada *hic et nunc* [86].

2. *Insondabilidade da* natura hominis *profunda, e mutabilidade da superficial*

O direito natural pode estar (sem dúvida estará) no núcleo irredutível da natureza humana. O problema é que as nossas forças teóricas são escassas para a determinar sem preconceitos. Corremos o risco de gizar uma natureza humana excessivamente à imagem e semelhança dos nossos preconceitos ou interesses, pessoais, de grupo ou ideologia: e todos muito marcados pelo nosso tempo. *Natura hominis est mutabilis*: Villey contou quinze vezes esta tese em S. Tomás [87], o que nos parece ser de uma autoridade esmagadora. Não nos atrevemos a percorrer sequer as *sumas* para encontrar mais ocorrências.

O objectivo não será, assim, determinar *a priori* uma natureza humana abstracta, e sempre controvertível, e partir desse axioma sobre o que é o Homem para lhe dar leis. Quando muito, o desvendamento da natureza humana poderia ser fim (e um fim incognoscível, meta sempre fugaz diante de nós) – mas um fim não jurídico, antes filosófico (e temos muitas dúvidas sobre se a filoofia fará progressos, sobretudo nessa matéria). "Puisque notre nature c'est notre fin, nous ignorons notre nature." [88] – afirma, talvez um tanto provocatoriamente, Michel Villey. Mas o que importa é não pressupor um homem e legislar em conformidade.

Um direito natural que queira ser rígido e imutável cai numa contradição clamorosa, a que chamamos o paradoxo do direito natural: se ele pudesse ser perfeito e acabado, poderia então servir para todos os tempos e lugares, e, se assim fosse, prescindiria à maravilha do direito positivo, aplicando-se directamente na vida corrente. O direito positivo não é o direito regulamentar de uma lei natural inovadora: é verdadeiro direito. Sobretudo porque, em muitos casos, o direito natural limita-se a endossar-

---

[86] "Pour chercher l'ordre naturel, nous partons du monde visible. Et nous voyons l'homme social, comme les abeilles et les mouettes, engagé dans les liens sociaux de la famille, de la profession ou de la cité; ce sont les sociétés elles-mêmes, données présentes dans la nature, qui seront l'objet de notre étude". Cf. Michel VILLEY, *Abrégé de droit naturel classique*, p. 137.

[87] Michel VILLEY, *Abrégé de droit naturel classique*, p. 139.

[88] Cf. Michel VILLEY, *Abrégé de droit naturel classique*, p. 137.

Da Metodologia do Direito Natural ao Direito Natural como Método Jurídico

-lhe a normação concreta, num quadro geral, naturalmente, mas permitindo um sem número de soluções contraditórias. Veja-se o caso da propriedade privada, que S. Tomás afirma ser de direito positivo. Mas o direito natural não é anti-propriedade. Apenas lhe assinala fins e meios ordenadores [89].

3. Excelência do método empírico, da experiência e da sabedoria da História e da tradição. Paralelo com a arte e a educação do gosto artístico

Prescindiremos, pois, de axiomaticamente determinar a natureza ou a natureza humana, pasto de tantas discussões nem sempre fecundas, inclinando-nos diante do método casuístico. Tanto o das investigações constitucionais de Aristóteles e depois de Jean Bodin, como dos pretores romanos e das suas ficções, por exemplo, como da inventiva dos juízes ingleses, como ainda de toda a didáctica do *case method*, desde os romanos também. Importa ir ver claramente visto como as coisas são, como são as realidades.

Como se aprende a fazer leis? Observando a realidade e observando a História e as leis bem feitas no passado (justas para aquelas situações).

Como se aprende a bem julgar? Conhecendo a realidade social (e aqui saber sociologia é pouquíssimo e, por vezes, contraproducente) em que a relação litigiosa se insere, e estudando os casos e as sentenças passadas que possam servir de exemplo. A história (e a memória, a tradição) é aqui, como para Cícero [90], mestra da vida (*magistra vitae*).

O método é, pois, muito semelhante ao de quem se vai imbuindo do gosto artístico para se tornar um apreciador e um especialista [91]. Não se consegue tal pela verbalização de regras estéticas que novos movimentos sempre tornarão obsoletas, mas pelo cultivar da sensibilidade estética, que se aprimora pela frequentação do que é belo. No nosso caso, no caso da

---

[89] Cf. François VALLANÇON, *Domaine et Propriété (Glose sur Saint Thomas D'Aquin, Somme Theologique IIA IIAE QU 66 ART 1 et 2)*, Université de Droit et Economie et de Sciences Sociales de Paris (Paris II), Paris, 1985, 3 vols., policóp.

[90] CÍCERO, *De Oratore*, II, 9.

[91] Cf., *v.g.*, ALAIN, *Propos sur l'esthétique*, 6.ª ed., Paris, P.U.F., 1991, máx. p. 44 ss.. Cf. ainda o precioso livro de Jacqueline DE ROMILLY, *Le trésor des savoirs oubliés*, Paris, Fallois, 1998. O estudante debutante encontraria bons motivos de propedêutica reflexão sobre questões estéticas preliminares em Eric COBAST, *Leçons particulières de culture générale*, 4.ª ed., Paris, P.U.F., 1998, máx. p. 207 ss.., Idem, *Anthologie de culture générale*, Paris, P.U.F., 1998, p. 189 ss..

92 *Lições de Filosofia Jurídica*

arte jurídica, trata-se do convívio com o que é justo, e com as suas categorias e caminhos.

E eis que assim *ultrapassamos em ciência* os positivistas. Eles, ainda atidos à razão; nós, conseguindo resultados pela experiência. Só que uma experiência que é muito mais o depósito de sabedoria que fica no agente, depois das sucessivas vivências implicadas e não "experimentais", e não de qualquer experimentação asséptica de laboratório, em que o observador é muito menos envolvido. Ou nada...

4. Phronesis, *diálogo das gerações, e decantação histórica das teorias do direito natural*

A prudência do direito natural não é a prudência burguesa feita de embotamento calculista, mas uma virtude modelada pela experiência acumulada de séculos. Fala-se, entre nós, da *jurisprudência das cautelas*. Se não for forma de pear todo o voo, é isso mesmo: o direito natural não resulta da segregação pura e simples de uma razão pura, mas da decantação de impurezas da prática, sucessiva, e incessante, ao longo dos tempos. Não a concebemos como um produto de especulação filosófica, mas de sedimentação histórica de ideias.

E, em certo sentido, as várias teorizações (mesmo as mais subjectivistas) sobre o direito natural, ao longo dos tempos, acabam por funcionar como factos (factos esses que constituem o objecto da sociologia do direito natural, em Truyol Serra [92]). E do diálogo entre essas opiniões--factos se poderá também extrair algo de válido. Mas sempre a benefício de inventário.

Isto significa que se alguma lista de princípios de direito natural se poderá estabelecer, ela será a da tentativa de encontrar uma concordância na discordância entre os vários autores jusnaturalistas ao longo dos tempos: tarefa penosa, mas decerto muito mais útil que certos temas actuais de dissertação universitária.

Ainda não encontrámos nenhum aluno que quisesse empreender tamanha empresa...

E contudo continua a ser essencial, e julgamos que cada vez mais o é, avaliar do que é imutável ou permanente, e o que apenas se revela acidental.

---

[92] António TRUYOL SERRA, *Esbozo de una Sociologia del Derecho Natural*, in *Revista de Estudios Politicos*, Madrid, vol. XXIV, 1949, pp. 15 ss..

5. Ilusão dos catálogos de direitos e realidade da Justiça

Já nos encontramos hoje em situação para dizer que o relativo desconforto e escassez de soluções a que, *prima facie*, conduza este método tentativo, casuístico, é compensado largamente com a seriedade minimalista das suas promessas: apenas anuncia a intransigência na incessante busca da justiça, na atenção ao real envolvente, e com a experiência do conhecimento dos bons exemplos passados.

E importa sublinhar um aspecto, que agora é muito mais evidente que antes: parece não restarem hoje dúvidas de que a proclamação de direitos, que as longas listas de direitos, como as das constituições mais modernas (como a espanhola, a brasileira, a portuguesa), etc. em pouco adiantam (se não são prejudiciais, como asseguram um Pereira Menaut ou um Martinez Estay[93], por exemplo), por si apenas, para uma ordem concreta mais justa.

Poderemos retirar do direito positivo uma lição para o direito natural (também acontece!): não é com tábuas da lei que vem a justiça ao mundo – e disso soube Moisés, que partiu as suas[94]. Importa, realmente, não listas de direitos, mas malhas de direitos[95] – ou melhor ainda: uma situação complexa de relações de justiça. Pobre de quem tem, pela constituição, tantos direitos, e mais ainda quiçá por direito natural (ou pelo menos melhores), e todavia...não tem praticamente direito a nada. É muito diverso ter direito a um Ferrari Testarossa e possuir um Ferrari Testarossa, como ouvimos um dia a um eminente colega espanhol[96]. Cada um de nós trocará o Testarossa pelo que mais almejar, claro. Evidentemente, não confundamos direitos subjectivos ou do género dos direitos subjectivos com os direitos naturais. Mas a analogia é ainda possível.

---

[93] Antonio-Carlos Pereira Menaut, *Lecciones de Teoría Constitucional*, 3.ª ed. espanhola, Madrid, Colex, p. 381 ss., 1997, máx. p. 396 (Capítulo de colaboração de Jose Ig. Martínez Estay = Jose Ig. Martínez, *Los derechos sociales*, in *Lecciones de Derechos Humanos*, de Joaquín García-Huidobro, Jose Ignacio Martinez, Manuel Antonio Nuñez, Valparaiso, Edeval, 1997, p. 275 ss., máx. pp. 290-291); Jose Ig. Martínez Estay, *Jurisprudencia constitucional española sobre Derechos sociales*, Barcelona, Cedecs, 1997.

[94] Cf. o interessantíssimo e inspirador estudo de Sigmund Freud, *Moisés e o monoteísmo*, trad. port. de Isabel de Almeida e Sousa, s/l, 1990.

[95] Javier Hervada, *Lecciones propedéuticas de filosofía del derecho*, p. 524.

[96] Antonio-Carlos Pereira Menaut, *Lecciones de Teoría Constitucional*, p. 373. A talho de foice, desejo declarar que não sei o que seja sequer um Ferrari, que fará Testarossa! Mas mantenho o exemplo, ciente de que os meus estudantes disso têm conhecimento e experiência.

6. A armadilha da pirâmide normativa 'tomista'[97]

Assim, as coisas tornam-se muito mais complicadas ainda. Admitimos que a moral possa ser objecto de toda uma outra metodologia. E, naturalmente, porque se trata de moral, assim será a lei natural. Mas não já o direito natural. Diríamos mesmo que se a lei natural é nomotética, o direito natural é zetético. Recordemos S. Tomás: se existe uma lei eterna, a verdade é que ela é incognoscível. É precisamente na lei natural de S. Tomás que cabem princípios como o célebre "fazer o bem e evitar o mal", ou ainda esse outro, que, segundo Paulo Coelho, devemos ao rabi Hillel como a mais pequena constituição do mundo: "não faça ao seu próximo aquilo que você detestaria que fizessem com você"[98].

Não cremos que o direito natural possa contrariar de modo algum a insondável lei eterna, embora sobre isso devamos suspender o juízo, mas também consideramos difícil que o direito natural concreto daqui ou dali, hoje ou amanhã, possa contrariar os princípios (generalíssimos embora) da lei natural. Referimo-nos aos primeiros, como os dois enunciados, não à panóplia dedutiva que por vezes se lhes segue.

Donde seria de pensar que na pirâmide normativa jusnatural se teria de considerar um princípio imanente de não contradição ou de congruência entre cada nível e todos os anteriores, mas mais directamente com o imediatamente anterior. Ou seja, a solução concreta não poderia contrariar o direito natural, este não poderia ferir a lei moral, e esta não poderia contrariar a lei eterna (embora o conteúdo desta última reconhecidamente nos ultrapasse). Para quem goste de esquemas kelsenianos, será talvez aceitável. Não estará realmente errado, mas as incógnitas são excessivas. E sempre se teria que entender esta congruência em termos hábeis, porquanto, desde logo, não poderá razoavelmente impôr-se ao direito (nem mesmo ao natural – diriam os mais positivistas) que empreste a sua coactividade a imposições simplesmente morais, designadamente as que não tenham uma dimensão social evidente, e até porque *non omne quod licet honestum est*. E assim deve continuar a ser.

---

[97] Quiçá pensando nesta armadilha recomendava Michel Villey a utilização do antídoto tomista a um jusnaturalismo exagerado apenas com muita precaução e sob vigilância clínica. Cf. Michel VILLEY, *Jusnaturalisme — Essai de définition*, in "Revue Interdiscipinaire d'Etudes Juridiques", n.º 17, 1986.

[98] Paulo COELHO, *Maktub*, 1.ª reimp., Lx.ª, Pergaminho, 1996, p. 179.

7. Direito natural, estrela da Justiça

Independentemente de melhor e mais afinada descrição (matéria de futuro estudo), uma pré-compreensão do direito natural, numa perspectiva teleológica (não uma definição, nem um dogma) leva-nos a considerá-lo como uma espécie de bússola na natureza para a nossa orientação rumo à Justiça. Ora essa estrela polar, ou esse cruzeiro do sul estão nos céus, mas só alguns os conseguem descortinar e usar para a navegação nocturna, que é a nossa, às escuras que estamos.

Pois bem, não são as estrelas o norte, mas indicam o norte. Do mesmo modo, não é o direito natural a própria justiça, mas (com as refracções do norte magnético – até nisto a natureza é feliz nas metáforas que nos fornece) um sinal que nos permite encaminharmo-nos para ela. E sendo o justo o devido, o *suum*, a justiça seria, idealmente, a atribuição do seu a seu dono (em concreto), a virtude, qualidade, ou hábito de o fazer, a ordem social (utopista, mas não utópica [99]) resultante de múltiplas atomísticas atribuições justas, e outros sentidos teria quiçá ainda, analogicamente, claro está.

Pois bem. Do mesmo modo que a justiça é especialmente visível e compreensível pela sua negação (quando se não atribui a cada um o seu, então, o choque é mais vívido – e da patologia se pode reconstituir melhor a fisiologia, já que a normalidade não é propensa a suscitar a reflexão), afigura-se-nos que o direito natural, luzeiro indicador da justiça, também melhor se vê quando eclipsado. Não – é claro – se se encontrar em ausência absoluta, mas simplesmente momentânea. Olhar para o céu e estar perdido no mar alto num dia de total opacidade da abóbada celeste, depois de se ter visto o firmamento coalhado de estrelas, reforça a ideia de que o norte existe, e que as estrelas guiam.

8. Direito por linhas tortas

Também pela negativa (pela antítese, pela privação) se pode apurar algo sobre o direito natural.

---

[99] O utopismo é libertador; o utópico é claustrofóbico. Cf., em geral, o nosso *Constituição, Direito e Utopia. Do Jurídico-Constitucional nas Utopias Políticas*, Coimbra, 'Studia Iuridica', Boletim da Faculdade de Direito, Universidade de Coimbra/Coimbra Editora, 1996.

Podemos não estar de acordo quanto às fórmulas, mesmo as mais gerais, do direito natural. Mas se depararmos, hoje, com uma lei positiva que não puna o homicídio, ou que permita e até imponha a escravatura, ou que comine penas degradantes, por exemplo, concordaremos que tal lei é contrária ao direito natural. A prova de que vamos evoluindo historicamente no conhecimento do direito natural é que nem sempre foi totalmente assim. Mas não dissemos que o direito natural era mutável?

Nesta perspectivação histórica se encerra uma hipótese talvez não infecunda sobre o núcleo imutável do direito natural. Talvez esse núcleo não seja realmente imutável, mas antes sucessiva e progressivamente consolidável, por camadas de descobertas históricas de novas visões para o direito natural (aqui nos aproximando nós da perspectiva de um Renard, com o seu "direito natural de conteúdo progressivo"). Hoje, a proscrição da escravatura ou da tortura parecem-nos tão essenciais como os direitos naturais zoológicos de sobrevivência de que fala o Digesto. Assim, o direito natural vai ganhando novas camadas, novos estratos: desde logo, o *ius gentium* do Digesto parece ser, de há muito, direito natural, mas direito natural humano. E a ele se vão acrescentando novas sensibilidades ao justo.

É certo que este procedimento também comporta muitos perigos, o mais evidente dos quais é pensar que direito natural é uma espécie de buraco negro glutão, atraindo e fazendo perder-se em si toda a energia de direitos que encontre ao longo da sua trajectória histórica. Mas a ideia de um direito natural discreto, indicador, estelar, de conteúdo historiamente progressivo, e irreversível (se o não fosse, teria havido erro na inclusão da falsa aquisição jusnatural) parece-nos ainda ser a mais razoável forma de concebê-lo.

Digamos então que a posição de excelentes juristas, cultos, bem formados, independentes, alheios pessoalmente ao problema *sub judice*, e desprezando pressões e preconceitos, conhecedores da sua arte, imbuídos da vontade de dar a cada um o seu (ou seja, de fazer justiça), depois de discussão tida em bases documentadas e serenas, sobre a justiça ou não de uma lei, de um acto administrativo, de um acto jurídico..., atenta a situação e o tempo, tem grandes probabilidades de não errar muito se unanimemente ou por larga maioria considerarem, de forma fundamentada e pública, que essa norma ou acções configuram uma situação de injustiça. Recordemos o que dizia Aristóteles sobre esse juízo probabilístico.

É muito mais fácil detectar a patologia dolorosa da injustiça, que ratificar a justiça, a qual pode ser apenas uma saúde aparente, e sob a mesma se preparar, a todo o momento, o eclodir inesperado da doença e até da morte.

Crêmos que na detecção das grandes injustiças que podem existir e existem no direito positivo (e todas as suas manifestações e modalidades) se ganha muito para o conhecimento do que seja o direito natural, e, logo, se acumula cabedal de ciência do que possa ser a sua acção orientadora na proscrição de tais caminhos tortos.

V. *Conclusões provisórias*

1. *Direito Natural como uma metodologia da justiça (ou: um método de determinação do justo)*

A maior revolução a operar será romper com o paradigma normativista que em boa medida impregna muito da concepção jusnaturalista do direito natural, que ora nos deixa fatuamente impantes com o nosso sagrado catálogo de direitos, ora nos volve descoroçoados no desamparo e no desnorte de um céu sem estrelas.

Em vez de nos perguntarmos pela metodologia do direito natural, isto é, concebendo o direito natural à imagem do direito positivo, como corpo de regras, que depois se interpretam e aplicam (actividades supostamente cindidas e sucessivas que constituiriam a metodologia), coisa que nos faz desde logo perder-nos no que sejam as normas dele, e depois, nas formas de o conhecer e veicular, um outro olhar parece impor-se-nos.

Não será o próprio direito natural uma metodologia? Uma metodologia da justiça? Um caminho para o justo? Foi isso mesmo que quisemos sublinhar quando o comparamos às constelações rectoras (e duas, note-se, uma para cada hemisfério): não o sendo apenas, o direito natural é de si um método [100].

2. *Metodologia pluralista no direito natural: o concurso de múltiplos métodos ancilares.*

Um método muito pouco metodologista, e diversificado, o do direito natural. Em geral, ou sempre, dialéctico. Mas integrando aportações metodológicas ancilares múltiplas: a sociológica, a histórica, a comparatística.

---

[100] Michel VILLEY, *Abrégé de droit naturel classique*, p. 146.

98 — Lições de Filosofia Jurídica

Donde parece evidente a essencialidade do estudo das respectivas ciências na perspectiva e em função dos interesses do jurista, e das correspondentes ciências jurídicas humanísticas [101], para a correcta formação do jurista que queira aceder à compreensão do jusnatural. É que não por acaso afirma Michel Villey nos seus *Carnets*, que isso do direito natural é manjar só para alguns paladares... ou alguns dentes:

> *"Je ne recommande pas à tous le droit naturel, mais à ceux-là qui peuvent comprendre."* [102].

3. Papel das Humanidades e disciplinas jurídicas humanísticas na feitura das leis

O feixe científico humanístico produzirá mais luz talvez no momento da feitura das leis, em que é vital ponderar uma vasta mole de factos humanos, para bem legislar. E fazê-lo com ponderação, com prudência. Dialéctico é o debate parlamentar classicamente concebido até pelo liberalismo, como nos sugerem os excelentes e certeiros estudos de um Gerhard Leibholz [103] e de um Rogério Ehrhardt Soares [104]. O juiz acaba por ser, no caso, a votação final entre os deputados.

4. A misteriosa ponderação dialéctica na consciência do juiz. Direito natural, fontes de direito e hermenêutica jurídica

A ponderação dialéctica faz-se sentir também enormemente na decisão do juiz (prescindamos agora de outras realidades, mais arcanas, como a do funcionário público, cuja mentalidade se nos afigura ainda muito pouco

---

[101] Cf., por todos, Francisco PUY, *Filosofia del Derecho y Ciencia del Derecho*, in "Boletim da Faculdade de Direito", Universidade de Coimbra, vol. XLVIII, 1972, pp. 145-171, Sebastião CRUZ, *Direito Romano*, I, 3.ª ed., Coimbra, s/e, 1980, máx. p. 609 ss., e o nosso *Amor Iuris. Filosofia Contemporânea do Direito e da Política*, Lx.ª, Cosmos, 1995, p. 73 ss..

[102] Michel VILLEY, *Réflexions sur la Philosophie et le Droit. Les Carnets*, Paris, P.U.F., 1995, II, 37.

[103] Gerhard LEIBHOLZ, *O Pensamento democrático como princípio estruturador na vida dos povos europeus*, trad. port., Coimbra, Atlântida, 1974.

[104] Rogério Ehrhardt SOARES, *Sentido e Limites da Função legislativa no Estado Contemporâneo*, in Jorge MIRANDA/Marcelo Rebelo de SOUSA (coord.), *A Feitura das Leis*, II, Lisboa, Instituto Nacional de Administração, 1986.

Da Metodologia do Direito Natural ao Direito Natural como Método Jurídico   99

permeável à dialéctica). O juiz, por vezes colectivo, por vezes adjuvado por júri, tem de ouvir as partes, e decidir. Ao fazê-lo, pondera os argumentos da retórica dos causídicos, os depoimentos e outras provas além da testemunhal, e pondera também outro tipo de tópicos ou argumentos que são as fontes de direito.

Num sistema utópico de plenitude efectiva do ordenamento jurídico, sem lacunas, nesse sonho positivista legalista, talvez o juiz amordaçado pudesse ser a *viva vox legis, la bouche qui prononce les paroles de la loi.* Mas, se estudarmos a malha efectiva das fontes, e a prática judiciária de praticamente todos os tempos e lugares até hoje verificamos que, seja por exiguidade do ordenamento jurídico voluntário, seja por pulverização e contraditoriedade de sedes normogénicas, seja por afirmação, mesmo *contra legem,* do poder judicial, a verdade é que, como diz Juarez Freitas, o juiz só aplica a lei injusta... se quiser [105]. E mesmo afora esse caso extremo, e também nem considerando sequer a grande importância do judicial no sistema da *common law,* a verdade é que, sempre ou quase sempre, as diferentes fontes de direito, em consonância com os vários elementos interpretativos da metodologia hermenêutica corrente do juiz, têm funcionado como tópicos, em que se estribará a sentença, isto é, a decisão que põe fim àquele debate dialéctico, pelo menos naquela instância.

Evidentemente que a inspiração de fundo do direito natural não deixará de produzir os seus efeitos na cartografia das fontes do direito e dos argumentos interpretativos a considerar pelo juiz. O lugar da lei, por exemplo, nessa hidrografia jurídica, não é a da de uma Castália mágica, mas de um afluente útil, desde que não poluído e navegável.

Em grande medida é insensível, oculto, discreto, complexo, íntimo até, o trabalho do direito natural junto da percepção das fontes e da interpretação pelo juiz. Também aqui há uma grande dose de intuição e de não-verbalização. Como é que se vai pedir ao artista que explique a sua "metodologia", isto é, a sua técnica? Já repararam concreteza que há excelentes artistas nas suas respectivas artes (até excelentes escritores) que, uma vez entrevistados sobre o seu trabalho, dizem pouco mais que banalidades? E porque será que muitos, timidamente, como que nos estão dizendo com os olhos (quando os podemos ver, na TV): por favor, deixem-me trabalhar, não me perguntem como o faço – *olhem*!

---

[105] Juarez FREITAS, *A substancial inconstitucionalidade da lei injusta,* Petrópolis, RJ, Vozes; Porto Alegre, RS, EDIPUCRS, 1989.

5. Do dito, do não-dito, do que fica por dizer...e fazer

Acreditamos que excelentes juízes e advogados diriam pouco melhor que barbaridades sobre o direito natural: o qual, sem o saberem, ou vagamente sabendo-o (mas nem sempre lhe dando esse nome – o que importa pouco, realmente), todo os dias aplicam: e bem. Alguém um dia nos revelou uma perigosa interpretação desta hipotética falta de jeito dos práticos – "é que eles, nessa altura, querem imitar os professores de direito", disseram-nos.

Que importa, se os professores de direito natural, como o próprio Kant, disseram tantas tolices sobre o direito...positivo e não só?[106]

Evidentemente, resta a fazer muito, sobretudo o estudo (quase psicológico também) da presença in-consiente do direito natural no uso das fontes e dos tópicos interpretativos pelos actores directos do processo. E das formas (mais pedagógico-didáticas) de tornar tal presença consciente. Mas será isso um bem? Para uma ciência, certamente; talvez não para uma arte, que deve sacrificar a deuses desconhecidos.

Entretanto, nessa última fronteira do universo cultural, a nebulosa do direito natural espera, e cintilantemente sorri.

Perdão: esta é uma imagem fixista, normativista, anti-dialéctica. Corrijamos: "o Direito natural, entretanto, incessantemente actua, na *constans et perpetua voluntas suum cuique tribuere.* E entretanto, isso sim, há quem continue maravilhado a deixar passar as injustiças, contemplando o céu estrelado sobre si, e a lei moral dentro de si. Apenas".

---

[106] Cf., por todos, Michel VILLEY, *Préface* a KANT, *Métaphysique des Moeurs. Première Partie. Doctrine du Droit*, 3.ª ed. fr., tr. de A. Philonenko, pp. 7 ss..

Capítulo IV

PERSPECTIVAS JUSNATURALISTAS.
NOVA ET VETERA

Babel, o Deserto e o Vedor

> *"Ce qui embellit le désert c'est qu'il cache un puits quelque part..."*
>
> Antoine de Saint-Exupéry, *Le Petit Prince*, XXIV (ed. Paris, Gallimard, 1987, p. 77)

I. *Sair da Babel Jusracionalista*

Um novo capítulo poderá abrir-se na história do Jusnaturalismo, com a recepção plena e séria de estudos, mais históricos ou mais modernos, que reabilitam o modo de proceder dos juristas romanos, e o legado jus-filosófico aristotélico-tomista. O direito natural, que em tantos manuais e na pena de tantos autores, não propriamente incultos, ainda se resume à sua versão iluminista desvirtuadíssima (o jusracionalismo), parece poder agora reencontrar a sua fonte clássica, graças, por exemplo, a um entusiasmo generalizado pela retórica, pela tópica e pela dialéctica.

Arredados quer o avatar normativista, que teimava em fazer-nos conceber o direito natural à maneira positivista, como "um conjunto de normas", ou "princípios" (espécie de normas maiores), quer a tradição piramidal (de inspiração kelseniana e enviesada filiação tomista) na concepção de diversos degraus na ordem das normas (da divina à mais mesquinha ou corrupta das humanas, passando pela moral – lei natural –

e pelo direito natural), o lugar e a feição do direito natural no mundo do Direito já não pode ser o mesmo.

As consequências do abandono das teses referidas afiguram-se-nos múltiplas, desde logo. Mas não anda a negação desacompanhada da afirmação. E assim, em vez de um direito natural prescritivo de um verdadeiro direito-sombra, por detrás e acima do positivo (negando, muitas vezes, a unidade do direito, apesar de não raro proclamada, mas nem sempre consequentemente seguida no conjunto da doutrina); e em lugar de uma servil dependência *de facto* do direito natural pelo menos face às imposições doutrinais-normativas da lei natural, de índole moral – pode surgir à luz do dia uma outra realidade, autónoma e criativa.

O direito natural deixa de ser o secreto naipe de trunfos "contra" ou em prol do direito positivo, jogados a bel-prazer de quem afirme conhecê-lo. Obviamente que com isto se não pretende negar que muitos sábios e homens prudentes conseguiram, por intuição e por dedução apenas, atingir generalizações engenhosas, e até acertadas quanto a princípios muito gerais. Mas nem mesmo Aristóteles ou S. Tomás foram capazes de completamente acertar em tudo em matéria de direito natural. Sobretudo nas questões mais mutáveis. Pelo que esta desdogmatização do direito natural nos deixa livres de erros, respirando o ar puro, saídos que estamos das torres de Babel de sistemas cerrados como eram os jusracionalistas. Mas, em contrapartida, também nos confronta connosco próprios, com a nossa pequenez e a nossa debilidade.

Saídos de Babel, poderíamos olhar em volta não vendo senão o deserto, na aridez de um mundo sem esperança porque sem justiça.

Mas saídos de Babel, que é artifício da vaidade humana imprestável para alcançar o céu (neste caso, a justiça), ou seja, uma má metodologia, podemos esperançosamente buscar tão-só a frescura da água.

É sempre temerário pôr-se um vedor a procurar água no deserto. Mas entre as ilusões que fazem crer em oásis irreais (como tantas novas teorias sobre o direito que ou abrem portas abertas, ou se esforçam por tapar as poucas frinchas que ainda davam alguma luz à sombria casa do jurídico) e a sua esperançada estesia, preferimos esta última.

O vedor encarna o drama do jurista, que tem o encargo de, em cada situação, encontrar as relações e os argumentos capazes de fazer brotar de novo a água lustral da justiça. Mesmo no mais árido dos desertos. Só o vedor nos pode salvar.

II. *Orientações jusnaturais*

Afastada a perspectivação dedutivista que leva a catálogos de preceitos e princípios, e logo a declarações de direitos, e depois a constituições pletóricas cheias de maravilhas, cuja tangibilidade é, todavia, duvidosa, o direito natural fica "reduzido" a método – dir-se-á. E bem. Mas confundir-se-á por completo com a dialéctica, método por excelência do Direito?

A redimensionação metodologizante do direito natural não acompanhará o criticado e criticável caminho para a *metodologite*?

Não será des-substancializar, desvirtuar e apoucar o direito natural a sua identificação com um método?

Parece-nos antes que o direito natural, enquanto númeno, poderia quiçá ser descrito, se o pudéssemos verdadeiramente captar, na velha perspectiva normativista. O que, em essência, ele é não será, certamente, um decálogo alargado: nós é que não temos senão as nossas imagens para nos aproximarmos de qualquer objecto, ainda que adivinhado. Mas, como não nos podemos acercar da forma pura, pelo menos sem o risco de muito desvirtuamento, temos de nos contentar com a sua presença no mundo da nossa realidade. E ainda assim, para captarmos o sua fenoménico surgimento no real sublunar, temos de servir-nos do mais falível dos métodos, daquele que não visa a verdade sequer, mas a probabilidade, o método próprio às questões humanas: o método dialéctico.

Pela dialéctica de opiniões de especialistas, de sábios, ao longo dos tempos, chegamos a ter, historico-criticamente, uma ideia de alguns valores do direito natural, em situação. Sobretudo construídos pela casuística e pela negativa.

É, porém, de desconfiar, e muito, daquelas construções em que pouca diferença haja entre um programa político e o que digam ser de direito natural. É preciso ir muito mais longe, e sobretudo não desvirtuar o que é de todos e para todos, do que, em boa verdade, acaba por ser específico de grupos mais ou menos iluminados e sectários.

Mas não se trata apenas de rondar a criatura. Ela própria é actuante.

O direito natural fornece um quadro metodológico que obriga à dialéctica busca da justiça, isto é, da recta atribuição do seu a seu dono.

Como jogam, então, entre si estas categorias?

Longe de nós a pomposa e arrogante pretensão de querer fazer aqui a erracta da filosofia do direito: não se trata de prescrever que, onde outrora se lia direito natural, se passe agora a ler dialéctica. De modo nenhum.

O direito natural é antes uma espécie de despertador: não deixa o direito positivo (ou a doutrina, a filosofia do direito, etc.) adormecer. Sobretudo não os deixa adormecer nesse utópico *sonho da razão que só engendra monstros.*

O direito natural recorda a existência da natureza, a qual tem elementos normativos que devem ser tomados em atenção.

O direito natural relativiza o papel da lei enquanto fonte de direito e recorda que as fontes espontâneas são mais genuínas. Mas independentemente do seu anti-legalismo, a verdade é que ensina a ver as fontes como argumentos a utilizar pelas partes e pelo juiz na lide.

O direito natural lembrará a velha sabedoria na feitura de leis, e intransigentemente proclamará que uma lei injusta não é lei (*lex iniusta non est lex*).

O direito natural cintilará como a estrela indicadora do norte, que permitirá ao caminhante no deserto encontrar o seu caminho.

O caminhante no deserto tem fome e sede de justiça: não pode beber as estrelas, não se alimenta de direito natural. Por isso é necessário, vital, o direito positivo. Este já não é a estrela que guia, mas a bússola que encaminha. É um produto cultural, e consequentemente pode avariar. É talvez, em termos simplesmente humanos, mais "preciso" que as estrelas, quando funciona. Quando não, é um desastre.

Tanto as estrelas como a bússola, nesta perspectiva, têm como função orientar-nos para a justiça, mas esta é, antes de mais, uma acção – o *ius suum cuique tribuere.* E pode ser hábito, virtude, e situação geral (mais ou menos utópica) resultante da generalizada prática dessa virtude.

Recordemos que Aristóteles dividiu a justiça em geral e particular, sendo esta a jurídica (pelo menos *grosso modo*); só desta pretendemos agora falar. Por isso, prescindiríamos de reflexões do foro interior e falaríamos antes em observância e não prática.

O laconismo dos romanos sobre o direito natural é exemplar: limita-se à sobrevivência da espécie. E o *ius gentium* vai até onde permitir o consenso dos povos. Também não vai longe. Por essa ordem de ideias, nem muitos dos direitos humanos seriam direito natural. E não está mal visto, pois a pulverização de direitos não ajuda.

Do que se trata é de permitir um direito positivo plural, pela sua própria essência e função, variando conforme as necessidades de tempo e lugar, sem que, contudo, grandes descobertas do direito natural sejam postas em causa: descriminalizar o homicídio, por exemplo, só podia ser uma ideia do Marquês de Sade – e foi-o mesmo.

O guardião do direito natural é o bom senso. E o bom senso, pensou--se durante muito tempo, resultaria da discussão. É evidente que nas discussões selectas de outrora não se tinha a consciência total de que pôr asnos a discutir não pode dar senão asneira, pela natureza das coisas. E, como diz o adágio, *quod natura non dat Salmantica non prestat*. A Universidade de Salamanca ou qualquer outra...

Só se pode (e então deve) discutir depois de se estudar (e saber algo) sobre um assunto, pressupondo-se que para tanto se está já devidamente armado dos instrumentos naturais da razão. Ora nessa discussão eslarecida, e não sendo os interlocutores interesseiros, malevolentes, capciosos, sofísticos, etc., pode o direito natural ficar descansado que, pela dialéctica, se chegará certamente a solução consigo conforme.

Esta teoria do direito natural é de um minimalismo não principial, mas dinâmico: onde os outros põem postulados, devem antes ser sugeridas vias de encontrar o direito positivo justo.

Nesta perspectiva, ela confunde-se com uma teoria da justiça que se limite à arte de atribuição do *suum cuique*. Já, porém, se a teoria da justiça entender a justiça analogicamente, como a ordem justa de uma sociedade (necessariamente derivada da estrita justiça particular e até particularista do *suum cuique*) tal poderá não suceder. Mas agora importa muitíssimo lateralmente essa divisão de águas.

Pessoalmente, consideramos que se falar de direito natural em si mesmo é delicadissimo e arriscado, pelo que o silêncio prudente é de oiro, é preciso falar dessa busca do justo concreto, do seu de cada um em cada caso. E falar muito, para chegar a uma correcta solução, que tenha em conta a sabedoria, a tradição, e a sempre irreverente vontade, perpétua e constante, do direito natural.

Quanto a uma ordem de justiça, e geral, o problema passa a ser o do mito da cidade ideal, ou utopia. O qual já não é uma questão jurídica, mas um tema grande da filosofia política.

Sem cair nesse domínio, porém, nem no radical subjectivismo, julgamos, todavia, que, sobretudo ao nível do justo político (o *seu de cada um* na Pólis) é possível e desejável que surjam teorias da justiça. Especialmente da justiça política. Mas, talvez arrancando dela, se possam extender a mais domínios, e abarcar um teoria geral da justiça.

Na sua longa marcha o vedor sente vibrar a vara. Estará o oásis sob a areia?

Uma coisa é certa: sob o asfalto do direito positivo, está a praia do direito natural: mas cuidado, não se pode esburacar muito. Demasiada perfuração conduz aos antípodas...

Capítulo V

UM DIREITO NATURAL PARA O SÉCULO XXI

Da Intangibilidade e do Normativismo, à Dialéctica e ao Eclectismo

> *"O direito natural é inútil se não contiver nada mais que referências sectárias sem um fundamento numa teoria crítica da natureza do homem"*
>
> Eric Voegelin, *A Natureza do Direito e outros textos jurídicos*, Lx.ª, Vega, 1998, p. 144-145

I. *Introdução*

Se é certo que a pura verdade em si não muda, no mundo sublunar, e mais ainda nas questões culturais e políticas (da Pólis), as teorizações estão fadadas a grandes mutações – porque se alteram os dados, os ambientes, as formas das aproximações à verdade, que sempre se nos esvai pelos dedos.

O Direito Natural pode encontrar-se previamente e por inteiro escrito no céu (dos anjos ou dos conceitos), ou inscrito para todo o sempre na alma, na mente, ou no coração de cada homem. Mas é em qualquer dos casos um livro selado, que vamos desvendando lentamente, e quiçá com erros, ao longo da História.

Falar de um Direito Natural para o século XXI pode parecer propagandístico, herético, até. Tudo ou quase tudo o que, neste final do séc. XX, se apresenta como sendo para o séc. XXI, verdadeiramente já está atrasado.

A verdade é que julgamos ser uma evidência que os homens do séc. XXI não irão olhar essa realidade "direito natural" do mesmo modo que os das demais épocas. Podem, porém, nem sequer lhe prestar atenção, porque se arriscam a dele não ter notícia, se os jusnaturalistas do séc. XX se devorarem entre si em lutas fratricidas, se se inclinarem para o próprio umbigo, discutindo o sexo dos anjos, se continuarem a usar métodos pedagógicos necessariamente tidos como enfadonhos numa escola e numa sociedade em que os simples audio-visuais já nem sequer são novidade. E também se não estiverem atentos à fenomenologia e à sociologia do direito natural à sua volta, especialmente ao fenómeno de recuperação positiva do direito natural por via dos direitos humanos e fundamentais.

Propomos, por isso, uma breve reflexão sobre o que consideramos serem os exageros doutrinais mais correntes hoje (que, obviamente, também encerram virtudes – talvez sobretudo de purismo), para depois propormos algumas vias, as quais não pretendem desvirtuar, mas outrossim salvar um legado cultural sem preço, e o reconhecimento de uma realidade cujo esquecimento só poderia levar às maiores monstruosidades sociais. A primeira das quais será a injustiça.

II. *Intangibilidade jusnatural*

De uma boa parte das teorias do direito natural se poderia afirmar, como se disse já da Constituição, ser *um templo alegórico habitado por sombras*. E com mais propriedade até tal se diria do direito natural, porque, apesar de invocado ainda (pese a estigmatização de quem o faça num nem sempre sequer tolerante mundo de positivismo), nos transporta tão frequentemente a regiões tão enevoadas, nos remete a tantas analogias, e nos deixa com *uma mão cheia de nada*, e outra de *coisa nenhuma*.

Para os práticos do Direitos, como para estudantes apressados, utilitaristas, formados nos esquemas mentais do positivismo, este carácter proclamatório e dir-se-ia até *vazio* do direito natural é não apenas irritante, como sinal certo e seguro de que não vale a pena perder tempo com ele. Afinal — pensa-se — é um tema ocioso, quando não puro jogo de palavras.

R. Libchaber, por exemplo, sintetiza assim o fenómeno:

> *"Telle est bien la pierre de touche du jusnaturalisme que de ne pas nous aider à concevoir comment identifier le droit naturel."* [107]

---

[107] R. LIBCHABER, in *Revue trimestrielle de droit civil*, 1998 (2), p. 541 ss.., *apud* Alain SERIAUX, *Le droit naturel en France à la fin du XX.e siècle*, Conferência nas II Jornadas Hispánicas de Derecho Natural, Córdova, Setembro de 1998, no prelo.

III. Normativismo jusnatural

O outro extremo também ocorre, porém: aqui ou ali há autores que sacam da manga a solução de direito natural quando se vêem com a causa perdida, ou como supremo argumento de posições morais, sociais e políticas absolutamente discutíveis, mas que pretendem fazer passar como quintessência do justo natural. E o mais curioso é que não será necessário procurar muito para encontrar um que jure ser de direito natural isto, e logo ali um outro que tenha por apodíctica verdade exactamente o contrário do que defendia o primeiro.

Pode, por exemplo, ser-se um encarniçado defensor do direito à vida quando se trate de negar a pena de morte, mas um grande amigo dos *direitos da mulher* se se trata de aborto; ou um paladino do direito à vida do feto ou do embrião, e um encarniçado adepto da pena de morte ou da guerra. Não sendo tão comuns, nos nossos dias e sociedades liberal-democrático-tecnocráticas, os casos de abortistas pró-pena de morte e pró guerra, lembremo-nos porém dos regimes totalitários, que tão proficientemente revelam por toda a formas de vida humana um igual desprezo.

Do mesmo modo, politicamente, parece que para alguns o direito natural só se compreende em democracia, enquanto para outros (e aqui alguns positivistas dão uma ajuda estigmatizadora) só se compatibilizará quiçá com formas pré-revolucionárias de governação. Quando não são pura e simplesmente identificados com regimes autoritários de direita. Assim, Bloch acaba por ser pitoresco, no seu jusnaturalismo marxista.

IV. Dialéctica e eclectismo no Direito natural

1. Da teorética à eidética

É tão derrotantemente acabrunhador (1) um direito natural intangível, volátil, simples expressão de retórica, que depois não encontra na prática nenhuma concretização (que, na verdade, não serve para nada) – um direito natural de *fé dominical*, ou ensinado até às férias do Natal –, como (2) um catálogo de ideias, de princípios, de normas de pendor mais ou menos ideológico, em que se deseje fazer passar por imutável o que há de mais reaccionário (nada impedindo que possa ser o inverso, também) – um direito natural normativista ou *positivista*, afinal.

No plano das generalidades (desde logo, *fazer o bem e evitar o mal*), e mesmo até das autoridades (Aristóteles, os Romanos, S. Tomás) podem

110 Lições de Filosofia Jurídica

estar todos (ou, pelo menos, muitos) de acordo. O problema é saber do conteúdo e da finalidade do direito natural, e da sua aplicação prática, ou seja, da sua metodologia.

2. Metodologia dialéctica

A nossa tese é que o direito natural não é um decálogo ou uma constituição-sombra, e que até será difícil encontrar imutáveis princípios de direito natural.

Quanto muito, estaremos de acordo com um direito natural principial dialéctico. Ou seja, um direito natural em que, face a um caso concreto, se terão de relativizar e dialecticamente harmonizar (conciliar ou supra/ /infraordenar conforme a natureza das coisas e o bom senso) diversos tópicos, brocardos, princípios. E neles se integram elementos gerais do património comum e histórico da formação clássica do jurista, e as fontes de direito pertinentes.

Isto significa já algo de fulcral para a essência do direito natural: é que ele é simultaneamente instância crítica do direito positivo e uma forma (a boa forma, a forma correcta) de aplicar o direito, todo o direito.

Expliquemo-nos: só através do filtro dialéctico do direito natural e da sua permanente preocupação de justiça se poderá bem aplicar o direito, isto é, bem fazer real, acto, o direito positivo textual, escrito, que é ainda apenas potência de direito (um livro de cozinha não é o manjar que é servido e degustado; o plano da casa não é a casa construída e habitada; a receita médica não é a cura, como nos recorda Bernardino Montejano).

Isto coloca o direito natural a montante e a juzante do direito escrito, e identifica a metodologia do direito natural, ou melhor, o direito natural como metodologia, com a própria metodologia da arte do direito na sua dimensão hermenêutica. Sendo certo, entretanto, que também este direito natural como metodologia influi na feitura das leis, e noutras dimensões da juridicidade.

3. Forma e Conteúdo

Dentro desta contextualização metodológica, o direito natural pode dizer-se, com efeito, vazio; só que é ele também um molde sólido, contenedor e conformador do direito positivo, que é líquido, e mutável. O qual, por isso mesmo, não conseguiria viver por si sem o recipiente, senão na forma fria e petrificada do bloco de gelo.

Mas o recipiente jusnatural, embora sólido, tem alguma elasticidade, e sobretudo não é um direito positivo em potência que apenas haveria que promulgar. Nesta perspectiva, funciona essencialmente como preocupação de, de todas as formas, atribuir a cada um o seu, sendo que, para tal, se há-de chegar à determinação do justo (esse mesmo seu) com o concurso da dialéctica, designadamente entre princípios, fontes de direito, brocardos, etc., numa vasta tópica.

4. *Direitos Humanos e Fundamentais e abertura ecléctica jusnatural*

Compreende-se também assim que falar em direitos naturais e princípios de direito natural acabe por ter um sentido menos importante que outrora. Por um lado, porque esses princípios, em grande medida, se positivaram já, aliás de par com outros que o não são, ou o serão dificilmente. E essa positivação, desde que bem enquadrada pelo espírito jusnatural, acaba por revelar-se, na dialéctica metodológica, de grande valia, porque vem já nos textos, o que significa que, na aplicação do direito, tem, mesmo do ponto de vista positivista, valor reforçado.

Parece-nos contraproducente pensar-se que esta positivação de direitos naturais (ainda que imperfeita e mesclada), designadamente sob a forma de direitos fundamentais constitucionais, ou de direitos humanos, seja um mal. Admitimos que, na clássica visão das coisas, é uma heresia. E se tem prestado a excessos que vêm como direitos muitas reivindicações pontuais e ilusórias, que de modo nenhum o serão.

Todavia estamos perante uma importante brecha no edifício positivista, para o qual, no fundo, a lei é o direito, e a força é lei.

A pedagogia dos direitos humanos tem levado água ao moinho de aspirações sociais utópicas, mas também tem enfraquecido o legalismo dominante. É preciso não deitar fora o bébé com a água suja.

Por isso, no plano principial e mesmo normativo, sem prescindirmos do decálogo jusracionalista ou mais-que-tomista para cairmos no catálogo direito-humanista, consideramos não poder esquecer-se a importância do acolhimento em constituições e declarações de muita da teoria jusnatural, embora, evidentemente, com as marcas de estilo da época que as viu nascer. Trata-se de não olvidar que o Espírito sopra onde quer, e da necessidade de distinguir o trigo do joio.

E depois, as aportações jusnaturalistas podem, assim, vir de muitos lados. Até da parte de não confessados ou não reconhecidos jusnaturalistas.

E, evidentemente, de todos quantos assim se afirmem. O direito natural, tendo embora uma base realista clássica que lhe dá forma, e constitui pedra de toque, não é exclusivo do Estagirita, dos Romanos e do Doutor Angélico. É próprio da *philosophia perennis*, sem se negar, saber integrar os mais diferentes contributos. A História não terminou (como, curiosamente, parecem pretender alguns)...

Capítulo VI

DA TEORIA À PRÁTICA NA METODOLOGIA DO DIREITO NATURAL

O anão dialéctico

> *"Ó vós, homens iluminados a néon*
> *Seres extraordinariamente rarefeitos*
> *Vós que vos bem-amais e vos julgais*
> *perfeitos (...)"*
>
> Vinicius de Morais, "Carta aos 'Puros'",
> in *Poesia Completa e Prosa*, 3.ª ed., Rio de
> Janeiro, Nova Aguilar, 1998, p. 434

I. *Metodologia cognoscitiva e metodologia vivencial*

Vamos procurar neste capítulo sintetizar e aqui e ali esclarecer muitas das ideias já avançadas nos precedentes. Aqui e ali retomaremos até algumas imagens já nossas conhecidas.

Se é verdade (e cremos bem que sim) que o coração do Homem leva incrita em si a lei natural e quiçá mesmo não será de todo alheio a alguma intuição sobre o próprio direito natural, poderíamos então estar jusficados para fazer uma redução eidética de bibliotecas inteiras de sabedoria e dar finalmente férias aos gigantes que estudaram o nosso tema. Quedando--nos, qual anão pretensioso, apenas com "as luzes da nossa própria razão". Ou melhor: com a inspiração ditada pelo nosso próprio coração.

Este é, assim, um intento prometeico e irónico da nossa parte. E, de resto, nem por isso logrou os seus fins, porque, por detrás da pretendida desvinculação, se verá a sombra tutelar da lição dos mestres.

Postos de lado ou entre parêntesis os clássicos (continuamos a falar *cum grano salis*), e uma vez resolvida a a questão da existência do direito natural (que vamos aqui pressupor como um *prius*), parece que haverá então que considerar duas questões na metodologia do direito natural. Dir-se-ia que uma parece ser "ascendente" e outra "descendente", ou seja, o conhecimento desse mesmo direito, e a sua aplicação.

Na própria enunciação destas questões se encontra envolvido o preconceito positivista (não nos libertamos nunca da nossa "circunstância"): porque assim se pressupõe que o direito natural é uma ordem ou sistema (no "céu dos conceitos", naturalmente) a captar, e depois a aplicar e a transformar pelo direito positivo.

II. *Conhecer o Direito Natural, prevenidamente*

A alegoria da caverna (também utilizada por um Juan Vallet de Goytisollo) afigura-se-nos a imagem mais plástica para compreender as diversas posições de um posicionamento ontológico de inspiração positivista/raconalista na concepção do direito natural e da sua metodologia.

Os que tenham a caverna pela única realidade jurídica serão, evidentemente, os positivistas. Para eles, nada mais há que esta juridicidade cendrada, posta pelos carvenícolas. E ainda que procurem ademanes na decoração do seu mundro de sombras, não lograrão jamais sair do seu antro.

Porém, os que não tiverem medo da luz, todavia, ofuscante, do mundo verdadeiro, nela poderão encontrar e ver o direito natural. O problema é que os homens acostumados às sombras tenderão a introduzir a luz no interior da caverna, e nessa medida se assemelharão a simples decoradores que negam o expaço exterior.

Há muitos riscos em perseguir a luz. A tentação mais imediata parece ser enfrentar a visão do direito natural (aqui concebido como exterior, recordamos) à vista desarmada. A cegueira imediata será a sua paga mais imediata e patente.

Cega é, com efeito, a atitude do ingénuo que, depois de haver descoberto a injustiça na caverna do nosso mundo, e sem qualquer preparação cultural, filosófica, jurídica, se põe a clamar por direito, justiça, e até (se ouviu a palavra algures)... por direito natural!!!

Ao confundir as suas sensações, sentimentos e interesses com a luz, quando alcance a fenda estreita, cego que estava, cego duas vezes ficará, porque nada compreendendo da claridade, na obscuridade de um coração cauterizado.

Coração cauteriado por ceder (ainda que ingenuamente) a interesses e volubilidades próprias, ou mente confusa ou vazia de auxiliares de sabedoria, ambos redundam em cegueira.

Uma outra tentação é ainda frequente: trata-se da típica atitude do investigador de segunda mão. Este aplicar-se-á a escutar com escrúpulo e a registar com rigor as mentiras e as verdades dos exploradores, que sistematizará cientificamente sem sair da sua poltrona, como cego guiado por cegos que é. De testemunhos duvidosos fará sistemas resplandecentes... de efabulação. Como aquele historiador francês clássico que, tardando-lhe um dia o secretário com dados sobre um cerco militar, acabou por saudá-lo, quando o outro regressava, a desoras, das bibliotecas e arquivos: "Trop tard, mon siége est fait".

Terceiro grupo é o dos experimentadores/exploradores: óculos de sol e sondas em punho, aproximam-se do clarão, cheios de fé.

Se os desprotegidos de olhos nus ficam cegos, estes, sem dúvida, algo vislumbram. Mas apenas tingido pelas cores das suas lunetas.

Sem dúvida que se pode enveredar por outros métodos. Mas a armadilha reside precisamente e desde logo na forma platónica de conceber o direito natural como arquétipo.

Ante a dificuldade intrínseca de afrontar um *quid* tão longínquo e esquivo, os homens esquecem-se e desistem de aventurar-se fora da caverna.

É que, na verdade, o antro *já não é o que era...* Desde que lhe chegaram os relatos sobre o mundo exterior, os positivistas dotaram a caverna de sofisticados sistemas de iluminação, enquanto alguns sinceros buscadores do astro-rei, quais virgens loucas, esqueciam as suas lamparinas. E chegamos então aos direitos humanos, os quais não são, em si, verdadeiro direito natural, mas lâmpadas eléctricas: e não será por ironia que a Amnistia Internacional escolheu uma vela para seu símbolo. (Dir-se-ia que a vela está cercada por um fio eléctrico... mas não, é mesmo arame farpado, e dá o conjunto uma ligeira e vaga ideia de um cifrão... enfim, semióticas!)...

E ante o aparato iluminatório (sempre as Luzes!!!) de alguns espaços (na verdade não muitos) da caverna, muitos há que duvidam e que esquecem o sol. Se os tribunais internacionais vão efectivamente garantir os direitos, vão mesmo julgar crimes internacionais, vão mesmo tutelar as violações dos direitos... então é o néon. Assim, deixa de haver razão para a demanda: é muito mais cómodo um simples *clic* no interruptor...

A metodologia cognoscitiva do direito natural chega, pelos seus próprios termos, e graças aos seus próprios pressupostos, a uma situação sem saída. O beco sem saída parece a única conclusão, salvo para um voluntarismo ou decisionismo intelectual, que proceda através de uma dogmatização apriorística, que declarasse a verdade sem dar muito mais explicações. Ou seja, procedendo de uma forma muito tipicamente... positivista.

Por isso, todo o empreendimento cognoscitivo jusnatural nos parece ter de ser muito mais um exercício de sábio e prevenido cepticismo, muito cauteloso. Chegados que estamos a um tempo em que o fracasso das teorias sobre o Homem e a Sociedade vertiginosamente se evidencia, o direito natural não pode arriscar-se ao fiasco de ditar leis eternas que já amanhã serão desmentidas. Não se trata, obviamente, do problema da violação (que sempre houve grandes infracções sem isso quebrar ou abalar sequer as regras): é um desafio de adequação. O Direito Natural, hoje, não pode passar de moda no plano dos valores, dos princípios. Não pode permitir-se o luxo de ficar cientificamente inútil, ou filosoficamente sem sentido. E tem de responder aos grandes (aos realmente grandes) problemas de todas as épocas.

O presente não é uma época especial em nada, senão na velocidade com que as questões vêm e passam, e no desprezo e olvido de todas as autoridades. Pelo que o direito natural, agora, está à prova na sua perenidade ante a mudança, e na sua legitimidade ante a autocracia anárquica das consciências que se não sabem nem querem.

III. *Viver o Direito Natural, dialecticamente*

Felizmente que as coisas não se passam assim no domínio da dita "aplicação" ou transposição do direito natural.

Porque se é verdade que o obstáculo idealista nos conduz a uma situação sem saída (porque não se pode transpor o que se não conhece previamente, para utilizar os termos e as regras do sistema em questão), também é certo que subsiste uma possibilidade de romper com a clausura teórica.

Analisando em que sectores se tem de "aplicar" o direito natural no direito positivo, deparamos com dois, muito importantes: o legislar e o julgar. Assim, a questão começa a ser deslocada para o terreno mais prático da arte de jurídica e não tanto da ciência. E deveremos então rapidamente aperceber-nos de como actua o direito natural no método de fazer leis (naturalmente, as que o são: leis justas), e no método de as "aplicar", isto é, de fazer valorações práticas, julgamentos práticos com

Da Teoria à Prática na Metodologia do Direito Natural

base em pressupostos em princípio textuais, mais ou menos indicativos: em sede judicial, evidentemente, mas também em sede administrativa. Donde as fronteiras do direito natural metodológico serem algo como a teoria e a metodologia da legislação e a hermenêutica jurídica, *latissimo sensu.*

Evidentemente que a sobrevalorização de uma clave no ontológico e no noético poderá conduzir a um metodologismo, vício de metodologia, aliás muito em voga, tal como o epistemologismo e tudo o que afaste dos problemas fundamentais, fundacionais, e de conteúdo.

E, como todos sabemos, o grande problema do método é não ser mais que si mesmo: *método!* Claro que, pelo menos desde Descartes, o método é artimanha para levar água (*meta-odos*) ao nosso moinho... aparentemente sem sujar as mãos no comprometimento substancial. Como dizia Péguy (sempre comprometido, sempre fiel a si [108]) de Kant, fica-se com as mãos limpas, mas apenas porque se não tem mãos...

Mesmo em política se alçou a valor supremo um método formal (a decisão por votação majoritária). Mas essa é uma questão muito vasta...

Ocorre, porém, que uma vez aqui chegados vamos usufruir da mão amiga da prática jurídica. Ela é o pior e o melhor que o Direito tem. Ela é o Direito, o verdadeiro Direito. E por isso é tão diversa a filosofia do direito natural dos jusfilósofos (não, obviamente, dos rabulistas!) que conhecem a prática e dos que com ela não tiveram contacto. Para os que tenham vivido o drama da justiça em acção não pode haver dúvida de que o juízo forense é de probabilidade, e que o método para encontrar esse consolo provisório da consciência e do tráfico jurídico é o dialéctico, no sentido clássico do termo.

Esta iluminação da prática é incontornável e utilíssima.

E assim tudo muda de figura. Em vez de se buscar o dever-ser na essência, melhor, no arquétipo inteligível, olha-se a realidade para o procurar adivinhar na sua vivência nas coisas mesmas. Não tanto se deduz a partir de princípios, mas se procura induzir dos factos.

O direito natural, tão acusado de dogmático e de alheio à prática, pelo contrário devolve aos seus detractores essa acusação: que há de mais teórico e dogmático, isolado do real, que isso de dizer o que é justo e injusto num gabinete de um ministério (que é essa a forma de fazer leis mais comum hoje em dia, ainda que se chamem decretos, decretos-leis, ou regulamentos)?

---

[108] Cf., *v.g.*, George STEINER, *No passion spent*, trad. cast. de Menchu Gutiérrez e Encarna Castejón, *Pasión Intacta. Ensayos. 1978-1995*, Madrid, Siruela, 1997, p. 147 ss..

O direito natural encontra, assim, a sua própria existência numa metodologia, e o único problema é que se arrisca a ser identificado com ela. Porque, no entusiasmo, há aqueles que completamente o esquecem: e onde se lia direito natural passa agora a ler-se apenas dialéctica, retórica, tópica...e depois, num dia talvez não muito distante, discurso, texto, signo, conotações, palavras!!! Ou então: *processo, processo, processo.*

Não cremos, na verdade, que sejam coisas equivalentes um direito natural como metodologia dialéctica, e os procedimentos dialécticos, literários, ou processuais. Deve distinguir-se, e agudamente. O problema é que quanto mais se lê nestas matérias menos claras elas ficam.

De modo nenhum a intenção jusnaturalista preside à maioria dos trabalhos nestas áreas que, todavia, são vitais para a sua realização e compreensão. Mas a importância desta metodologização do direito natural parece incontestável, conquanto se limite, sem exagero.

E desta forma se funde o problema metodológico do direito natural com toda a geral questão metodológica do direito. E assim mesmo teria que ser, porque não há dois direitos, mas apenas um, com parte natural e parte positiva (para dizermos algo longo e complexo de forma mais breve e simples).

Não se trata agora de metodologia da ciência do direito: antes de uma metodologia da arte jurídica.

Há devotados estudiosos do Direito (não os práticos) que se encontram normalmente tão isolados que, não raro, acabam por tomar a nuvem da construção, da dogmática, o reino das teorias pela Juno do próprio Direito. E, para eles, evidentemente, o Direito é doutrina, e a metodologia do Direito não passa da metodologia da doutrina, ou da metodologia filtrada pelo olhar refrangente da doutrina. Trata-se, a nosso ver, de um erro comparável ao dos práticos ou dos positivistas legalistas (o positivismo é a espontânea filosofia dos práticos, hoje), que também só vêem a realidade *direito* através do óculo da legislação nos países continentais, e desta e dos precedentes no sistema anglo-saxónico. Com as correlativas implicações de concepção metodológica.

Ora a concepção realista do Direito como prática, como arte, em que a justiça não é uma utopia ideal, mas uma atribuição do seu a seu dono, implica um olhar muito mais atento sobre a prática, e a prática não tem pretensões científicas: ou é uma técnica, no caso dos juristas de formulário, ou é uma arte.

Neste âmbito, podem tirar-se importantes consequências de diversos factores:

a) da crise da racionalidade científica dita exacta ou pura e experimental;

b) do carácter ancilar do método;

c) da necessária adequação do método ao fundo e modo de ser da *episteme* que deve servir.

E da pressuposição da unidade do jurídico resultará que dialéctico é o método comum do direito natural e do direito positivo. E mais: que não há modo de compatibilizar um e outro (logo, de fazê-los viver, a um e a outro) sem uma tal ligação metodológica.

Esta será, a nosso ver, a forma de compreender várias questões controversas, mesmo no campo jusnaturalista:

a) a mutabilidade do direito natural, apesar da sua permanência e perenidade;

b) a ilusão dos catálogos de direitos, apesar da sua importância ao menos tópico-positiva;

c) e a imprescindibilidade de não tropeçarmos nessa suprema malícia de, baseados em S. Tomás de Aquino, edificarmos uma pirâmide normativa kelseniana, dita jusnatural.

IV. *Métodos do Direito Natural*

Além do método dialéctico já referido, e colhido na sua fonte clássica grega, o direito natural tem de servir-se de diversas metodologias ancilares, consoante o tipo de problema que defronta.

Acabaremos por ver que se trata de métodos que encontraram noutras áreas (do saber, do pensar, e do actuar) uma plena adequação e cabal cabimento. Por isso, nessa medida, quase são já os métodos desses "saberes" e "agires". Alguns dos métodos que utiliza serão os seguintes:

1. *Sociologia axiologizada*

Para a indagação do que seja de direito nas coisas, nos factos sociais, o direito natural recorre a uma observação de regularidades sociais, não para daí extrair média, mediana, ou outra estatística, mas para aquilatar dos *boni mores*, dos bons costumes, cuja lição procurará fixar, influenciando

120 *Lições de Filosofia Jurídica*

o direito positivo a uma descrição verbal desse mínimo denominador comum de comportamentos rectos. É algo como uma espécie de sociologia, mas todavia posta à prova por uma axiologia. Uma sociologia filtrada e comandada por valores, axiologizada, portanto.

2. *Experiência e História, ou Filosofia a partir de exemplos*

Para a formação prudencial dos juristas (e a prudência é a específica virtude do jurista) há que cultivar, antes de mais, a experiência vivencial pessoal (donde se não poder ser, salvo em casos excepcionalíssimos, um bom jurista sem uma grande experiência: do direito, e da vida; e muito menos um bom professor de Direito [109]).

A tal experiência directa (insubstituível, porque arranhando e ferindo o imaginário e a sensibilidade), ao "saber de experiência feito" deve juntar-se a também infungível experiência por assimilação das verdadeiras lições da História. Muito caluniada na sua efectiva qualidade de mestra da vida (Cícero), ela é, efectivamente, filosofia contada a partir de exemplos (Dioniso de Halicarnasso): quer os homens aprendam com ela, quer não. Mas poderia também dizer-se antes algo que ainda não vimos contestado: não será que o mundo não aprende com a História entre outras razões pelo facto de os homens saberem cada vez menos o seu passado, e quererem saber dele cada vez menos?

3. *Educação do gosto, sentido estético/sentido ético*

A maestria na arte jurídica (não na ciência dogmática do direito, não na doutrina, claro; embora haja doutrina artística do Direito: e de grande virtuosismo) tem muito em comum com a educação e refinação do gosto artístico: plástico, musical, literário. Também aí o aprendiz de jurista estará ante um caminho *"que se faz ao caminhar"*.

O belo e o justo têm enigmáticas mas reais afinidades. E são ambos só verdadeiramente captáveis na sua essência por almas nobres e corações puros. Podemos intelectualmente concebê-los, mas só por imitação, se

---

[109] Ainda recentemente, Miguel Mark HYTLODEV/ J. de Pina MARTINS, *Utopia III*, Lx.ª, Verbo, 1998, p. 75, afirma que ninguém, na Utopia Nova, pode chegar a *full professor* com menos de 33 anos. O que (permitimo-nos concluir nós) significará também que a partir dessa idade deverão os melhores poder aspirar a essa honra...

não tivermos as mãos limpas e a consciência tranquila. A *intervenção do demónio* em toda a obra de arte, de que fala, por exemplo, um Dostoievski, explica a tensão de opostos donde brota a criação e é também uma metáfora para todo o problema jurídico.

De qualquer modo, apreciar arte não se ensina dando regras da arte bela; nem nenhum esteta, por sê-lo, passou a artista. E dá-se análoga situação no direito: o direito justo não está no decorar as normas, e nenhum *leguleio* jamais foi verdadeiro jurista. E jamais o será.

4. História do Direito Natural e Sociologia do Direito Natural

O conhecimento da sucessão e decantação histórica das diferentes teorias e doutrinas do direito natural (que exilamos injustamente, mas por razões metodologicamente justificáveis neste estudo [110]) pode também dar um específico e decisivo contributo para a compreensão genealógica do mesmo. E ainda que (por hipótese) não aderiramos a muitas das teorias sobre os princípios imutáveis do mesmo, sempre se ganhará conhecimento do que o Homem foi pensando sobre o assunto, numa sociologia (aqui histórica) do direito natural. Disciplina muito interessante também na sua dimensão actual: o que pensam os professores, os estudantes, todos, sobre isso a que se chama direito natural? Quantos preconceitos se não podem detectar, quantas solidariedades, tiques de formação, de grupo, etc...

Haverá uma política ou uma ideologia mais adequada a cada concepção do Direito? E uma fisionomia ou morfologia jusnaturalista e outra positivista? E uma gastronomia de cada qual? – problemas ociosos ou indícios de que o Homem é sempre uno?

5. O decisivo teste da injustiça

Parece, assim, que o direito natural, escrito e inscrito nos nossos corações, estará grafado como Deus parece fazer, muitas vezes: *direito, mas por linhas tortas*. E uma das formas mais simples e certeiras de

---

[110] Cf. as obras básicas citadas nas nossas *Lições Preliminares de Filosofia do Direito*, p. 178. Mais recentemente, assinalem-se os estudos de François VALLANÇON, *L'État, le droit et la société modernes*, Paris, Armand Colin, 1998, e de José Adelino MALTÊS, *Princípios de Ciência Política*, II vol., *O Problema do Direito, Elementos de Filosofia do Direito e de História do Pensamento Jurídico*, Lx.ª, ISCSP, 1998.

reconhecê-lo é procurar através da sua ausência, ou até mesmo da sua negação: pela injustiça, pela errada atribuição, seja o erro quanto ao modo, ao como, à pessoa, à quantidade, à qualidade, etc... Ou, por exemplo, pela lei injusta, fonte de muitas erradas atribuições e ela já de si atribuição errónea...

V. *Razões do Coração*

Muitas são as moradas, muitos os caminhos da justiça. E o método, que é caminho para algum lugar, não pode senão ser o caminho do justo concreto.

Mas, permitamo-nos perguntar: "Será mesmo o direito natural para todos os juristas?" Haverá certamente que fazer uma profunda reforma da Universidade e do Pretório. Mas primeiro e sobretudo daquela, donde este deriva afinal...

Será preciso (agora e sempre), depois do homem racional do direito natural moderno, um homem de coração para o compreender?

Uma vez que o coração tem razões que a razão desconhece... algumas delas deverão ser de Direito Natural. Vamos a ver...

Capítulo VII

DO DIREITO NATURAL COMO TEORIA DA JUSTIÇA

Prolegómenos a uma teoria futura

> *"Tanto o* ius civile, *como o* ius *gentium e o* ius naturale *– se é que este último se distinguia do segundo ou mesmo do direito* tout court *– realizariam cada um deles e todos, embora com âmbitos e a níveis diferentes, o justo determinado concretamente pela natureza das coisas e realizado pela razão natural e equitativa. Daí que o direito e o direito natural (e este enquanto o critério normativamente material e de justiça) se não autonomizassem essencialmente (...).*
>
> A. Castanheira Neves, *"Justiça e Direito", in Digesta*, Coimbra, Coimbra Editora, 1995, p. 255

I. *Da Justiça jurídica*

A Justiça, na sua acepção clássica e rigorosa, não é senão a virtude, o hábito, ou o facto de uma correcta atribuição do seu a seu dono. Porque *o justo* (e disso se faz eco, em português ao menos, a linguagem castiça do povo) não é outra coisa senão a coisa devida, o *suum*, a *res debita, id quod justum est.*

Se o justo é primariamente uma coisa (*latissimo sensu*), fazer justiça não é mais nem menos que atribuir o justo. A arte dos juristas, dominada

124   *Lições de Filosofia Jurídica*

pela virtude da prudência (que lhes é específica; não a da justiça, que é geral – e qual suma de todas as virtudes [111]), consiste precisamente no *suum cuique tribuere*, no "dar o seu a seu dono", como se diz usualmente. Clamar por justiça é clamar pelo justo que é *o seu* de quem clama, ou *o seu* de outrem. A Justiça comporta assim uma dimensão social mais alargada: porquanto não visa apenas o *suum* de uma pessoa em concreto, mas que seja dado o seu de cada um, a todos e a cada qual. E é evidente que o *seu* de cada um se tem de articular com o *seu* dos demais, de cada um dos demais.

O Direito positivo tem de procurar alcançar a Justiça, isto é, tanto a micro – como a macroscópica atribuição do que a cada um pertence.

Para o fazer possui meios, que são as principais fontes do Direito. E tanto a lei, como a jurisprudência, como a doutrina, etc. devem ter sempre presente que existem apenas para esse fim, e têm como legitimação esse princípio: *fiat justitia!*

Isto é: só porque visa a Justiça pode o Direito positivo ser obrigatório e coercível; só porque fundado nela é ele bom, é útil, é verdadeiramente *Direito*.

O problema que se põe sempre é *o que é a Justiça*? Tantas teorias e tantas lutas ao longo dos séculos têm dividido os homens!...

Entendida na tradição que vimos seguindo, derivada dos clássicos, a Justiça, não sendo mais do que a concreta e a generalizada atribuição do seu a seu dono, fica com o seu alcance de algum modo restringido. De facto, tal era já o intento de Aristóteles, ao falar de justiça particular [112]. Porquanto a Justiça geral é a tal virtude das virtudes, quase totalizante (não há virtudes totalitárias), muitíssimo abrangente [113]. Para os juristas, enquanto tais e no seu específico labor, apenas importa esta especificação da Justiça (as demais são, normalmente, tautológicas e muito menos prestáveis [114]). A confusão entre o que é justo como *suum* e o que

---

[111] Sobre as virtudes, cf., por todos, Josef Pieper, *Las Virtudes Fundamentales*, ed. cast., 4.ª ed., Madrid, Rialp, 1990.

[112] Aristóteles, *Ética a Nicómaco*,V, 5 (1130 b-1131 a).

[113] "suma virtude ou fonte, donde todas as outras virtudes nascem", como, por exemplo, afirma o nosso tratadista de Quinhentos, Diogo de Sá. E já Aristóteles, *Ética a Nicómaco*,V, 3 (1129 b), citando ainda Teógnis: "Na justiça está, em suma, toda a virtude".

[114] Tomás António Gonzaga, *Tratado de Direito Natural,* ed. crítica de M. Rodrigues Lapa, Rio de Janeiro, Instituto Nacional do Livro, 1957, p. 121: "Nós não nos cansamos com tão inúteis e tão supérfluas divisões. Todo o direito ou é natural ou é positivo".

Do Direito Natural como Teoria da Justiça   125

será eventualmente justo como virtude moral ou aspiração social é, em geral, muito nociva e não pode aceitar-se, em nome do mais elementar rigor mental e linguístico. O grande problema, então – temo-lo dito [115] – passa a ser o da determinação do *suum* de cada um.

Alguns conceitos mais técnicos ajudarão a sistematizar o estado desta questão.

O *suum*, afirma-se classicamente, é o que pertence "por direito" (diríamos nós agora) a alguém, por via de um *título jurídico*: lei, contrato, testamento, tratado, costume, etc.. Pelo exagero e limitação desta perspectiva se cai no impasse, porque a diferença entre esta teoria, levada ao extremo, e o positivismo legalista é afinal somente que, agora, os títulos são mais numerosos e abrangem mais situações que a latitude própria daquela fonte de Direito. O que é muito pouco, porém.

Estamos, nesse caso, perante uma situação a que se chamará *jusnaturalismo positivista* [116], quando se pretenda invocar uma filiação do Direito Natural para tal teoria, ou simplesmente de *titularismo jurídico* se tal não ocorrer.

A intervenção do factor "natureza humana" nesta teorização vem fazer entrar *pela janela* elementos de "impureza" e "incerteza" que a teoria dos títulos visara erradicar: em que medida a "natureza humana" atribui direitos é muito difícil de concretizar. É o que se chama a *aporia do 'suum'*.

Mas se, em lugar da perspectiva titularista, como que microscópica e "registral", se passar para uma tentativa de fundamentação macroscópica e "filosófica" ou "metafísica", fazendo apelo ao Direito Natural e seus princípios, também não alcançaremos melhor tranquilidade.

O que sucederá, nessa outra situação, será como que uma tentativa de ir buscar à região da justiça universal, geral, à virtude moral, as bases de onde se deduzirá a justiça concreta. Embora este procedimento não seja, normalmente, como tal interpretado.

O *suum* deixará de ser visto como a concretização material de uma *coisa*, para passar a consequência prestativa de um sistema atributivo.

---

[115] Cf., especialmente, os nosso *Amor Iuris. Filosofia Contemporânea do Direito e da Justiça*, Lx.ª, Cosmos, 1995, p. 147 ss.; e já *Princípios de Direito. Introdução à Filosofia e Metodologia Jurídicas*, Porto, Rés, s/d, p. 51 ss..

[116] Outras fórmulas de jusnaturalismo positivista identifica, com rigor, Ricardo Henry Marques DIP, *Apontamentos sobre a mudança das leis e do Direito adquirido à luz do jusnaturalismo clássico*, S. Paulo, 1937, p. 8 ss. Cf. ainda o nosso *Tópicos Jurídicos*, 2.ª ed., Porto, Asa, 1995, p. 76.

Digamos que o relógio comprado não é do comprador em virtude do título (por exemplo, contrato de compra e venda), mas mercê do princípio *pacta sunt servanda*, tido como de Direito Natural.

E se no primeiro caso o titularismo podia pear as asas da Justiça enquanto aspiração (*constans et perpetua voluntas*), neste agora a justiça vê-se, ao invés, enredada numa teia de preceitos supra-positivos (ou, pior ainda, positivados, mas vagos), constituindo um autêntico jusnaturalismo *normativista* e *principial*.

O afrontamento de ambos os exageros, microscópico e macroscópico, parece-nos simultaneamente esclarecer o problema das relações entre Direito natural e Justiça.

Longe de se encontrar essencialmente num decálogo-sombra, ou numa escritura omnipresente, o justo (que todavia fenomenicamente pode estar na última e hipoteticamente no primeiro) é fruto concreto de uma acção.

Sabemos que, inicialmente, é a própria coisa. Mas, por analogia, é a acção de estabelecer a mesma e a de a atribuir.

Já que a coisa justa necessita de ser estabelecida como tal e atribuída ao seu dono, parece-nos que *o fulcro do problema da Justiça é o da arte de fazer tal determinação e tal atribuição.*

Donde resulta que será na *ars iuris* que deveremos centrar-nos, procurando perguntar:

1) Como se encontra a coisa justa?;
2) e como se atribui a mesma?

A segunda questão é problema de Direito positivo, e, em grande medida, Direito Processual. Não está, porém, desgarrada da primeira, nem é tão subsidiária quanto possa parecer. É, de algum modo, a grande questão do Direito *positivo*, da arte prática do jurídico.

A primeira questão tem uma componente filosófica incontornável. Como se pode dizer que X ou Y é de A ou de B? A tentação do titularismo moderado e salpicado de *direito-humanismo* (dos "human rights"), ou quiçá sobretudo essa, são muito grandes.

II. *Teorias Contemporâneas da Justiça*

Não esqueçamos, antes de mais, que o Direito é a arte de atribuição das coisas (bens, poderes, honras, penas...). E consequentemente, uma teoria da justiça tem precisamente que encontrar uma perspectiva para, em geral, propor uma ordem na distribuição das coisas, baseada num

Do Direito Natural como Teoria da Justiça 127

critério convincente. Isto é, os que não forem abençoados com muitas coisas (pelo menos das positivas; pois as penas e afins são bem dispensadas, *mesmo* pelos criminosos) teriam de ficar pelo menos moderadamente convencidos de que as não têm com base em razões legítimas.

Não sendo, porém, este consenso critério válido para julgar a opção tomada. Porque é cada vez mais evidente, nos nossos dias de sofreguidão do ter, um insaciável descontentamento de muitos e muitos, que se cuidam com direito a tudo: mesmo os mais bafejados pela sorte!...

Uma das razões do sucesso da teoria da justiça de John Rawls terá sido certamente a "plausibilidade" das regras que o homem razoável, colocado numa *posição originária* e tendo sobre si descido um *véu de ignorância* sobre a sua situação e idiossincracia numa sociedade ideal, viria a estabelecer relativamente ao *meu* e ao *teu*.

Mas, sem entrarmos na análise aprofundada da questão, será fácil verificar que se trata de simples regras muito gerais de utilitária autodefesa contra abusos.

Não se estabelecer uma igualdade de base pela dignidade isonómica de todos os Homens (por exemplo) mas porque não se sabe se se irá nascer pobre ou rico, e aceitarem-se discriminações com base no trabalho ou no mérito acrescidos, não por se desejar premiar o esforço ou o talento (por exemplo), mas por incentivo emulativo e prevenção da preguiça dos mais dotados, tal como estabelecerem-se os direitos e as liberdades não por amor delas (por exemplo), mas por se desconhecer se se virá a estar na mó de baixo política ou na mó de cima, etc. – são exemplos perigosos, preocupantes. Denotam um utilitarismo e um maquiavelismo de base que, sendo útil como prevenção contra ingenuidades, todavia funcionalizam os valores políticos. Ora, um valor funcionalizado passa a simples táctica e técnica, podendo facilmente ser relegado para segundo plano ou até abolido se um novo método for encontrado.

Falando ao calculismo do homem comum, a teoria da Justiça de Rawls não ama a igualdade, nem a liberdade, nem os direitos, nem os absolutiza como irredutíveis. Demonstra a sua comodidade e utilidade burguesas para o homem médio.

Evidentemente, já não é mau chegar a estes valores, mesmo que por tais caminhos. O problema é que sabemos de quanto tresler são capazes políticos e juristas para – vindo o tempo – os afastarem na prática ou na teoria. E tanto mais quanto eles são apenas instrumentos e não fins.

Ao contrário de uma Teoria de Justiça assente em utilitarismos e consensos, podem edificar-se sistemas baseados na subjectividade de qualquer autor.

128   *Lições de Filosofia Jurídica*

Em certo sentido, muitas das filosofias dos filósofos hoje chamados "continentais" pelos analíticos (a quem se devia chamar – com o mesmo estigma ou com o mesmo à vontade – "insulares"), quando tocam a coisa política e jurídica, correspondem a tais teorias. E as ideologias são vulgatas pobres de algumas dessas mesmas "teorias da justiça".

Mas entre procurar uma teoria da justiça na pretensa consensualidade e utilidade do homem comum (como é o caso de Rawls, e também, por outras palavras, o do procedimentalista Luhmann e do neo-(pós?)-marxista Habermas, posto que estes dois tenham também uma inevitável componente de "originalidade" muito patente) e dar largas à imaginação político-jurídica (como fazem os autores de utopias), comportando enorme diferença de propósito, acaba por resultar em idêntico fracasso prático.

Ainda está de moda caluniar os utopistas (apesar de o socialismo utópico não ter derruído, como o dito "científico", na verdade "positivista"). Contudo, pelo pormenor das suas propostas, o utopismo é, pelo menos, uma "receita para as tabernas do futuro" (Marx) muito mais aceitável que o verdadeiro cheque em branco pedido pelos neo-iluministas, vagos e meramente teoricistas.

Todos compreendemos que as teorias neo-iluministas, demofílicas, ou até democráticas na aparência, verdadeiramente apelam em última instância para os instintos de sobrevivência, autodefesa e egoísmo; ou limitam-se ao formalismo ritualista dos procedimentos, que podem de participacionismo cívico redundar em burocratismo, dado que a sociedade actual não é de cidadãos activos; ou remetem para uma consensualidade que, no limite, poderia gerar monstros totalitários, pois do consenso não é forçoso nasça a luz, e da massa frequentemente emerge o tirano.

Da crítica, e até da verificação da eventual falência de tais teorias, não se segue necessariamente nem o niilismo teorético, nem a prova de que a posição do crítico esteja correcta. Deve o mesmo propor a sua versão, se a tiver, e argumentar em sua defesa.

III. *O Direito natural como Teoria da Justiça*

Não vamos propor nada de novo.

Vamos apenas de novo relembrar que muitos dos problemas novamente colocados têm solução antiga, ainda que a exigir novas palavras. E novos paladinos.

O mais importante no Direito é uma recta *ars iuris*, certamente. Mas tal só se atinge com uma Teoria de Justiça. Em vez do subjectivismo de teorias *pessoais* ou de grupo, ideológicas, e do artificialismo de teorias

Do Direito Natural como Teoria da Justiça

que não teorizam (pois devolvem às massas a prática: no seu consenso, no seu procedimento, ou nos seus impulsos sociais mais elementares), fundamentar o Direito Positivo no Direito Natural (que para isso é que, no nosso entender, deveriam servir as Teorias da Justiça) tem a vantagem de fornecer uma linha de rumo, um conteúdo, e de tal não ser uma simples opinião, mas o fruto de uma multissecular e renovada tradição.

O Direito Natural é uma teoria da Justiça porque permite dotar o jurista de valores naturalmente decorrentes da experiência de sempre sobre o que é justo e injusto. Não se trata de um Direito essencialmente vivente no hipotético estado de natureza, nem, muito menos, retirado das leis físicas ou biológicas.

Dificilmente encontraríamos justiça na selecção das espécies, ou mesmo na evolução natural.

O carácter natural deste direito reside muito mais no facto de ele não ser inventado artificialmente pelo homem e pelas suas necessidades ou pseudonecessidades imediatas e imediatistas, mas haver resultado como o justo do grande diálogo da História, em diversos tempos e lugares.

Claro que ontologica e metafisicamente é difícil (e quiçá poderá ser entendido como perigoso) afirmar a pré-existência total desse *corpus*. Mas nada aconselha a que tal seja feito, porquanto daí pode resultar não pouca perversão *positivista*, por via da enunciação e da cristalização.

O procedimento mais tentador para expor as angústias que experimentamos sobre esta matéria relembram os passos citadíssimos sobre o Tempo em Sto. Agostinho: "se não me perguntarem sei o que é, se me perguntarem não sei". Com o Direito Natural dá-se algo de semelhante. A teoria da justiça do Direito Natural é apenas *visão*, não é escrita. Toda a positivação do que é presente e real, mas etéreo, acaba por falsificá-lo. Não nos perguntem o que é o Direito Natural, e saberemos onde está, o que representa, como actua. Mesmo – apesar de tudo frequentemente – na prática judiciária ou jurídica de agentes jurídicos (que se crêem) positivistas.

Dizer o que é o Direito Natural em concreto irremediavelmente será apoucá-lo com a nossa limitação, ensombrá-lo pelos nossos preconceitos ou simples preferências [117].

Mas é evidente que perante os dados patentes da injustiça sabemos bem (pela consciência, ou pela lei natural no nosso coração inscrita, ou pela nossa formação ou sensibilidade à Justiça) o que o Direito Natural jamais consentiria.

---

[117] Cf. um lugar paralelo, para a definição de uma ética, *in* Fernando SAVATER, *Ética para um jovem*, trad. port de Miguel Serras Pereira, 4.ª ed. port., Lx.ª, Presença, 1997, *v.g.* pp. 46-49.

130 *Lições de Filosofia Jurídica*

Em grande medida é essa a nossa actual ciência (ou conhecimento) do Direito Natural: a negativa. Em muitas, muitas matérias ele não prescreve como o Direito Positivo deva ser, antes lhe marca limites, parâmetros. Parece-nos, pelo menos hoje, absolutamente justo que crimes (infracções muito graves) hajam de ser punidos. Pois bem: jamais o Direito Natural poderá determinar a medida da pena concreta a aplicar no caso X ou Y, nem sequer que pena deva caber, em sede legal, a um homicídio ou a um roubo. Torna-se porém claro, hoje, que a ausência de pena ou uma pena demasiado severa (como a tortura, por exemplo) são contrárias ao entendimento que hoje temos do Direito Natural.

Estas prevenções e cuidados, nomeadamente os que sublinham a radicação temporal (já não tanto a espacial, sobretudo num mundo de globalização) do nosso conhecimento do Direito Natural não transformam esta teoria em mais um sociologismo. E tampouco a aparente falta de carácter prático da teoria passa a dar razão às que anteriormente criticámos.

O que ocorre é que o maximalismo nestas delicadas matérias só pode conduzir a desgraças. Falsear a situação, fazer das fraquezas forças, longe de beneficiar o campo do jusnaturalismo, só acabaria por levar água ao moinho das teorias adversas.

A teoria da justiça do Direito Natural não é uma utopia, nem uma ideologia, nem um sistema filosófico pessoal, nem se dilui nas pulsões da massa do hoje. É uma velha teoria em marcha, com avanços e recuos, e mesmo com erros que foi corrigindo – como todas as coisas humanas. Nunca visou a totalidade do conhecimento e das prescrições sobre o Direito (e cada vez parece mais sólida nessa posição), como nunca abdicou de dar um murro na mesa, clamando por "Justiça"!, quando as malas artes das teias da lei teimavam em transformar o direito num acervo de iniquidades, ou o sistema jurídico num jogo de azar.

Aprender quais são as grandes ideias do Direito Natural deve colher--se na visão do concreto, e não na contemplação de pseudo-essências. E este procedimento, esta metodologia, curiosamente, custa tanto a entender aos "profanos" como a praticar aos "adeptos".

Proporíamos duas fontes essenciais para descobrirmos o Direito Natural, além dos clássicos aristotélico-romanisto-tomistas, que também jamais devem ser tomados como a suma verdade, sempiterna, precisamente por conterem essa *filosofia perene* que, para o ser, tem de evoluir, em continuidade. Tais fontes são a análise da vida forense e a análise da ficção, literária, teatral, cinematográfica...

Ver os tribunais, os casos e as causas, faz quase de imediato despertar (no jurista já teoricamente preparado e formado, não no passional leigo, claro) esse sexto sentido do justo e do injusto.

Ler as grandes obras e assistir à grandes representações permite também, sem a localização e a focalização muito contextualizadas dos casos de tribunal reais, exercitar a "imaginação jurídica", e, do mesmo modo, despertar o sentido do Direito Natural.

Tudo se aprende com os clássicos!

Aos contentes, distraídos, embotados, os que se sentem insensíveis aos problemas da justiça, recomendamos a peça de Albert Camus, *Calígula*. Aos que acreditam na verdade e na justiça impolutas das decisões dos governantes, recomendamos a *Antígona* de Sófocles, e depois a de Jean Anouilh.

Mas aos que, pelo contrário, apenas crêem que há justiças de classe, e que um grupo redentor, agindo pela violência, abrirá caminho à felicidade, receitamos *Os Justos* daquele mesmo Camus e *As mãos sujas* de Jean Paul Sartre. Sendo que também não há justiça de iluminados individuais (como aprenderíamos com *Crime e Castigo*, de Dostoievski).

Aos quezilentos, que cuidam que tudo se pode decidir em tribunal, e com isso consomem a sua vida e a dos outros, propomos *Les Plaideurs*, de Racine, e *Casa desolada*, de Charles Dickens.

Aos que, em contrapartida, só crêem no "fazer justiça" pela próprias mãos, recomendamos *As Euménides*, de Ésquilo. E para os que nada perdoam, prevenimo-los com *O Mercador de Veneza*, de Shakespeare.

Para aqueles que crêem que só os maus são condenados e os justos sempre se vêem recompensados, bastaria mostrar-lhes a vida. Mas podemos, com maior esperança, dar-lhes a ler, na Bíblia, o *Livro de Job*. E depois, para uma visão mais moderna, o *Diario de Job*, de Fernando Savater.

E para os que ainda assim julgarem que a justiça é só coisa racional, como n' *O Tribunal Electrónico*, de Papini, apontar-lhes-emos as vias tortas por que se faz justiça no julgamento de Salomão, *n'O Mercador de Veneza*, ou mesmo no *Livro de Tobias*. E como, em última análise, o Direito e as suas vias também se devem submeter ao *fatum*, com tanta intensidade dramática em *Rei Édipo*, de Sófocles.

Se recaírem na tentação de uma justiça só política, todas as anti-utopias serão boas. De preferência *1984*, de George Orwell, o *Admirável Mundo Novo*, de Aldous Huxley, ou o recente e muito elucidativo (até pela crítica mordaz às novas teorias da justiça) *O Curioso Iluminismo do Prof. Caritat*, de Steven Lukes [118].

---

[118] Recomendando livros não só jurídicos, pelo contrário, aconselhando muitos não jurídicos para começar especificamente os estudos de Direito Constitucional, António Carlos PEREIRA MENAUT, *Libros para comezar*, in AA.VV., *Instituições de Direito*, II. *Enciclopédia Jurídica*, Coimbra, Almedina, no prelo.

132   *Lições de Filosofia Jurídica*

E, evidentemente, a leitura séria e ponderada de uma dúzia ou dúzia e meia de livros como estes permite uma abertura de alma, um subir na escada do espírito, que vale centenas de tratados positivistas no que toca a sensibilidade às *coisas humanas e divinas*. Essas *coisas humanas e divinas* que estão ao lado da ciência do justo e do injusto na célebre definição do Digesto [119].

Referimos por comodidade uma linha de leitura, mas cada uma das obras referidas comporta múltiplos aspectos e serve para aí se encontrarem muitas máximas da sabedoria jusnatural.

Mas mesmo que nos limitássemos ao já dito, poderíamos recolher ensinamentos preciosos e que nos indiciam alguns aspectos basilares do Direito Natural.

a) A injustiça é atentado contra a dignidade humana, a ordem da cidade, o *seu* de cada um. Da observação da injustiça melhor se compreende a justiça. É a lição que quisemos destacar com *Calígula*.

b) As leis ou os sistemas dos poderosos, dos governantes, até dos legisladores, não dão presunção de Justiça. Nem sequer as leis ancestrais, ou mesmo o costume. A voz do sangue e da consciência falam mais alto que a ameaça da pena de morte quando se trate de, por exemplo, dar sepultura a um irmão. Tal o exemplo, sempre celebrado (embora com teorizações diversas [120]) de *Antígona*.

c) Não há fins que justifiquem os meios. E muito menos há alibis políticos. E não se deve ter ilusões sobre utopias de justiça futuras fazendo infernos presentes. Apenas os gestos reais entre pesssoas correntes contam. O *suum cuique* é dar, *hic et nunc*, o seu *a cada um*. Não é um vago e ucrónico dar tudo a todos, que representa não dar nada a ninguém (como bem observaria o Marquês de Penalva). Veja-se o que sucede em *Os Justos* e *As mãos sujas*.

d) O recurso às instâncias judiciais é muitas vezes não jurídico e, sendo-o, é muitas vezes de má fé, ou perverso, em nada contribuindo para a justiça. A justiça é também saber perdoar, saber conciliar, saber esquecer, saber viver. Veja-se *Os Pleiteadores, Casa desolada* e *Mercador de Veneza*. Embora seja preferível levar as coisas a tribunal a entrar no círculo infernal das vinganças privadas (*As Euménides*) ou das "condenações" pelo livre alvedrio de um "iluminado" (*Crime e Castigo*).

---

[119] D. 1.1, 1, 10, 2.
[120] Cf. Stamatios TZITZIS, *La Philosophie Pénale*, Paris, P.U.F., 1996.

Do Direito Natural como Teoria da Justiça

e) Não devemos ter preconceitos quanto aos condenados. A condenação pode atingir os inocentes. Condenar é um acto gravíssimo. Mesmo indiciar ou ou acusar alguém!... Do mesmo modo, nem só os felizes, ricos, saudáveis, etc., são justos (*O Livro de Job*).

f) Ninguém é dono da Justiça, nem pode fazê-la somente de acordo com uma vontade ou razão inspiradas (*Crime e Castigo*) ou um silogismo ou algoritmo (*O Tribunal Electrónico*, de Giovanni Papini). O bom e justo juiz pode ter de contornar a aparência, a opinião, o consenso. Pode ter de se mascarar, ameaçar e até de mentir (*O Mercador de Veneza*) ou de amedrontar e parecer cruel ou absurdo nos seus juízos (Salomão).

g) A justiça por vezes não se pode alcançar, ou a realidade do *fatum* (chamemos-lhe assim) pode estar para além da justiça (*Édipo Rei*). Resta-nos actuar rectamente e esperar (*Livro de Tobias, Livro de Job*). O jurista é, antes de mais, alguém que faz o seu dever, independentemente do resultado concreto, futuro e imprevisível dos seus actos.

h) O que nunca dá resultado é querer fazer depender o *suum cuique* de uma mudança geral e utópica da sociedade. Os que dizem aos indigentes que pedem esmola "vote na mudança social", deixam sempre os pobres famintos. Os que dizem "compre uma espingarda", são ainda mais nefelibatas e perigosos. Aliás, os mundos sonhados são sempre infernos (*1984, Admirável mundo novo, Curioso Iluminismo do Professor Caritat*).

É óbvio que estas "teses" não constituem, de per si, uma teoria da Justiça. Mas poderão ser como que prolegómenos a uma teoria realista da Justiça. Muito, cuidamos, se ganharia com o uso do método dialéctico que é apanágio dos juristas e do Direito Natural, e começássemos a discutir sobre o seguinte *Decálogo Jusnatural* (propositadamente assim apresentado, *cum grano salis*):

I. Se sofreres injustiça compreenderás o valor da Justiça e o que ela é.

II. O Poder e a lei não são sempre justos.

III. Não há fins justos que justifiquem meios injustos.

IV. A justiça é sempre a justiça ao que está mais próximo.

V. Não há justiça que valha a caridade e o amor.

VI. Os justos são muitas vezes infelizes e condenados, e o contrário ocorre muitas vezes aos injustos.

VII. O juiz ou o agente jurídico deve escrever por vezes direito por linhas tortas.

VIII. Nem sempre se faz e nem sempre se pode fazer justiça, mas pode sempre obrar-se rectamente aos olhos da nossa consciência esclarecida.

IX. Adiar a justiça aqui e agora pela justiça em todo o lado e amanhã é proceder injustamente.

X. Há muito mais coisas na justiça, Horácio, que as sonhadas pela tua vã filosofia (aqui glosando, evidentemente, Shakespeare).

Insistimos: não é esta uma acabada teoria jusnatural da justiça. Apenas um decálogo básico para uma futura teorização.

De todo o decálogo se infere claramente a clave prudencial, sapiencial e "defensiva" – dir-se-á. E não poderá, assim, deixar de relembrar-se a teoria de John Rawls.

Mas parece-nos haver uma diferença essencial entre os dois pontos de vista: é que Rawls quer construir uma sociedade perfeita (utopia), ou, para outros, justificar teoricamente a perfeição da sociedade burguesa demo-liberal (ideologia) [121]. Em todo o caso, crê, como Platão, que o problema da Justiça é sobretudo o de uma sociedade com boas instituições e boas leis.

Ora nós, pelo contrário, cuidamos que o essencial é haver homens justos, a começar pelos agentes jurídicos. Porque, como dizia Frei Amador Arrais, mais vale haver homens bons que boas leis, pois, com elas ou sem elas, aqueles são leis vivas, enquanto boas leis sem homens bons não passam de letra morta.

Evidentemente que é preciso lutar por boas leis e boas instituições. Mas sempre com a precaução de se saber que a corrupção a ambas espreita. Nisso o Direito Natural deve ser também mais esperto: sabendo que é da natureza das coisas mudarem de sentido e da dos homens serem fracos.

Assim, o decálogo que com alguma ironia (na forma adoptada, sobretudo) propusemos, sem desconhecer, pelo contrário, pressupondo e considerando as fraquezas humanas, não se baseia nelas para construir um projecto de ordem (isso é do direito positivo e da filosofia política) mas para estabelecer pontos de mira na consideração de qualquer ordem que concretamente se crie.

---

[121] Usamos aqui a dicotomia (ideologia /utopia) consonante a perspectiva de Karl MANHEIM, *Ideologia e Utopia*, 4.ª ed. bras, Rio de Janeiro, Editora Guanabara, 1986 [*ed. orig.: Ideologie und Utopie*, Bonn, 1930].

Não se arrisca a teoria do Direito Natural a determinar a igualdade, e muito menos a especificar as razões possíveis de desigualdade. Sabe que os homens são desiguais, e que nem sempre os melhores mais têm. Mas também não propõe nenhum método redistributivo. Sabe que isso normalmente vem dos poderes (que usualmente poupam os ricos e lisongeiam os pobres), ou das massas enfurecidas, sempre lideradas por vanguardas que substituirão, normalmente ainda para pior, os velhos possidentes.

A atitude do Direito Natural é sobretudo preventiva e curativa. Não lhe compete mais que impedir, com o exemplo (ou sabedoria), aventuras arriscadas de engenharia social, ou soluções destemperadas de atribuição corrente do *suum*. E, por contraste, sugerir as bases de acções jurídicas adequadas. Normalmente sensatas, mas aqui e ali ousadas. Como no caso do julgamento de Salomão.

Aliás, tal julgamento é exemplar [122]. A atitude de Salomão, ao mandar (fingir mandar) cortar a criança sobreviva em dois pedaços para os dividir pelas duas mães pleiteadoras, seria hoje condenada em uníssono por todas as teorias da justiça. Ele não respeita a lei, decerto. É contra o justo procedimento. Não tem precedentes, e muito menos costume em que fundar--se. É anticonsensual. Etc. Mais: é contra a utilidade, pois destrói "a coisa" em litígio.

Evidentemente que esta audácia se fundou numa fina intuição sobre a alma humana.

O juiz fez Direito por linhas (ou vias) tortas (ou tortuosas). Mas só aparentemente, porque na sua bizarria procedimental não fez mais que uma ligação directa ao mais profundo, a natureza humana. Ouviu a voz da natureza. Tal como Antígona ultrapassa as leis e paga com a vida a obediência à natureza humana também. Ou Pórcia, que não hesita em disfarçar-se de jurista para obter o justo: salvar António da sanha vingativa de Shylok que (aparentemente) tinha a lei do seu lado.

Estes grandes rasgos permitem-nos dizer que o Direito Natural está do lado da coragem e do desassombro. Enquanto outros apenas se ancoram na utilidade, no lucro, no calculismo.

Aos que afirmam o carácter retrógrado do Direito Natural mostraremos estes exemplos. Que juízes teriam a sabedoria de Salomão? Uma sabedoria que também é coragem. Um rei também precisa de coragem. Que cidadãos teriam a intrepitude da alma de Antígona? Quantos estariam dispostos a pagar com a vida o preço das suas convicções ou somente do seu amor fraternal?

---

[122] V. François VALLANÇON, *Phénoménologie du Droit, in Instituições do Direito, I. Filosofia e Metodologia do Direito*, n/ org., Coimbra, Almedina, 1998, p. 47 ss.

Não multipliquemos os exemplos.

As cautelas do Direito natural não vão para os actos heróicos dos indivíduos em luta pela justiça (os que realmente valem). Dirigem-se aos actos insensatos dos que detêm o poder (institucionalizado ou revolucionário) no sentido de mudar o que está bem e manter o que está mal. E a sua desconfiança vai toda contra os que, sendo muito hábeis a refazer o mundo no papel, são incapazes do menor sacrifício pessoal pelo seu irmão ou pelo seu vizinho.

Dir-se-á que esta teorização é demasiado moralista. Ou até que só o é. E, para mais, de uma moral "conservadora" ou até "reaccionária".

Ai mundo este de apodos decisivos, de estigmas encantatórios! Sabemos bem que tal já foi terrível anátema, mas hoje já ninguém (salvo um punhado de complexados) liga a isso. É preciso mais e melhor, apesar de tudo, para que se comecem a erguer as piras inquisitoriais.

Mas respondamos. Se é moralista, não sabemos. É, sem dúvida moral. Foi o exílio da moral (como de outras ordens sociais normativas) que nos levou a este caos anómico em que nos encontramos. Precisamente dessa moral moral, não de pseudomorais imorais, claro! E, por paradoxal que pareça, foi precisamente esse desterro da moral da sociedade e da política, que a fez mais e mais ter de entrar no Direito. Em algum lado havia de acolher-se...

Pois essa moral do *sim sim, não não* está incindivelmente ligada à lei natural. O Direito Natural não pode prescrever um manual de regras de conduta às pessoas – nem é da sua natureza fazer tal. Contudo, é óbvio que prosperará em sociedades eticamente saudáveis, e terá dificuldades acrescidas em formações sociais doentes.

Apesar de todas estas ligações entre Direito Natural e Moral haverá algumas precisões a evidenciar.

Antes de mais, o Direito Natural, sendo Direito, não é moral, nem, muito menos, *uma* moral. E o Direito é mais tolerante que uma moral moral: *non omne quod licet honestum est*. Nem tudo o que é permitido é honesto: máxima de grande sabedoria. E assim deve ser, para bem da sociedade em geral.

Por outro lado, não é em preceitos morais que o Direito positivo se estriba (embora possa haver algumas coincidências e confusões), mas no Direito Natural... ou em nada (num *nada* normativo: pode ser algo utópico ou ideológico).

Pode haver quem chame Moral ao Direito Natural. Por vezes essa tentação é muito grande, dada a dificuldade dos estudos jusnaturais. Mas

Do Direito Natural como Teoria da Justiça 137

isso leva a terríveis confusões, e a debilitar consideravelmente a aceitação do Direito Natural, dado o descrédito e o relativismo morais imperantes, além de não ser rigoroso no plano filosófico (ou sistemático, se quisermos).

O timbre do Direito Natural, tal como o vemos, é bem diverso da moral moral, tal como a entendemos. O primeiro é mais defensivo e dialéctico, a segunda activa e dogmática.

A regra "Não matarás" é evidentemente jurídico-positiva de Direito Natural, de moral e de religião. E, claro que também é de "boas maneiras". Este consenso alargado prova a importância primordial do valor "vida".

Mas já não se pode dizer o mesmo do incesto. O incesto não é em Portugal autónomo crime, embora seja uma imoralidade tão grande que os antropólogos nele viram, durante muito tempo, a principal regra universal entre os homens. Será o incesto crime à luz do Direito Natural? Crime ao ponto de ele impor a criminalização? Parece que os estudos recentes (embora não falando em Direito Natural) levam a pensar que sim. Não terá sido assim, porém, no passado; bastando hoje ser "agravante".

E o aborto? O recente referendo em Portugal revelou uma *opinião pública* maioritariamente favorável à criminalização, embora uma considerável parte dos votantes tivesse sido sensível à propaganda da "tolerância" – o que não quer dizer que não condenasse o aborto moralmente. Em todo o caso, as votações são apenas *sinais* de consciência jurídica, não a própria *verdade* ou a *justiça*.

Neste caso, cremos que o valor que o Direito Natural quer manter com a criminalização é sobretudo o da pedagogia da justiça, não o da concreta penalização de eventuais abortistas desesperadas.

Donde o Direito Natural passar logo para actuação ao nível judicial, impondo sábia equidade ao juiz, e nunca mecânica aplicação da lei.

Avaliar a questão somente entre o nível moral e o jurídico-positivo teria enormes desvantagens: ou separaria justiça positiva da moral, num divórcio muito nocivo socialmente (porque seria imoral condenar positivisticamente toda a mulher que abortasse voluntariamente, sem mais considerações) ou faria entrar a moral (sempre suspeita de parcialidade), na sala de audiências, por exemplo suavizando a pena ou até absolvendo em casos que tal *moralmente* o requeressem.

Ao considerar o Direito Natural e não a Moral (uma moral qualquer, ou a moral moral – diversa, claro, da moral da maioria, ou da hipocrisia geral, etc. etc.), o juiz está a plenamente aplicar o Direito. Porque aplicar Direito é aplicar Direito Natural e Direito Positivo: ambos. E o segundo, aplicá-lo com os olhos postos no primeiro.

Neste caso, recordará o juiz várias das teses do nosso decálogo, aplicando-as:

1. Recordará que o debate anticriminalizador é sobretudo devido ao facto de as vítimas do crime de aborto não se poderem queixar, nem terem condigna representação. O que significa que para compreender o que é justo é preciso sofrer a injustiça, conhecê-la. E, para proclamar o que é justo, é preciso ter voz.

2. Recordará que, com lei ou sem lei, o aborto é sempre crime. E é tão ténue, hoje, a barreira entre o ser ou não ser lei – a vontade de um ministro, de um partido, de um referendo, não são, por vezes, mais que azares.

3. Recordará que os fins justos de poupar sofrimentos à mãe e até à criança nascida não podem ser alcançados com a eliminação desta, meio injusto.

4. Recordará que, tendo diante de si uma mulher que abortou, é para ela e para a criança que o não foi, que deve voltar-se e não para as culpas da sociedade...

5. Recordará que, mesmo tendo cometido um crime, quem abortou é um ser humano que merece uma nova oportunidade, desde que não seja um ser irrecuperável e perigoso.

6. Recordará que por certo aquela mulher tem muitas razões de infelicidade, mais do que muitas outras, ricas e felizes, que sem escrúpulos abortaram, com luxuosos meios para encobrir o seu crime.

7. Recordará que sempre lhe é possível, como diz o Código Civil, presumir "que o legislador consagrou as soluções mais acertadas e soube exprimir o seu pensamento em termo adequados" (art.º 9.º, 3), agindo em conformidade com essas "soluções mais acertadas".[123]

8. Recordará que, seja qual for o resultado, e sejam quais forem as circunstâncias da sua acção, deve agir em consciência, mas numa consciência esclarecida, e não simples subjectivismo. Sendo certo que a justiça verdadeira não é deste mundo.

9. Recordará que fará um mundo melhor esforçando-se por julgar bem este seu caso, e não culpando o referendo, ou a educação, ou o sistema de saúde, ou o governo, ou outros bodes expiatórios comuns.

10. Recordará que não deve ser arrogante pois não sabe tudo, nem pode tudo, nem o órgão de soberania tribunal é o alfa e o omega, e muito

---

[123] Cf. os nossos *Res Publica. Ensaios Constitucionais*, p. 112 ss., e *Princípios de Direito, Introdução à Filosofia e Metodologia Jurídicas*, p. 391 ss..

menos ele próprio. E relativizará a justiça, sobretudo porque feita por injustos, porque todos o somos de algum modo.

Dir-se-á que estas teses parece não irem servir de muito ao nosso juiz. Nem que sejam menos moralistas. Parecem sempre estas coisas a alguns. A nós não. Pensamos que tudo isto já não se encontra no domínio simples do moralismo, mas constitui já um exemplo (um exemplo apenas, isso sim) de auxílio, a partir do concreto, a uma verdadeira *ars iuris*. Afigura-se-nos que um juiz que ponderasse tudo isto seria mais justo. E que essa é a grande função de uma teoria da justiça. Mesmo que as teses estejam incompletas e ainda o não sejam plenamente (o que é verdade).

Outros exemplos concretos levariam ao engendramento não propriamente de teses diferentes, mas de princípios versando sobre outras perspectivas da Justiça. E é isso mesmo que julgamos dever ir-se fazendo: analisar problemas, leis, sentenças, doutrina. Daí brotarão, por concordância ou discordância, sugestões a ter em conta em proto-teorias da Justiça...

Ainda estamos na pré-história das teorias jusnaturais da Justiça. Há um longo caminho a percorrer...

PARTE II

DIREITO,
SÍMBOLOS
E CÂNONES

"Os poetas são os legisladores não reconhecidos do mundo."

Rercy Bysshe Shelley, *Defesa da Poesia*

Capítulo VIII

A ESPADA E A LEI
Simbolismo das representações plásticas da Justiça

> *"a Justiça era igual; porque nem a balança entrava o pezo da conveniencia, nem a espada embotava os fios com o respeito das pessoas"*

> "Justiça", in *Coleção, e escolha de Bons Ditos, e Pensamentos, Graciozos. Para recreaçaõ das pessoas judiciozas, e para enterter as horas, que naõ saõ de estudos especulativos*, escritos por ***, Lisboa, Na Offic. De Francisco Borges de Souza, Anno MDCCLXXIX, p. 265

I. *A balança, ou o problema do símbolo*

Todos estamos habituados a ver a balança como o símbolo do Direito. É de tal forma banal essa associação, que lhe não atribuímos, normalmente, nenhum verdadeiro significado simbólico. Apenas emblemático: quase se diria que a balança é um símbolo convencional (signo figurado, diria S. Agostinho [124]) do Direito, quando ela mais será, realmente, um seu

---

[124] S. AGOSTINHO, *Acerca da doutrina cristã*, X, 15.

144   *Lições de Filosofia Jurídica*

símbolo natural (signo próprio, para o mesmo Autor). Os homens não decidiram voluntariamente hastear na bandeira da juridicidade o recorte de uma balança: ela impôs-se-lhes naturalmente como uma associação que implicará, decerto, mais que uma analogia.

O drama dos símbolos pouco simbólicos, na conotação mais burilada da expressão, é que, precisamente, são eles os grandes símbolos, os mais naturais, os mais expressivos: os mais claros, patentes, unívocos e francos.

Ao contrário do que sucede com os símbolos não assumidos, não desejados como tais, nem patentemente assim compreendidos, pelo menos antes de sujeitos a leituras *savantes*, como é o caso, por exemplo, desses mitos bartheanos das *Mythologies* [125], ou dos eleitos pela mira atenta de um Umberto Eco. Esses são objectos simbólicos da semiologia, construídos em boa medida pelo observador privilegiado, não pela *communis opinio* dos vulgares.

E de forma inversa também ao que ocorre com os símbolos adestradamente fabricados para funções de representação: emblemas, logotipos, ex-libris, brasões, alegorias, bandeiras, hinos, etc., etc.. Esses visam a leitura imediata e a identificação sem margem para dúvidas, sendo hoje criados por especialistas de marketing, comunicação, etc.. A sua origem também não popular, e o seu carácter igualmente construído, agora já não a juzante, mas a montante, contribuem para uma feição própria excessivamente loquaz, demasiadamente denotativa.

A balança, como representação da Justiça (ainda que duma justiça divina, por vezes), presente já nas pinturas murais e nos papiros do antigo Egipto, pesando os corações dos mortos, não é, de forma alguma, um objecto iconológico, nem um simples objecto semiótico. É um *quid* simbólico.

Fora ela somente matéria icónica, e poderia constituir uma mera alegoria, relato imagético dramatizado, ou uma síntese estilizada duma mensagem; fora simplesmente objecto semiótico, poderia nada ter de imediata, eloquente e fanericamente vinculado ao significado, sendo porventura um significante que o velasse ou vendasse, a descortinar pelos labores subtis da lupa arqueológica dos semiólogos, no contexto de estruturas de significação cuja gramática a ultrapassaria.

A Balança-instrumento é, em si mesma, o símbolo do Homem que mede, que avalia, que pesa. Do Homem primordial que do seu próprio corpo faz...balança. Ou melhor dizendo, que é uma balança, com o tronco

---

[125] Roland BARTHES, *Mythologies*, Paris, Seuil, 1957 (ed. port.: *Mitologias*, trad. José Augusto Seabra, Lisboa, Edições 70, 1978).

e os membros inferiores constituindo o fiel, e os membros superiores como braços (o nome é igual na balança e no Homem), e as mãos como pratos [126].

O símbolo funde-se com o homem e com a função de pesar, ponderar, sopesar, tanto os graves como as acções. Assim, o nível de desvio entre a coisa e o símbolo é mínimo. É uma espécie de *grau zero* da simbolização.

De facto, de tão evidente e eminentemente simbólico, o símbolo jurídico da balança (assim como, depois, na associação com este, os atributos da espada e/ou da venda nos olhos de uma deusa), acaba por parecer pouco forte, pouco "simbólico" até, porquanto o simbolismo, numa das suas não descuráveis facetas, acaba por ser (poderíamos acrescentar: *simbolicamente*), precisamente o contrário da imediata legibilidade do simbólico.

O simbolismo, não sendo sempre esotérico, é de algum modo *cryptico*: anuncia o significado, mas envolve-o num mistério de um significante que o furta a olhares mais ou menos profanos. Enquanto o simbólico, *hoc sensu*, desvela na síntese ou na concreção simbólicas a essência ou o fulcro do significado que em si transporta e anuncia. O simbólico é núncio, o simbolismo é pontífice.

Esta aparente contradição entre o ocultar e o desvelar foi sublinhada já num dos textos fundadores da hermenêutica, no Capítulo VI, 7 (*et sq.*) do *Da Doutrina Cristã*, de S. Agostinho:

> "Os que lêem temerariamente enganam-se em muitas e variadas passagens obscuras e ambíguas, sentindo uma coisa em vez de outra e, em certos casos, nem sequer conseguem uma interpretação ainda que incerta, tão obscura é a espessa névoa que envolve certas passagens. Não tenho dúvidas de que tudo isto foi assim determinado pela Providência divina a fim de vergar a soberba com o trabalho e para afastar o desdém do entendimento que, muitas vezes, preza pouco aquilo que entende com facilidade [127].

Poderia pensar-se, apesar de tudo, nestas circunstâncias, que as questões simbólicas *tout court* em Direito seriam fáceis, e deveriam encon-

---

[126] Karl DOEHMANN, *Demonstration und Argumentation sprachlich betrachtet*, in *Mélanges Ch. Perelman*, Paris, 1964; Sebastião CRUZ, *Ius. Derectum (Directum)*, Coimbra, ed. Autor, 1974, p. 25.

[127] S. AGOSTINHO *et al.*, *Textos de Hermenêutica*, selecção e introdução de Rui Magalhães, trad. de José Andrade, Porto, Rés, 1984, p. 54.

trar-se resolvidas. Balança, espada e/ou venda, e pouco mais, encerrariam o problema.

Como habitualmente, o mundo arcano do Direito encerra muito mais problemas (mais divertidos, deve dizer-se também) que os sonhados pelos observadores profanos, e mesmo pelos juristas (que, nisto de se olharem ao espelho, são arredios relapsos).

Quanto mais claros e evidentes parecem ser os símbolos jurídicos, mais, em conformidade com esta regra de oiro, escondem e subtilmente revelam, não a todos, mas a quem os souber decifrar. Melhor dito: a todos revelam, mas a cada um segundo o seu entendimento.

Veremos, pela passagem em revista dos demais, como isto ocorre.

Não esqueçamos, entretanto, que a balança é o próprio símbolo do símbolo, com os dois pratos em correlação, quais metades do mesmo anel, como no célebre texto de Heródoto [128]. E ao pesar num prato o bem e noutro o mal, as atenuantes e as agravantes, ou ao contrapor, um em cada prato, o autor e o réu, a acusação e a defesa, acaba por proceder com aquela mesma limitação antinómica, dualista e até maniqueísta que outrora determinou Zeus na sua escolha entre Aquiles e Heitor [129]. Sem uma terceira hipótese, a balança de oiro em que o pai dos deuses os pesou teria de inclinar-se (à falta de venda, sem dúvida) para o semi-deus. Por isso também, em grande medida, muito do máximo direito se converte em máxima injustiça: *summum ius, summa iniuria*.

A Balança significa ponderação, equilíbrio, a intervenção na lide de um terceiro independente (sobretudo se tem um fiel ao centro [130]). Mas também agonismo, dialéctica, bilateralidade atributiva, biunivocidade ou dualismo, e, por vezes, esse preto e branco nem sempre muito captador do real e dos seus matizes que é a regra do terceiro excluído dos valores, isto é, um certo maniqueísmo.

A estigmatização dos maus (mais que a exaltação dos bons, uma vez que os prémios, em Direito, sempre foram adventícios, tal como o o texto em que deles se falava se deveu a uma interpolação de Triboniano [131]) é

---

[128] HERÓDOTO, *História*, VI, 86.

[129] Antonino PAGLIARO, *Os dois pratos da Balança, in Il segno vivente. Saggi sulla lingua e altri simboli*, Napoli, Edizioni Scientifiche Italiane, 1952, trad. port. de Aníbal Pinto de Castro, *A vida do sinal. Ensaios sobre a língua e outros símbolos*, 2.ª ed., Lx.ª, Fundação Calouste Gulbenkian, 1983, p. 169.

[130] Sebastião CRUZ, *Ius, Derectum, Directum*, p. 28, 45 ss..

[131] Cf. Alfonso GARCÍA GALLO, *Antologia de fuentes del antiguo derecho, Manual de Historia del Derecho Español*, II, 9.ª ed., Madrid, 1982, p. 41.

das mais perenes e dificilmente aceitáveis características do velho direito, do tal direito decadente da *dura lex*... Ele retira humanidade ao Homem, quando, por exemplo, o transforma em criminoso. O qual, pelo processo estigmatizador, continuará sempre a sê-lo (socialmente, simbolicamente), mesmo após o cumprimento de uma eventual pena [132].

II. *A Venda, ou a dualidade simbólica*

Uma teoria muito atraente apresenta-nos o olhar da justiça romana como vendado, por contraposição à justiça grega, que contemplaria os céus, à espera de um sinal divino. Assim, a romana, mais humana, seria sobretudo prudencial, *Iuris-prudentia*, na medida em que escutar é muito mais manifestação de uma cautelosa atenção que simplesmente olhar.

Porém, ao lermos a *Nave dos Loucos* [133], ou a interpretação simbólica de Radbruch [134], deparamos com a ideia de que a venda teria começado por denotar a nesciência da Justiça, tal como a do poder: uma justiça que não vê um palmo à frente do nariz, que não sabe por onde vai, e logo nos surge a evocação bíblica, nessa parábola tão magnificamente representada em Nápoles, na Galeria Nacional, pelo quadro de Bruegel: seria cega guiando cegos [135].

Para Álvaro D'Ors, a venda recua aos símbolos do antigo Egipto, não sendo de modo algum romana, embora recuperada pelos artistas de Quinhentos [136].

Também o dramaturgo judeu português António José da Silva afirma que "isso de justiça é coisa pintada", o que sublinha o seu carácter sígnico, de significante, asseverando que a vestimenta "à trágica" da deusa, a inspirar uma solene *gravitas*, obrigaria à venda, porquanto D. Justiça seria vesga: a venda surge, assim "para a livrar do defeito", como teria dito Bocage.

---

[132] Cf. o nosso *A Constituição do Crime, passim.*

[133] Sebastião BRANDT, *La Nef des Fous*, adapt. fr. de Madeleine Horst, Strasbourg, Éditions de la Nuée Bleue, 1977, p. 24, 267, 48-49, *et passim.*

[134] Gustav RADBRUCH, *Introduccion a la Flosofía del Derecho*, 4.ª ed. cast., México, FCE, 1974, p. 141 *sq..*

[135] Mt. 14, 14 ; quadro de Pieter Bruegel, o Velho, 1568 (0,86 x 1,67). Cf. o nosso *Arqueologias Jurídicas*, p. 185, n. 30.

[136] D'ORS, *Derecho Privado Romano*, 7.ª ed., revista, Pamplona, EUNSA, 1989, p. 44.

148   *Lições de Filosofia Jurídica*

E aparentemente possuímos a prova provada que a Justiça não pode ter venda, porque a vemos em Nápoles, graciosamente, e ainda no Museu, colhendo flores pelos belos campos. Como colheria ela flores com venda? A menos que tivesse um olfacto apuradíssimo... [137]

A contradição interpretativa não poderia ser mais evidente. Haverá alguém aqui que erre, e quem acerte? Ninguém. Só a compreensão da polissemia simbólica, e sobretudo da sua ambiguidade contraditória, sobretudo ambivalente, nos ajudará a compreender que, para uma compreensão cabal do fenómeno da Justiça, na sua inteireza, não se pode deixar de fora nem o alto desígnio da prudência (ouvir) e da imparcialidade (não ver), nem a triste mas efectiva realidade da sua nesciência (não ver o que a rodeia nem por onde vai, fiando-se apenas no que lhe dizem), e até da sua hipocrisia (venda para encobrir um defeito de visão).

Na realidade, não podemos esquecer que todo o símbolo pode ser interpretado e significar algo e precisamente o seu contrário: isto porque o mundo racional apreende apenas por metades, por reducionismos, e o símbolo, ao invés, nos transporta a um mundo arquetípico de totalidades, o qual, na nossa linguagem também ela reflexo de parcialidade e incompletude, teremos de baptizar como de *coincidentia oppositorum*.

Nesse sentido, a *Januskoepfige Iustitia* [138], a justiça de cabeça de Janus, que surge no séc. XVI e XVII, mas restrita aos meios eruditos, com uma cabeça vendada e outra com o olhar bem vivo, se simbolizará, na intenção dos seus tão fanéricos, tão explícitos autores, sobretudo as duas dimensões positivas e amáveis do Direito (não vê para não ser injusto, porque as aparências iludem; mas simultaneamente vê para poder sê-lo melhor, para não ser ludibriado pela falta de informação), acaba por ser, vistas as coisas num plano simbólico, um símbolo supérfluo. A restrição de tal representação aos círculos jurídicos, iniciados, é disso cabal e só aparentemente paradoxal atestação. É que nos meios profanos, vendada ou não, a justiça é sempre encarada como aquilo que mostra ser e o seu contrário, não se tornando por isso necessária a duplicação. Os adágios populares, aliás, nunca foram muito favoráveis à Justiça (*ius summum*

---

[137] Cf. a mesma reflexão *in* Alberto PIMENTA, "A Justiça", *A magia que tira os pecados do mundo*, Lx.ª, Cotovia, 1995, p. 117.

[138] Cf. O. R. KISSEL, *Die Iustitia. Reflexionen ueber ein Symbol und seine Darstellung in der bildenden Kunst*, Muenchen, Beck, 1984, p. 112; Jean- Marc TRIGEAUD, *Persona ou la Justice au double visage*, Genova, Studio Editoriale di Cultura, 1990, p. 49 *et sq.*, máx. pp. 68-69. Reprodução de uma estampa com a Justiça de cabeça de Jano no nosso *'Peço Justiça!'*, Porto, Edições Asa, 1995, p. 11.

saepe summa'st malitia; *summum ius, summa iniuria*; *summum ius, summa crux*) [139], e as representações oficiais desta nunca foram a ela adversas. A única estátua da Justiça menos ortodoxa, com a balança descaída e de mãos à cinta, mais parecendo estar na praça que no pretório, encontra-se à entrada do tribunal de Valparaíso, e conta-se correntemente que não foi encomendada pelo Estado, mas teria sido oferta de um litigante que perdera o seu processo [140].

O máximo que a representação "literal" da Justiça nos tribunais parece normalmente consentir-se é um desdobramento, em que a Justiça fica encarnada por apenas uma das personagens, representando uma outra um dos seus contrários, ou então distribuindo-se os atributos da Justiça por ambas. O segundo caso, menos interessante, vê-se num tribunal perto de Braga (Vila Verde), em que duas deusas repartem entre si o peso da panóplia da Justiça. O primeiro, está manifesto nos casos em que uma Justiça feminina e bela estrangula outra Justiça, igualmente feminina mas muito menos bela, e nos painéis tradicionais e modernos do Bom e do Mau juiz. É o caso dos painéis do palácio da justiça de Monsarraz, da autoria do emérito pintor contemporâneo, recentemente falecido, Lima de Freitas.

Os sinais francos ou fanéricos, as representações excessivamente expositivas e demonstrativas, explicadoras (desdobradoras, etimologicamente) do direito moderno seriam compatíveis com a redundância de, num símbolo, apresentar expressamente a sua duplicidade, o positivo e o negativo. A Justiça-Jano é, assim, um emblema por excelência dos juristas da modernidade e do seu labor exegético: um emblema, note-se, não um símbolo em toda a sua força; e um emblema dos juristas e do seu labor próprio (e em maior medida até do doutrinal, o que é atestado pela presença de tal representação em tratados académicos), não do Direito e da Justiça em geral; e, finalmente, dos juristas modernos, na medida em que este *horror vacui* de tudo explicar e tornar claro (acarretando como nada rara consequência o obscurecer muita coisa) é paixão sobretudo moderna [141].

---

[139] Cf. TERENCIO, *Heaut.*, 4, 5, 48; CÍCERO, *De Off.*, 1, 10, 33; COLUMELA, *De re rust.*, 1, 7, 2. *Apud* D'ORS, *Derecho Privado Romano*, 7.ª ed., revista, Pamplona, EUNSA, 1989, p. 44.

[140] Fotografia no nosso *'Peço Justiça!'*, Porto, Edições Asa, 1995, p. 156.

[141] Não consideramos que o pensamento de François VALLANÇON, *Domaine et propriété*, Paris, Univ. Paris II, t. I, p. 6, n. a, seja, apesar da letra, muito diverso do nosso. Afirma ele, mais geralmente, que "C'est la tête de Janus qui est censée de représenter l'essence contradictoire du droit en général.". Na verdade, o carácter contraditório do Direito, apenas como tal, é representado pela cabeça de Jano. Mas os aspectos contraditórios

150 *Lições de Filosofia Jurídica*

Em síntese, a venda, símbolo intelectual do Direito, presente ou não no concreto nesta ou naquela estátua, desenho ou pintura, está sempre presente. Basta que uma vez tenha toldado o olhar da Justiça, e sempre lhe será atribuída, nas nossas associações, e na conotação do olhar do Direito.

III. *A Espada, ou a decisão simbólica*

É verdade, como alguém disse, que a espada é não só símbolo de punição, de agressão, como pode ser um ponteiro a indicar um caminho a seguir. E o gládio de Alexandre Magno, a cortar o nó górdio, exprime também essa maturidade de seguir um caminho, e, logo, de ultrapassar o impasse, o labirinto. A balança pesa, sopesa; a venda pode ser uma precaução para não se ser influenciado erroneamente, ou uma forma de ouvir melhor. Mas a espada corta a direito, traça um caminho.

Também já foi dito que com a venda é impossível medir com a balança e esgrimir com a espada. Não estamos tão certo assim. O ouvido e o tacto podem, em ambos os casos, embora exigindo máxima atenção e adestramento, suprir um tanto a ausência de visão. Mas, evidentemente, isso é para poucos, pouquíssimos...

De todo o modo, o Direito tem, pelo menos por vezes, uma espada.

Para a mesma teoria que compara os símbolos grego e romano, a deusa *Thémis* ou a deusa *Dikê*, estão armadas de espada porque o direito helénico é punitivo; mas já dela não estaria provida a romana *Iustitia*, já que o direito romano, mais distanciado e intelectual, se dizia sobretudo na fase processual *in jure*, sendo depois a sanção uma sequência da fase ulterior, *apud iudicem* (um "juiz" que poderia nem ser jurista), com menor dignidade: *de minimis non curat prætor.*

S. Paulo, cidadão romano, fala nas armas da justiça na sua *Segunda Epístola aos Coríntios*, e tanto o que diz como a sua interpretação parenética, dão-nos abundante material para a nossa análise: "*Per arma justitiae a dextris, et a sinistris, per gloriam, et ignobilitatem, per infamiam, et bonam fama.*" [142]

---

da juridicidade e do mundo do Direito não precisam de sê-lo, quando nos reportamos a um símbolo jurídico geral, na medida em que a reminiscência do símbolo contrastante, ou da leitura alternativa dos símbolos (designadamente da venda) parece ser suficiente para acompanhar a leitura de um símbolo do seu anti-símbolo.

[142] 2 Cor. 6, 6.

Demos a palavra a António Vieira, no seu *Sermão de Santo Agostinho*, pregado em Lisboa em 1648 [143]. Ele começará a esclarecer-nos:

"haveis de menear, diz (S. Paulo) as armas da justiça à mão direita e à mão esquerda, e tanto haveis de estimar a honra como o descrédito, e a fama como a infâmia. As armas da mão direita e esquerda são a espada e o escudo: o escudo para defender e rebater os golpes do inimigo, a espada para o ofender e ferir. Mas (interroga-se Vieira) qual é a razão ou o mistério com que exorta e ensina S. Paulo, que esta espada da mão direita, e este escudo da esquerda hão-de ser armas de justiça: *Per arma justitiae a dextris et a sinistris*?"

E Vieira apresenta o exemplo de S. Agostinho como chave do enigma: as acções de uma vida simbólica esclarecem a cifra do texto. Continua, pois, mais adiante:

"Se os inimigos lhe faziam guerra injusta, de tal sorte se defendia com o escudo, que ninguém o podia penetrar, e com tal força feria e ofendia com a espada, que ninguém a podia resistir. Mas se acaso os mesmos inimigos lhe faziam guerra justa (...) era tal a justiça das armas de Agostinho: *Per arma justitiae*, que não só as abatia e rendia à verdade, mas passando-se à parte dos contrários, as voltava contra si mesmo, e ele se impugnava, ele se convencia, ele se retractava. E isto é o que fez no livro mais que humano e verdadeiramente miraculoso de suas Retractações."

Abrimos, pois, as *Confissões* de Agostinho. E, evidentemenete, teríamos logo de topar com o problema da cegueira das aparências, o engano da vista. Mas já também as miragens da própria alma: "Como podia eu conhecê-lo, se meus olhos só atingiam o corpo e meu espírito não via mais que fantasmas?" [144]

Aí também se fala de armas, mas sobretudo da nesciência da sabedoria simplesmente humana, comparada a um louco que, "desconhecendo na armadura o que é apto a cada parte do corpo, quisesse cobrir a cabeça com uma couraça e quisesse guarnecer os pés com um capacete, e se queixasse de que não se adaptavam convenientemente." [145]

---

[143] Padre António VIEIRA, *Sermão de Santo Agostinho*, in *Obras completas do...*, *Sermões*, Porto, Lello, 1959, vol. III, t. VIII, p. 213.

[144] Santo AGOSTINHO, *Confissões*, III, 7.

[145] *Ibidem*.

152   *Lições de Filosofia Jurídica*

Além disso, no mesmo passo, Agostinho aproveita para sublinhar que "a verdadeira justiça interior não julga pelo costume (fonte positiva importantíssima à data), mas pela lei rectíssima de Deus omnipotente", imutável ela, e fonte dos mutáveis costumes de tempos e lugares diversos. Está visto que a justiça tem armas, e que elas têm de adaptar-se a quem armam. Está também novamente provado que *nem tudo o que reluz é oiro*, e *nem tudo o que balança cai*, ou é direito...

Ao abrir o seu *Law's Empire*, Ronald Dworkin identifica o Direito com a espada e o escudo [146]. Eis um testemunho absolutamente actual. Mas para colhermos um exemplo de um outro terreno epistemológico (embora não tão afastado assim dos nossos problemas míticos), recordemos que parece que, falando da "sintaxe da narrativa", o exemplo escolhido por alguns teóricos da literatura para o caso mais simples (sujeito e predicado) não será senão este: "o cavaleiro matou o dragão com a espada" [147].

Contudo, uma das mais impressivas actualizações da imagem de S. Paulo encontrá-la-emos contemporaneamente (nem é muito para estranhar) fora do Direito: nos desenhos animados, numa produção cinematográfica americana, de Walt Disney, *Sleeping Beauty*, que data já de 1959 [148].

Aí, pelo menos na versão brasileira, se fala expressamente do escudo e da espada como "armas do Direito". A ligação da história da *Bela Adormecida* com a doutrina jurídica hodierna passa por vários textos que pessoalmente nos tocaram em particular: encontra-se no início de livros tão diversos e tão fundadores e fundamentais como a 5.ª edição do *Direito Constitucional* de Gomes Canotilho, a parte final da tese de doutoramento de François Vallançon, e *Direito Público e Sociedade Técnica*, de Ehrhardt Soares [149].

---

[146] Ronald DWORKIN, *Law's Empire*, Belknap, Cambridge, Mass., 1986, p. VII.

[147] Cf., depois de ter evocado a teoria de Todorov, Raman SELDEN, *A Reader's Guide to Contemporary Literary Theory*, trad. cast. de Juan Gabriel López Guix, *La teoria literaria contemporánea*, Barcelona, Ariel, 1987, p. 73.

[148] Versão original, *Sleeping Beauty*, USA, 1959, technirama, 75 mn, adap. de Perrault.

[149] Rogério Ehrhardt SOARES, *Direito Público e Sociedade Técnica*, Coimbra, Atlântida, 1969, p. 5; François VALLANÇON, *Domaine et Propriété (Glose sur Saint Thomas D'Aquin, Somme Theologique IIA IIAE QU 66 ART 1 et 2)*, Paris, Université de Droit et Economie et de Sciences Sociales de Paris (Paris II), 1985, 3 vols., vol. III, p. 1055; José Joaquim Gomes CANOTILHO, *Direito Constitucional*, 5.ª ed., Coimbra, Almedina, 1991, p. 11.

A Espada e a Lei   153

De algum modo parece verificar-se que o Direito, tal como a pequena princesa Aurora [150], terá vivido um processo traumático (mas um traumatismo necessário à sua evolução), em que sangra (poderá tratar-se do direito manchado de sangue das revoluções modernas e contemporâneas e dessas terríveis duas guerras mundiais que desfiguraram a face do mundo), seguido de uma tentativa de isolamento e autismo (eriçando-se de espinhos e dormindo um sono solipsista), para de novo ser acordado, pelo beijo do príncipe (não mais temendo, assim, o contacto com o político, porque com ele fundido numa união superior).

O filme é já produto de sucessivas versões, e porventura não se terá pensado muito no significado profundo de elementos aparentemente descuráveis, como a espada e o escudo, e sobretudo no que representem. Disso é prova o facto de que o livro correspondente, ao menos na sua versão portuguesa [151], assinala atributos diversos a tais armas. Se no filme, decerto mais cuidado, se fala de armas do direito, e se assinala serem elas o escudo da virtude e a espada da verdade [152], o livro, por seu turno, sendo muito mais sintético, omite nesse ponto o carácter jurídico de tais armas (que mais adiante refere como mágicas [153]), referindo-se-lhes como o escudo da verdade e a espada da coragem.

Os atributos andam verdadeiramente confundidos. Mas dão-nos alguns indícios. Não esqueçamos que estes elementos não constam, por exemplo, do texto dos irmãos Grimm, nem nos de Perrault nas suas diferentes versões [154], o que teria facilitado certamente a fixação de um "cânone" ou de um Mito-tipo.

Em todo o caso, confundidos estão também os atributos da Justiça, ou as suas virtudes, quer nas traduções d'A *República*, de Platão, quer nas interpretações contraditórias dos frescos de Rafael, da *Stanza della Segnatura*, no Vaticano, que parecem ser a tradução pictórica e espacial das concepções platónicas [155].

---

[150] Para a interpretação psicanalítica normal, cf., *v.g.*, Bruno BETTELHEIM, *The uses of Enchantment*, trad. port. de Carlos Humberto da Silva, *Psicanálise dos Contos de Fadas*, 4.ª ed. port., Lx.ª, Bertrand, 1991, p. 285 ss..

[151] Ricardo ALBERTY (versão portuguesa), *A Bela Adormecida*, Lx.ª, Verbo, 1989.

[152] *Ibidem*, p. 52.

[153] *Ibidem*, p. 54.

[154] (Irmãos) GRIMM, *Briar Rose*, in *The Complete Illustrated Stories of the Brothers Grimm*, nova ed., 4.ª reimp., London, Chancellor Press, 1984, p. 236. PERRAULT, "A Bela Adormecida", in *Contos*, trad. port. de Manuel João Gomes e Luiza Neto Jorge, 2.ª ed., Lx.ª, Estampa, 1997, p. 83 ss. Para a análise da Bela Adormecida, é sempre interessante a obra de Bruno BETTELHEIM, *Psicanálise dos Contos de Fadas*, p. 285 ss..

[155] V. Capítulo IX.

As confusões incidem sobretudo sobre as designações clássicas ou cristãs de virtudes relativamente próximas.

De todo o modo, verificar-se-á que apenas a espada (e não o escudo) naturalmente passará de arma da Justiça (ou do Direito) para um dos seus símbolos, ou atributos do seu símbolo completo.

O escudo é somente defensivo. Dizer que é da verdade ou da virtude, não altera esta situação. A espada, sendo da coragem ou da verdade, indica-nos que a verdade pode ter dois significados: um mais defensivo, e outro mais ofensivo. Donde, realmente, há uma verdade que é virtude de ser verdadeiro, na defensiva, e outra que é a mesma virtude, mas ousando proclamá-la e lutando. A confusão, como quase todas as confusões, é muito esclarecedora.

Na luta contra o dragão, o príncipe perde as defesas: perde o escudo, perde a virtude ou a verdade. Mas mantém outra verdade e a coragem. A luta contra o dragão é uma prova iniciática da qual resulta a maturidade do herói, e o seu prémio, que é ao mesmo tempo o libertar-se das cadeias que o oprimiam (estivera preso no covil da maga), e ainda encontrar-se a si próprio e ao seu *alter ego* ou alma gémea, a Princesa [156].

Ajudado desde o princípio por três boas fadas, que de resto são quem lhe fornece as armas, o Príncipe vai, depois de perdida a virtude ou a verdade na liça (tentação muito frequente na política de que é, numa certa interpretação, também símbolo), só poder contar doravante consigo próprio. De algum modo fica, das armas do Direito, apenas com a arma política do Direito, a espada, que é sobretudo coragem, determinação. É aí que se vê a enorme solidão do herói, na verdade desamparado por todos, mesmo pelos bons, mesmo pelos seus, mesmo pela ordem jurídica. Esta é uma constante ou quase da intriga do herói da Justiça. Chega um momento em que ele perde a protecção dos escudos jurídicos, que são sobretudo conferidos a quem cumpre as regras, a quem preenche os requisitos, a quem recita as fórmulas: isto é, a quem, do ponto de vista estritamente jurídico (não do ponto de vista ético, ou moral, evidentemente), é virtuoso. Perdida essa virtude de exterioridade, que é, na linha tanto do realismo clássico como do positivismo legalista, a virtude por excelência do *homo juridicus*, fica o agente jurídico à mercê de polícias e ladrões. E o acto de verdadeiro heroísmo é o conseguir, mesmo aparentemente contra os representantes da ordem, fazer imperar a verdade, uma verdade

---

[156] Aqui as semelhanças com a tetralogia de Wagner devem ser assinaladas. Cf. os respectivos textos, *v.g. in* Alain PÂRIS, *Livrets D'Opéra*, Paris, Robert Laffont, 1991, 2 vols..

superior, muito mais verdadeira que a que se teve de deixar cair com o escudo. E também ser capaz de fazer prevalecer uma virtude mais virtuosa (até porque mais corajosa) que a simplesmente cumpridora e defensiva.

É com este rasgo, arrostando com esta solidão, e com a impotência de todos os elementos adjuvantes (ou adormecidos no sono da princesa, ou eclipsados, como as fadas, decerto por pruridos puristas), que o Príncipe vai encontrar-se com a Princesa adormecida por cem longos anos, com esta audácia que lhe dará um beijo ainda tinto de sangue do dragão aniquilado. O que fará despertar o novo andrógino, simbolizador do par Direito-Política.

A *Bela Adormecida* acorda-nos para esse símbolo, também ele dormindo o sono de uma razão que semelha a morte. O lema é: *Despertar*.

A Espada era a Lei é o título brasileiro de outro filme da Walt Disney, desta feita baseada no ciclo bretão, na lenda do Rei Artur e dos Cavaleiros da Távola Redonda. O título representa, mais uma vez, uma curiosa ambiguidade: fazendo alusão *à bellum omnia contra omnes* de antes da escolha de Artur, designa o facto de que apenas a espada (guerreira e política, mas de política primitiva) ditava a lei, de facto a lei do mais forte. Mas também, na medida em que ficara determinado que seria rei quem conseguisse arrancar a espada da pedra ou da bigorna em que se houvera como que fundido, instituía-se uma regra, uma lei, e o titular da espada tornava-se rei e encarnação da lei. Não é por acaso que a lei pode associar-se à espada, por analogia, ou por mútua rejeição.

Em ambas as histórias, a Espada é mágica. Mas enquanto a magia de "Excalibur" lhe vem do seu carácter sobrenatural, a espada de Filipe, n'*A Bela Adormecida*, só é especial porque animada de um desígnio também ele singular: trata-se da magia humana, o *animus* do amor verdadeiro.

Como sabemos de outras versões menos infantis, Excalibur serve para separar. A espada de Filipe serve para abrir caminho à união. A espada de Artur é a lei, realmente. Mas a lei (ou o decreto) n'*A Bela Adormecida* não tem efectividade: nem todas as rocas e fusos do reino foram destruídos, como quereria o rei. Ou antes, só uma nova lei acaba por ser efectiva. E a nova lei, mais efectiva e perfeita que a velha, mas visando, afinal os mesmos fins, acaba por traçar o seu caminho sem a protecção da velha, quiçá contra ela: é uma lei sem escudo e com uma espada ensanguentada como o dedo da princesa no fuso proibido.

Também Cristo era Amor e veio trazer a Espada [157].

---

[157] Mt. 10, 34.

156 *Lições de Filosofia Jurídica*

As espadas de inspiração bíblica e mítica merecem uma pequena reflexão, de índole jurídica e política. Tomemos como exemplo Guilherme de Ockham, um autor tão importante para o desenvolvimento do direito moderno: ele não é apenas o responsável pelo seu método redutivo (a navalha de Ockham é uma metáfora cada vez mais interessante), mas teria também dito ao imperador Luís, o Bávaro: "Defende-me com a tua espada e eu te defenderei com a minha pena". O tempo tinha também chegado para a separação dos gládios, para que a doutrina dos dois gládios (o temporal e o espiritual) se desenvolvesse, separando-os [158]. Contudo, ao arrepio desta doutrina, Bernardo de Claraval [159] ao Papa pretende dar os dois, podendo depois este emprestar um ao Imperador, guardando sempre para si o título originário [160].

Jesus diz que duas espadas chegam [161], mas ordena (a Pedro?) que garde a sua (*converte gladium tuum in locum suum* [162]). Parece que, mitologiacmente, a espada tem problemas de eficácia e de ausência. Assim, Freye morre às mãos de Surt porque não tem consigo a espada nesse momento decisivo. O Fergus céltico vê o ferro da sua espada ser transformado em madeira. Peleu, num primeiro momento, perda sua espada, a qual Quíron lhe voltará a dar para se defender das feras, e Átila gabava-se de ter ter conseguido reencontrear a sua magnífica espada no campo de batalha, etc., etc..

A associação da espada à água [163] e a outros símbolos, à vegetação e à fertilidade confere-lhe uma dimensão curiosa na nossa narrativa-base. Seria fácil retomá-la com base nesse tópico.

---

[158] Embora a ideia de laicidade da política, e, concomitantemente, de liberdade do cidadão, venha muito de trás, para alguns do *A César o que é de César*, para outros da recusa cristã de prestar culto ao Imperador romano. E embora se reconheça (com algum evemerismo?) o carácter precursor de Antígona. Cf., *v.g.*, Jean BOTTÉRO/Marc-Alain OUAKNIN/Joseph MOINGT, *La plus belle histoire de Dieu. Qui est le Dieu de la Bible*, Paris, Seuil, 1997, trad. port. de G. Cascais Franco, *A mais bela história de Deus. Quem é o Deus da Bíblia?*, 2.ª ed., Porto, Asa, 1998, p. 161 ss..

[159] BERNARDO DE CLARAVAL, *De Consideratione*, IV, 3. Baseado em Lc. 22, 38.

[160] Cf., a este propósito, GUGLIELMO D'OCKAM, *La spada e lo scettro, due scritti politici* (*An Princeps* e *Epistola ad fratres minores*), introd. de Mariateresa Fumagalli Beonio Berocchieri, trad. e notas de Stefano Simonetta, ed. bilingue, Milão, Rizzoli, 1997.

[161] Lc. 22, 38.

[162] Mt. 26, 52.

[163] Cf., *v.g.*, Margarete RIEMSCHNEIDER, *Antiker Mythos und Mittelalter*, trad. it. de Aldo Audisio, *Miti Pagani e Miti Cristiani*, Milão, Rusconi, 1997, p. 109 ss..

A espada serve ainda par desbravar caminho por entre a enorme e eriçada floresta que cerca o catelo da princesa. Mas a vitória final depende, na verdade, da sua perda, atirada que será ao coração do dragão fumegante. A perda do escudo é, aliás, o anúncio da perda da espada...

É preciso ter tido uma espada e tê-la perdido no bom combate...

Lembremo-nos de *Díkê*, a deusa grega da justiça: ela tinha uma espada, enquanto a mais depurada deusa romana, *Iustitia*, já não a ostenta.

A Justiça foi punitiva. Essa punição fez certamente jorrar sangue, sangue fertilizador de séculos. Contudo, uma outra justiça, sem espada e sem sangue, sempre a perseguiu como sua sombra, e não é menos fecunda. Muito pelo contrário.

Capítulo IX

O DIREITO E OS SENTIDOS [164]

Exercícios de Interdisciplinaridade

> *"Juridiquement j'existe, car l'Ego se manifeste par le corps. Le droit sanctionne les gestes du corps, symboles de l'état d'âme"*
>
> Stamatios Tzitzis, *Esthétique de la violence*, Paris, P.U.F., 1997, p. 80

I. *O Direito e a Cultura do Ouvido e da Palavra*

Vou hoje confidenciar-vos dois segredos, coisa que os juristas, por prudência ou por discreção, raramente fazem. Porém, não irei cometer nenhum crime nem falta deontológica: não vou quebrar segredos de justiça, mas sim desvendar segredos sobre a Justiça. É mais grave, mas não é punível: os segredos são dois, e um liga-se ao outro, como num símbolo que se preze.

Peço a vossa atenção, porque se o primeiro ides sabê-lo já, todavia só o compreendereis cabalmente apenas no fim, quando vos revelar o segundo segredo, que a este se une.

Aí vai o primeiro: o Direito, aparentemente insensível e estático, muda de sentido e acolhe novos significados consoante os diferentes sentidos que simbolicamente utiliza.

Os Romanos, ilustríssimos juristas, políticos eméritos, promoveram uma cultura jurídica do ouvido. Talvez por isso todos nós, juridicamente

---

[164] Dedicatória, na versão original: *A Cinzia Russo e Claudio Bonvecchio, in vera amicizia*. A qual, evidentemente, reiteramos aqui.

160 — Lições de Filosofia Jurídica

sobretudo seus herdeiros, continuemos a associar o Direito e a Justiça à audição. Entrar num tribunal é ir a audiência, há juízes e fiscais de coisas legais que são chamados auditores, já houve magistrados ditos ouvidores, etc., etc.

Para nós, fazer justiça é, antes de mais, ouvir o que cada qual "diz de sua justiça". Dizer de sua justiça, para que se diga a justiça: e dizer a justiça, pronunciar a solução *in jure*, é fazer o direito como um *fiat lux*. A palavra é mágica, pronunciada ritualmente, e ouvida (é um acto receptício).

Mesmo teorias modernas da legitimação política e jurídica, como a de Niklas Luhmann, com a sua *Legitimation durch Verfaheren* [165] (legitimação pelo procedimento), apesar do cepticismo do seu autor sobre a comunicação, que tem como "improvável" [166], acabam por reverter-se, na maior parte, à audiência dos interessados. E o que é toda a máquina da legitimação em Juergen Habermas senão o ideal de um consenso comunicativo, de uma ágora relativamente concordante, após alguma discussão [167]?

Um lema fica para o Direito, assim, tanto na tradição como na dita pós-modernidade: ouvir. *Audi alteram partem*. Ouvir ambas as partes, regra primeira do processo.

II. *O Direito e os sentidos atrofiados*

Todavia, esta hipostasiação do sentido da audição, no Direito, tal como sucede com o adestramento de qualquer sentido (ou a sua perda ou atrofia) na vida dos seres individuais, repercute-se necessariamente nos demais sentidos.

A primeira consequência desta cultura da audição, que é também cultura da oralidade, do discurso e da escrita (de tudo o que sirva para falar e fixar o que pode ser dito) terá sido a voluntária atrofia dos sentidos do tacto, do paladar, do olfacto e da visão.

O Direito quase não toca nas coisas. Concebe-as mentalmente, di--las, mas até com luvas tem de pegar no corpo do delito. Fiquemo-nos por

---

[165] Niklas LUHMANN, *Legitimation durch Verfaheren*, 2.ª ed. Neuwid, 1975, trad. bras., *Legitimação pelo Procedimento*, Brasília, Edições Universidade de Brasília, 1980. Nova ed., Frankfurt, Suhrkamp, 1989.

[166] Niklas LUHMANN, *A improbabilidade da comunicação*, trad. port. com selecção e apresentação de João Pissarra, Lx.ª, Vega, 1992.

[167] Cf., por todos, Juergen HABERMAS, *Theorie des kommunikativen Handels*, 3.ª ed., Frankfurt, Suhrkamp, 1985 (1.ª ed. 1981).

um inocente exemplo de gradual proscrição do contacto físico com seres e coisas no Direito. A *Fides*, deusa residente na palma das mãos dos contratantes [168], servira outrora para, pelo cumprimento (*dexterarum porrectio*), selar os seus contratos. *Pacta sunt servanda*. Mas com o seu reiterado incumprimento (ou com tal pretexto), *Fides* deu lugar à redução a escrito da maioria dos pactos e outros documentos de vulto [169].

O Direito foi-se tornando insípido, e o faro, tão próprio da virtude da prudência, acabou por ser confiado (atesta-o a linguagem corrente) à sagacidade dos políticos. O Direito passou a inodoro também.

O que sucederia com a visão?

III. *Visão e Teoria do Direito: um sentido alternativo*

É interessante que a visão, poderosíssimo e impressivo meio de captação da realidade, tanto ou mais englobante e mobilizador que a audição, e já sua adjuvante na fixação em escrito das palavras (embora, com a invenção dos alfabetos fonéticos, seguindo na peugada da cultura da palavra [170]), tenha sido o sentido expressa ou inconscientemente mais visado, mais atrofiado, pela cultura do ouvir e do ouvir dizer.

Logo que se afunda na penumbra medieval a civilização clássica, erguem-se as bíblias de pedra, com a sua perene eloquência, em catedrais que deixam o seu testemunho aos olhos.

Mas em Roma, na Roma do Direito, dizem alguns que a deusa *Iustitia* levava os olhos vendados, tal como o lobo do *Capuchinho Vermelho* tinha orelhas grandes: para ouvir melhor. Não foi por acaso que Walt Disney seleccionou a cantora que daria voz à personagem desenhada de

---

[168] CICERO, *De Off.*, 1,7,23; Tito LÍVIO, *Historia*, 1, 21, 4; 23, 9, 3. Em geral, cf. o nosso *Peccata Iuris. Do Direito nos livros ao Direito em acção*, Lx.ª, Edições Universitárias Lusófonas, 1996, p. 67 ss..

[169] J. IMBERT, *De la Sociologie au Droit: la "Fides" romaine*, in *Mélanges H. Lévy-Bruhl*, Paris, 1959, p. 307 ss.; Sebastião CRUZ, *Direito Romano, I. Introdução. Fontes*, 3.ª ed., Coimbra, ed. Autor, 1980, p. 241, n. 289; D'ORS, *Derecho Privado Romano*, 7.ª ed., revista, Pamplona, EUNSA, 1989, p. 150 (donde resulta a analogia entre símbolo, anel e *fides*). V. ainda, Mario BRETONNE, *Storia del diritto romano*, trad. port. de Isabel Teresa Santos e Hossein Seddighzadeh Shooja, *História do Direito Romano*, Lx.ª, Estampa, 1988, máx. pp. 103-104.

[170] Cf. Antonino PAGLIARO, *Il segno vivente. Saggi sulla lingua e altri simboli*, Napoli, Edizioni Scientifiche Italiane, 1952, trad. port. de Aníbal Pinto de Castro, *A vida do sinal. Ensaios sobre a língua e outros símbolos,* 2.ª ed., Lx.ª, Fundação Calouste Gulbenkian, 1983, p. 211 ss..

162   *Lições de Filosofia Jurídica*

Branca de Neve, no respectivo filme, postado atrás do cenário, sem a poder ver. Fê-lo para a ouvir melhor e para fazer jus à explicação tradicional, corrente, das vendas nas nossas estátuas dos palácios da justiça: cegam elas os olhos do corpo para abrir os da alma; no nosso caso, para não fazerem acepção de pessoas, não verem o rico e o pobre, o belo e o feio, mas apenas escutarem os argumentos, e escolherem os bons argumentos. A voz, e a voz somente, era o argumento que Disney queria que pesasse na sua avaliação.

O processo escrito, antes do inquisitório, e sobretudo da ordenação processual austríaca de Klein, e do incentivo decisivo que deu à oralidade e à imediação, levaria ao paroxismo esta ideia de uma justiça "cega". De alguma forma, esta cegueira da justiça poderia associar-se, nos seus aspectos mais perversos, ao brocardo mil vezes repetido pelos burocratas de todo o mundo, e ao que parece fruto apenas do estertor do Direito na Roma decadente: *dura lex, sed lex*. A lei, dura e cega, mas para cumprir. Não admira que fosse insípida e inodora. Continuava, porém, colorida: entre o vermelho e o negro, entre o vermelho e o negro do sangue da morte, da servidão, da transgressão e da punição [171].

Por mais que a cultura da audição, da dialéctica, da argumentação, da palavra, do *Logos*, pois, da racionalidade, tenha querido afastar a visão, a imagem, e, claro está, o movimento (que necessita de ser visto), o gesto e a sua ritualização, e depois a sua fixação (sobretudo plástica) em símbolo [172] (o que une o que por natureza é movimento, porque é o atirar ou o lançar de algo: *sun – ballein*), persistiu sempre, desde tempos imemoriais, uma paralela tradição de um direito do olhar, de um direito visto, visível.

As estatuetas do caldeu Gudea e do egípcio Kay, precisamente testemunhos das duas principais civilizações dos alvores da História, mostram respectivamente o senhor e o funcionário (o escriba), investidos sem dúvida alguma de poderes jurídicos, olhando atentissimamente. Perscrutando. Bem podiam ser elevados a símbolos do Direito.

Jonathan Swift, na sua utopia de Lilliput, concebe uma justiça com um olhar de múltiplos olhos, em torno da cabeça, para denotar uma compreensão total do que a cercava [173].

---

[171] Cf. Francisco PUY, *Tópica Jurídica*, Santiago de Compostela, Imprenta Paredes, 1984, p. 261 ss. E o nosso *Arqueologias Jurídicas*, Porto, Lello, 1996, p. 50 ss..

[172] Luc BENOIST, *Signes, Symboles et Mythes*, 7.ª ed., Paris, P.U.F., 1994, p. 11 ss..

[173] Jonathan SWIFT, *Gulliver's Travels*, London, Chancellor Press, 1985, p. 44. Cf. o nosso comentário in *Problemas Fundamentais de Direito*, Porto, Rés, 1988, pp. 148-149.

O Direito e os Sentidos

Mesmo o nascimento epistemológico autónomo do Direito (que um filósofo e historiador das ciências como Michel Serres vê surgir antes ou contemporaneamente com a geometria, com os harpedonaptas que mediam os terrenos devido às cheias do Nilo [174], segundo o relato de Heródoto) não teria, assim, derivado senão de uma necessidade de re-atribuição de terras aos seus donos primitivos, a impor a medição das mesmas, o que implica um olhar, e já não um olhar profano, mas de aferição do dado, do visto, com um outro visível elemento de referência – o instrumento de medida.

IV. *Ver ou não ver: eis a questão*

O grande problema do Direito e da Justiça torna-se, parece agora evidente, um problema de visão.

Não admira, pois, que tenha sido a venda no rosto das representações da Justiça a dar mais problemas e a fazer surgir explicações mais interessantes, aparentemente definitivas, e sempre irremediavelmente provisórias, porque parciais.

A própria história das investigações sobre a venda, e os tipos de resposta para tal encontradas sucessivamente, exemplificam à maravilha as vicissitudes, o drama interno e intrínseco da própria juridicidade [175].

Realmente, o Direito é um manto diáfano que cobre o nosso quotidiano. Omnipresente, na sua protecção que só se deixa captar quando ocorre uma violação; omnipresente, na sua aparente naturalidade, colado que anda aos factos quotidianos das nossas vidas: encastoado nos mil e um contratos que, verbais ou continuados, todos os dias fazemos ou renovamos, etc. Ora esta presença normalmente invisível do Direito, invisível porque inapercebida, é, como sucede com os símbolos, tanto mais forte quanto menos se vê. Porque a invisibilidade, como no Anel de Giges de que fala Platão *n'A República* (ou no *Homem Invisível*, de um Wells), é sobretudo ver e não ser visto.

E apesar dessa presença discreta, que a maioria das pessoas, apesar do aumento crescente e absurdo da litigiosidade ainda sobretudo identifica

---

[174] Michel SERRES, *Le contrat naturel*, Paris, François Bourin, 1990, p. 85 ss.; Idem, *Les origines de la géométrie*, Paris, Flammarion, 1993, trad. port. de Ana Simões e Maria da Graça Pinhão, rev. de Filipe Rodrigues, *As Origens da Geometria*, Lx.ª, Terramar, 1997, máx. p. 61 ss..

[175] Cf., por último, o nosso *Arqueologias Jurídicas*, p. 170 ss..

com os impostos e as multas de trânsito, segundo Carbonnier [176], o Direito existe demasiado para ser tão pouco visto. Visto e pensado, isto é, teorizado: pois *theoria* é visão, como bem sabemos.

Saint-Exupéry n'*O Principezinho* afirma que o essencial é invisível para os olhos, e Pascal já dissera que Deus cobrira a verdade com um manto que a tornaria invisível aos que não escutassem a sua voz.

Pascal é um exemplo acabado da cultura da palavra: faz depender a visão da verdade da recepção da palavra, isto é do ouvir. A raposa, animal farejador, não olvidemos, não se fia nas aparências. Por isso, para o filósofo de Port Royal a justiça é divertida por mudar com as margens de um rio ou o *limes* de uma montanha: ela deveria certamente ser una com a verdade. Por isso, também, a justiça tem um papel tão pouco importante nessa epítome de uma cosmovisão que é o célebre conto do piloto literato: é que *O Principezinho* é muito mais uma história de política, logo, uma história de principe e raposa [177].

Não resistimos à tentação de fazer intervir neste diálogo tão heterodoxo a opinião de Oliveira Salazar, que governou Portugal como Presidente do Conselho durante quarenta anos, o qual afirmava: "Em política, o que parece, é" [178].

Para a raposa, seria o contrário. E, de facto, é normalmente o inverso que ocorre. Mas a política é um jogo de rituais e acções simbólicas, pelo que, nela, joga cabalmente a regra de oiro do desocultamento pela ocultação, e vice-versa. Pelo que, efectivamente, resulta que em política o superficial só é o real na medida em que o que é não parece sê-lo.

V. *Trompe-l'oeil. Platão e Rafael na 'Stanza della Segnatura'*

Não será por aqui, todavia, que encontraremos a nossa pista, mas antes de mais, em Platão, para quem a oposição luz e claridade, e a meia--luz da penumbra, desde a alegoria da caverna, tanto nos lembram as condições do ver. Só se vê algo quando esse algo existe, quando há luz

---

[176] Jean CARBONNIER, *apud* François TERRÉ, *Introduction générale au droit*, Paris, Dalloz, 19991, p. 1.

[177] Para uma interessante leitura multidimensional (mas da autoria de um jusfilósofo) do *Principezinho*, cf. Bernardino MONTEJANO, *Aproximación al Principito*, Buenos Aires, Ediciones de la Universidad Católica Argentina, 1996.

[178] Corroborando o carácter quase proverbial de uma afirmação de um político que marcou tanto tempo da vida pública portuguesa, Afonso BOTELHO, *Como o Sr. Jacob enganou o Socialismo*, Lx.ª, Edições do Templo, 1978, pp. 33-34.

e quando se possui um aparelho óptico adequado à função. Isto para ver o que quer que seja. Mas mais: para ver, é preciso atenção, decorrente de uma motivação. Pode-se entrar em contacto visual com algo milhares de vezes e não ter consciência e recordação do visto. As experiências psicológicas que nos pedem para desenharmos o número IV dos nossos relógios com numeração romana (o qual, neles, normalmente se escreve IIII, sem que disso nos apercebamos, quase todos nós) atestam-no abundantemente.

Ora Platão é muito eloquente quando dramatiza, no seu diálogo da *República*, essa busca da Justiça, a princípio, e durante largo tempo, por demais baldada. É que ela estava lá, fundida com os seus atributos ou as suas manifestações, repartida por todos, adaptada a cada coisa e a cada caso, e de tanto estar omnipresente, não era detectada, porque se não isolava do resto suficientemente. Devemos dar a palavra ao filósofo:

"(…) há muito estamos a falar e a ouvir falar sobre o assunto, sem nos apercebermos que era da justiça que de algum modo estávamos a tratar.

– Longo proémio – exclamou ele – para quem deseja escutar!

– Mas escuta, a ver se eu digo bem. O princípio que de entrada estabelecemos que devia observar-se em todas as circunstâncias, quando fundámos a cidade, esse princípio é, segundo me parece, ou ele ou uma das suas formas, a justiça. Ora nós estabelecemos, segundo suponho, e repetimo-lo muitas vezes, se bem te lembras, que cada um deve ocupar--se de uma função na cidade, aquela para a qual a sua natureza é mais adequada.

– Dissemos isso, efectivamente.

– Além disso, que executar a tarefa própria, e não se meter nas dos outros, era justiça. Essa afirmação escutámo-la a muitas outras pessoas, e fizemo-la nós mesmos muitas vezes.

– Fizemos, sim.

– Logo, meu amigo, esse princípio pode muito bem ser, de certo modo, a justiça: o desempenhar cada um a sua tarefa. Sabes em que me baseio?

– Não – respondeu ele –. Diz lá!

– Afigura-se-me – expliquei – que o que restava na cidade, daquilo que examinámos – a temperança, a coragem e a sabedoria – era o que dava a todas essas qualidades a força para se constituírem, e, uma vez constituídas, as preservava enquanto se mantivesse nelas. Ora nós dissemos que a justiça havia de ser o que restava, se descobríssemos as outras três.

– Forçosamente.

166 *Lições de Filosofia Jurídica*

– Mas na verdade – prossegui eu – se fosse preciso julgar qual destas qualidades, pela sua presença, faz com que a nossa cidade seja boa, seria difícil de distinguir se era a concordância de opiniões dos governantes e dos governados, se a preservação, mantida entre os guerreiros, da opinião legítima acerca do que se deve ou não recear, ou a sabedoria e vigilância existente nos chefes, ou se o que a torna mais perfeita é a presença, na criança, na mulher, no escravo, no homem livre, no artífice, no governante, no governado, da noção de que cada um faz o que lhe pertence, e não se mete no que é dos outros.

– É difícil distinguir – confirmou ele –. Como não o seria?

– Logo, a força que leva cada um a manter-se nos limites da sua tarefa rivaliza, ao que parece, relativamente à virtude da cidade, com a sabedoria, temperança e coragem da mesma." [179]

Deveríamos certamente prolongar a citação até ao seu desfecho, mas o que citámos já nos basta. Apenas cumpre assinalar que as traduções do grego não são concordes quanto às virtudes aqui invocadas por Platão: a tradução portuguesa que citamos, assinala, como vimos, a temperança, a coragem e a sabedoria; a tradução francesa, da Bibioteca da Pléiade, da autoria de Léon Robin, igualmente considera a "tempérance", a "courage" e a "sagesse" [180]. Mas já na tradução castelhana do ensaio de Edgar Wind sobre a justiça platónica em Rafael [181] (essencial, a nosso ver, para este nosso tema), as virtudes apresentadas têm uma coloração mais claramente cristã, sendo a "Prudencia", a "Fortaleza" e a "Templanza".

Parece, por consequência, que a Justiça, como diz Wind, "não é uma virtude concreta que se justaponha à Prudência, à Fortaleza e à Temperança, mas antes uma potência fundamental da alma que determina a cada uma delas a sua função específica. [182]".

Em que medida pode ter esta passagem de Platão a ver com a visão, a visão da Justiça? Se aceitarmos a teoria de Wind segundo a qual Rafael,

---

[179] PLATÃO, *A República*, 3.ª ed., introd., trad. e notas de Maria Helena da Rocha Pereira, Lx.ª, Fundação Calouste Gulbenkian, 1980, pp. 185-187 (432 d - 433 d).

[180] PLATON, *Œuvres complètes*, I, trad. nova e notas de Léon Robin com a colaboração de M.-J. Moreau, Paris, Gallimard, 1950 (reimp. 1981), p. 999.

[181] Edgar WIND, *La Justicia platónica representada por Rafael*, in *La elocuencia de los símbolos. Estudios sobre arte humanista*, ed. cast. de Jaynie Anderson, biog. de Hugh Lloyd-Jones, trad. cast. de Luis Millán (ed. orig.: *The elocuence of Symbols: Studies in Humanist Art*, 2.ª ed. rev., Oxford, Oxford University Press, 1993), p. 101 ss..

[182] *Ibidem*, p. 101. Sobre o facto de a Justiça do tecto da Stanza della Segnatura representar a virtude da Justiça e não o Direito (a Justiça jurídica ou a sua positivação), cf. Mab van LOHUIZEN-MULDER, *Raphael's Images of Justice-Humanity-Friendship*, Wassenaar, Mirananda, 1977, p. 144, n. 4.

O Direito e os Sentidos 167

ao decorar a *Stanza della Segnatura*, no Vaticano, se socorreu sobretudo de inspiração platónica (e, neste caso até, consonante com o pensamento aristotélico, numa vera *concordia Platonis et Aristotelis*), e quiçá até sem a aceitarmos inteiramente, mas dela tendo notícia, concluiremos que o fresco destinado à Ciência Jurídica, à Jurisprudência, por aparente absurdo não inclui nenhuma figura dessa mesma Jurisprudência. Mas não está lá o Direito e a Justiça? Sim, mas não se vêem. Não se vêem directamente, mas indirectamente, simbolicamente. Como ocorre com os símbolos mais complexos e densos.

Já estamos a ver o que sucede: tal como em Platão, que não via no seu diálogo a Justiça, falando das virtudes em que vai encarnando, digamos, também o aludido fresco nos dá por assim dizer a imagem prismática dos três rostos da Justiça, encarnados nas figuras femininas representativas da Fortaleza, da Prudência e da Temperança. A primeira, armada de elmo e couraça, segura uma árvore e como que acaricia um leão; a segunda, consulta introspectivamente o espelho; a terceira, ostenta as rédeas de um corcel, necessariamente o do cavalo negro da alma.

Não se vendo a Justiça, vê-se a Justiça.

Na realidade, o que se passa na *Stanza della Segnatura* é um pouco mais complexo. Desde Vasari e a partir dele que se vêm acumulando as interpretações, e não raro os erros. No nosso caso (pondo de lado outros problemas), importa sobretudo nada excluir: porque no tecto temos um Direito com uma quase típica representação grega: balança e espada empunhadas por uma deusa (que aqui está sentada, contra o modelo helénico), além de três outras figuras, representando a teologia, a filosofia e a poesia. Tudo passa a bater certo, novamente, mas de forma ainda mais simbolicamente enredada: no tecto, isto é, no céu dos arquétipos inteligíveis, se quisermos ser platónicos, estão as ideias puras, ou as puras *epistemai*; nas paredes, as suas encarnações fenoménicas. Assim, a Teologia encontra, ao descer, o fresco da Disputa teológica, e a Filosofia o da chamada "Escola de Atenas", enquanto a Poesia tem no Parnaso a sua encarnação. O Direito, tão convencionalmente representado (à grega, como bom platónico – sem sombra de venda), encontra no real uma realidade muito mais complexa: a si correspondem, na parede, o tímpano com as três virtudes (sendo a central a Prudência), encontrando-se abaixo os painéis da instituição do direito civil e da instituição do direito canónico e, entre estes, uma janela. A solução da tripartição dos espaços pintados nesta parede nada tem a ver, evidentemente, com a determinação arquitectónica da janela: do outro lado, outra janela fica enquadrada por um único fresco, o do Parnaso.

168 Lições de Filosofia Jurídica

A Justiça não se vê personificada na terra, só no céu (ou no tecto). E o mesmo sucede à Teologia, à Filosofia e à Poesia [183]. Essa será, bem vistas as coisas, a principal correcção que a complexidade da composição pictórico-espacial total imporá ao esquema de Wind, que designadamente parece desprezar um tanto o tecto [184].

VI. Justiça virtude e Justiça Jurídica: leitura da 'Ética a Nicómaco' de Aristóteles

Todavia, importará matizar o pensamento de Wind, a nosso ver excessivamente entusiasmado com a geometria impecável das coincidências.

É verdade que as pinturas da *Stanza della Segnatura* representam uma grande tentativa de *coincidentia oppositorum*, de síntese e reconciliação universais, aliás um conhecido projecto do Renascimento. Classicismo e cristianismo, razão e fé, Papado e Império, etc., etc. Aí se encontram, como sabemos, o fresco da *Escola de Atenas*, alusivo à filosofia, aquele em que o Imperador aceita o *Digesto*, e, do outro lado, o da *Disputa,* relativo à Teologia, e aquele onde o Papa abençoa as *Decretais*. E ambos os textos referidos são jurídicos, ladeando estes frescos jurídicos o central, e superior aos da instituições de direito positivo, que é atribuído normalmente à Jurisprudência.

Porém, é com demasiada rapidez que se assinala a concordância entre Platão e Aristóteles, e se identifica a Justiça platónica com a Jurisprudência jurídica.

De facto, o livro V da *Ética a Nicómaco*, de Aristóteles, parece concordar com Platão na ideia de que a Justiça é uma disposição dos homens para levar a cabo acções justas [185]. Mas Aristóteles não pretende quedar-se pelo carácter plurívoco da palavra Justiça, nem ver-se preso nas complexidades da homonímia [186]. Por isso distingue a justiça universal da justiça particular, e concentra-se nesta última [187]. Cita Teognis na sua identificação da justiça universal com todas as virtudes, ou com a totalidade

---

[183] Esta ideia da sala como microcosmos, por assim dizer, encontra-se muito claramente expressa em E. H. GOMBRICH, *Symbolic Images. Studies in the Art of Renaissance II*, trad. cast. de Remigio Gómez Díaz, *Imágenes simbólicas. Estudios sobre el arte del Renacimiento*, 2.ª reimp., Madrid, Alianza Editorial, 1990, máx. p. 138.

[184] Edgar WIND, *Op. cit.*, p. 101.

[185] ARISTÓTELES, *Ética a Nicómaco*, V, 1. 1129 a).

[186] *Ibidem*, V, 2, 1129 a) *in fine*.

[187] *Ibidem*, V, 2 ss..

das virtudes (e aqui, sem dúvida, é platónico) [188]. Contudo, logo vai afirmar o seu propósito: o que procura é essa outra Justiça, que é apenas uma parte da virtude, ou seja, a justiça particular [189]. E essa justiça particular é, como sabemos, a que sobretudo interessa ao Direito, sendo o seu fim ou princípio.

Mais uma vez se pode dizer, novamente com aparente paradoxo *prima facie*, que Rafael pintou a Justiça, agora a justiça jurídica, sem o ter feito. Cuidamos que a ausência afinal presente da Justiça jurídica não está tanto no fresco das três virtudes (as quais, em relação com os três *putti* que com cada uma dialogam, poderão ainda representar a Fé, a Esperança e a Caridade), como no todo da decoração da sala. E muito especialmente do diálogo que se estabelece entre a virtude da Justiça, ao centro, e a Filosofia e a Teologia, das quais, respectivamente, parece nascer o Direito Civil e o Direito Canónico. Em suma, é desta múltipla visão tripla, deste caleidoscópio de representações que resulta essa realidade virtual, *constante e perpétua vontade*, como diz Ulpiano, e por isso melhor representada pelas suas manifestações e pelas suas inspirações, não por uma sua personificação ou reificação sempre empobrecedora.

Não ver, aqui, é ver melhor. Mas não um não ver qualquer: no fundo, é o não ver ainda, de S. Paulo: *Videmus nunc per speculum in aenigmate* [190] Aqui trata-se, sim, de ver caleidoscopicamente, como em espelhos...

Só no céu (ou no tecto) se vê a essência.

VII. *O Livro dos Símbolos. Direito e visão e visão do Direito no Livro de Tobias*

A ligação do Direito com o sentido da visão fora já igualmente expressada, em termos míticos, pelo livro bíblico de Tobit (o pai) ou Tobias (o filho), considerado apócrifo pelos Evangélicos, e nem figurando na Bíblia hebraica.

Todos nos recordaremos da história, que, aliás, passaria para o cinema num filme que faria o terror de algumas infâncias.

Tobit é um crente fiel, o que significa, no contexto hebraico de então, um cidadão exemplar [191]. Cumpre escrupulosamente a lei, e o texto

---

[188] *Ibidem*, V, 3, 1129 b) *in fine*.
[189] *Ibidem*, V, 4, 1130 a).
[190] I Cor. 13, 12.
[191] Cf., *v.g.*, Albert NOLLAN, *Jesus before Christianity*, Darton, Longman and Todd, 1977, trad. bras., *Jesus antes do Cristianismo*, S, Paulo, Edições Paulinas, 1988, *passim*.

170   *Lições de Filosofia Jurídica*

refere-nos sobretudo os aspectos exteriores, que estararíamos tentado a considerar jurídicos: pagamento do dízimo, oferta das primícias aos sacerdotes e levitas, esmolas a viúvas e órfãos, casamento endogâmico, etc.. O mesmo sucede aquando da deportação: tendo mudado o contexto, continua a seguir a dieta hebraica, a ser esmoler, a inumar os mortos, mesmo com prejuízos evidentes para si, que o levarão numa ocasião até à fuga. Antígona, símbolo supremo do direito supra-vigente ou supra-voluntário-actual [192], tem, aqui, um análogo: não se trata de sepultar um irmão, mas, mais latamente, os insepultos da sua nação.

Esta história é feita, entretanto, de dois relatos paralelos, que depois se unem: como um símbolo. Paralelamente às venturas e desventuras de Tobit, Raguel e sua filha Sara, parentes de Tobit, conhecem também os seus problemas. Um demónio, Asmodeu, assassina sucessivamente sete maridos de Sara, antes da consumação do casamento.

A solução advirá da união entre as múltiplas metades dos símbolos.

Tobit, agora cego (porque uns pássaros sobre si deixaram cair excremento quente), com escamas nos olhos (notemos esta ausência de visão), houvera noutros tempos deixado em depósito uma soma considerável a Gabael, e guardara a sua metade do símbolo. Vai Tobias agora levantar o que lhe é devido, munido desse sinal.

Mas nessa viagem, Tobias, acompanhado por um jovem que é afinal o anjo Rafael, teria de matar um peixe enorme na margem do rio Tigre. As suas vísceras servirão quer para afugentar, num perfumador (naturalmente pelo odor insuportável) o terrível Asmodeu, quer para sarar os olhos de Tobit. Evidentemente, Tobias casará com Sara, o que é também uma união simbólica.

Não podemos aqui dissecar as inúmeras sugestões simbólicas deste texto, que em grande medida o parecem aproximar de algumas das funções sócio-simbólicas de muitos contos infantis, designadamente (entre outros) como variante do tema simbólico ou ciclo do animal-noivo [193], ligada ao rito de passagem para a emancipação. Interessa-nos sobretudo sublinhar como toda a intriga "separa para melhor unir": é toda ela simbólica. E

---

[192] Cf., *v.g.*, Javier HERVADA/Andrès MUÑOZ, *Derecho. Guia de Estudios Universitarios*, Pamplona, EUNSA,1984. Literariamente, George STEINER, *Antigones*, trad. port. de Miguel Serras Pereira, *Antígonas*, Lx.ª, Relógio D'Água, 1995. Uma nova luz sobre o mito jurídico, em relação com o direito da época *in* Stamatios TZITZIS, *La Philosophie Pénale*, Paris, P.U.F., 1996, p. 69 ss..

[193] Cf. Bruno BETTELHEIM, *The uses of enchantment*, trad. port. de Carlos Humberto da Silva, *Psicanálise dos Contos de Fadas*, 4.ª ed., Venda Nova, Bertrand, 1992, máx., p. 350 ss..

susceptível de relevante interpretação jurídica, porquanto, além da justiça legal, do cumprimento da norma, todo ele é uma narrativa de contra-prestação, contrato e compensação. Não se esquece o contrato de depósito entre Tobit e Gamael, nem sequer o pacto antenupcial firmado entre Raguel e Tobias. O juridismo (essa febre, ou *constans et perpetua voluntas*, do *suum cuique tribuere* [194]) vai a tal ponto, que até ao companheiro de viagem de Tobias, na verdade um anjo, se pretende "pagar" com metade do que este leva para casa. Tudo nos ilumina, aliás, sobre o carácter eminentemente dualista e de reciprocidade do Direito, que, no fundo, poderá também dizer-se, especialmente simbólico.

Uma outra nota apenas, que se prende com os sentidos: o odor do fumo do coração e do fígado do peixe (atente-se no significado simbólico das vísceras) afugenta o demónio para o Alto Egipto. O fel do mesmo, vertido sobre as cataratas de Tobit, vai desnublar-lhe a vista. Por aqui vemos, novamente, entre muitas outras coisas, como os diversos sentidos se relacionam, completam, equilibram...

VIII. *Pureza e Isolamento jurídicos: de Platão e Aristóteles aos Direitos Humanos e às visões pós-modernas do Direito*

Retomemos agora a lição ou a preocupação de Platão, o qual é (curiosamente) corroborado por Aristóteles, na *Ética a Nicómaco*, mas, como vimos já, com outro intuito [195].

O problema que se levanta a partir destes passos é um dos mais importantes e profundos da filosofia do direito, na discussão da génese, epistemologia especial e ontofenomenologia, e, evidentemente, no seu diálogo com outras realidades e propostas da cultura e do espírito e da *praxis*, designadamente, com o fenómeno e o estudo do fenómeno político (na filosofia política, ciência política, etc.).

A questão em apreço dá pelo nome de "purificação" ou "isolamento" do Direito [196].

---

[194] ULPIANUS, *Libro primo regularum* (D. 1, 1, 10, pr.).

[195] ARISTÓTELES, *Ética a Nicómaco*, V, I, 1129 a) ss..

[196] Cf., por todos, Juan VALLET DE GOYTISOLLO, *A encruzilhada metodológica jurídica no Renascimento, a Reforma, a Contra-Reforma,* trad. port. de Fernando Luso Soares Filho, Lx.ª, Cosmos, 1993, e Yan THOMAS, *Mommsen et 'l'Isolierung' du Droit,* Paris, Diffusion Boccard, 1984.

172   *Lições de Filosofia Jurídica*

Kelsenianos e alguns jusnaturalistas (dos mais objectivistas e até titularistas, ao ponto de, por vezes, incorrerem numa espécie de positivismo jusnaturalista), cada grupo por seu lado, tentaram isolar ou purificar o direito das suas dependências religiosas, morais, sociais, económicas e/ou políticas, em maior ou menor medida, e com diferente grau de independência desejada consoante a efectivamente já recebida.

Hans Kelsen, contemporâneo e conterrâneo de um Freud ou de um Gombrich, deve ter experimentado um sério complexo de inferioridade da ciência jurídica ao ver que, tantos séculos volvidos depois do corte do nó górdio que a unia à árvore sincrética dos saberes não epistemologicamente cindidos, ainda não encontrara uma definição cabal de Direito, não fora, afinal, capaz de delimitar com rigor o seu objecto. A ironia de um Kant (*Noch suchen die Juristen eine Definition zu ihren Begriffe vom Recht* [197]), mais ainda do que a de um Flaubert (*Le Droit: on ne sait pas ce que c'est* [198]), deveria retinir constantemente na sua mente sedenta de organização. Dissemo-lo já.

Pois se até os escaninhos da psique e os estremecimentos da sensibilidade estética encontravam ciências para se exprimirem de forma ordenada, como poderia o Direito quedar-se na eterna impureza?

Sabemos como a empresa kelseniana, embora extraordinariamente atraente, ainda hoje, como paixão mental e método (a pirâmide normativa e a *Grundnorm* continuam a ser categorias lógicas de que nem o mais contumaz dos anti-positivistas conseguirá facilmente libertar-se), sucumbiu, presa das suas próprias contradições.

Também quando sopraram fortíssimos os ventos de certa colectivização algo *a outrance*, para mais pelo flanco algo inesperado, e para alguns *contra natura*, dos direitos do homem, se levantariam diversas vozes, clamando por um direito livre das imposições da política. Afirmou-se então a total politicidade de um direito do trabalho frequentemente joguete nas mãos do braço de ferro entre o trabalho e o capital, e e viu-se como um parnaso edénico o "puro" direito civil, velho e romano, asséptico e duradouro, que aparentava encontrar-se fora do jogo ventoso do forum [199].

Do mesmo modo, este tentâmen acabaria por não levar a melhor, pelo menos à época. Atacada pelos defensores do *levar os direitos a sério*,

---

[197] Immanuel KANT, *Kritik der reinen Vernunft*, B759, A 731, FN.
[198] Gustave FLAUBERT, *Dictionnaire des idées reçues, "Droit"*.
[199] Michel VILLEY, *Philosophie du Droit*, 3.ª ed., Paris, Dalloz, 1982, p. 84.

para alguns demasiado a sério e contra os factos [200], matizada e depois abandonada pelos que, em princípio, deveriam ser os seus mais acérrimos próceres, a bandeira da purificação do direito (sobretudo face à invasão avassaladora da normatividade pela decisão política), solidária, aliás, das reticências face à juridicidade incontestada dos *human rights*, especialmente na sua versão ou dimensão de direitos sociais, económicos e culturais, a breve trecho seria arreada. Verificou-se um verdadeiro fenómeno recuperador dos direitos humanos, um "suave milagre" dos direitos humanos, no qual a questão da purificação do Direito ficaria inevitavelmente envolvida.

Numa palavra, se passou a admitir-se, mesmo nas hostes jusnaturalistas mais dogmáticas, porque mais titularistas, que a natureza humana, ou a dignidade humana, ou o simples facto de se ser Homem é um título jurídico, que garante a quem o possui (logo, a todos os Homens), ao menos, e face ao Estado desde logo, o direito a um rendimento mínimo de subsistência, por exemplo, então pela janela da dignidade humana, ou da simples humanidade, volta a entrar a dimensão turbulenta, livre, quereladora da política. Porque jamais estaremos todos de acordo sobre o que é dignidade humana, e sobre o que é mínimo de existência digno, etc., etc.. E mais: uma vez quebrada a lógica férrea do sistema titularista, logo se começará a admitir novas excepções, tanto mais adequadas a fazer entrar de novo a decisão política no Direito quanto mais eivadas de boas intenções forem.

Em suma: o Direito ou não teria quase nada a ver com a política, o que parece impossível, ou terá com ela muito a ver, mas então não será puro.

E contudo, sobretudo quando vemos apregoado o lema da impureza do direito como uma bandeira, nova bandeira do pluralismo e do pósmodernismo jurídico, lembramos que a justiça tem de ser vendada, e não ostentar aquele olhar faceto, até malicioso, e sempre parcial, de uma justiça que espreita por uma banda da venda (como já nos pareceu vermos numa capa de uma revista jurídica, aliás).

O pluralismo jurídico, disperso pelos diferentes lugares do direito, e preso às dicotomias entre os direitos de asfalto e de favela, parece assumir uma vinculação excessivamente próxima com a imensidão de objectos em que toca. É um direito vocacionalmente topológico, mais topológico (ou

---

[200] Cfr. os já clássicos Ronald DWORKIN, *Taking rights seriously*, London, Duckworth, 1977; José Joaquim Gomes CANOTILHO, *Tomemos a sério os direitos económicos, sociais e culturais*, Separata do "Boletim da Faculdade de Direito", Coimbra, 1988. José CALVO GONZÁLEZ, *El Discurso de los Hechos*, Madrid, Tecnos, 1993.

174   *Lições de Filosofia Jurídica*

topográfico) que tópico, no quanto a tópica tem de dialéctico e de retórico. Nesse sentido, será com o direito pós-moderno, vítima da sua dissolução na multiplicidade dos objectos, dos actores e dos interlocutores, que se verificará o anátema jurídico da impureza que Kelsen recolherá na sua *Reine Rechtslehre*: o Direito, como o mitológico rei Midas, transforma não em oiro, mas em Direito, tudo o que toca [201]. E o maior problema nem sequer é a juridificação, mas a abdicação da juridicidade, para a assunção da identidade (isto é, dos pressupostos) alheia. Eis, pois, um direito táctil mas sem muito tacto, porque o tacto, curiosamente, passou a significar, em termos linguísticos, olfacto, melhor, faro (intuição e prudência).

Sem negar a radicação e a sua relação política de todo o Direito, uma justiça política, como acabaria por ser, em grande medida, a justiça de feição pós-moderna, só pode desaguar em injustiça: foi o que aconteceu em todos os grandes julgamentos políticos da história.

IX. *O segundo segredo do Direito*

O problema da Política e do Direito, e, em geral, da isenção do Direito, encontrará uma possível resposta na análise simbólica da juridicidade com base no pensamento simbólico e nos símbolos jurídicos mais clássicos.

Partindo do geral para o particular, de forma a que cada um pareça possuir a virtualidade de cada vez mais nos aproximar do nosso objecto, teremos: primeiro a balança, que nos elucida especialmente sobre a questão geral dos símbolos; depois a venda, o símbolo mais intectualizado (e, por isso, certamente o mais tardio), que nos revela a polissemia e ambiguidade dos símbolos, tão importantes, numa filosofia jurídica e política, para dialogar com estas realidades proteicas do poder e da justiça; e finalmente a espada, que nos irá indicar uma saída possível para as nossas longas aporias. Saída, certamente para novas aporias, pois nos propõe uma filosofia jurídica e política simbólica.

A balança e a venda não têm na política grande fortuna. Na antiga China, parece que a balança era símbolo do ministro, mas tal devia-se ao desconhecimento da separação de poderes, referindo-se, certamente, ainda assim, à função judicial. A venda, mesmo na iconografia romana mais conhecida, é sobretudo atributo da fortuna ou da morte: revelando mais

---

[201] Hans KELSEN, *Reine Rechtslehre*, trad. port. de João Baptista Machado, *Teoria Pura do Direito*, 4.ª ed., Coimbra, Arménio Amado, 1976, p. 376.

O *Direito e os Sentidos* 175

a álea e o oculto que o imparcial. De qualquer modo, ambas podem ser símbolos jurídicos. A balança e a venda, sem espada, nas mãos de *Iustitia* seriam o símbolo romano completo do Direito [202].

A espada parece poder ter uma dimensão política (até porque guerreira) mais clara. E a recusa da espada no símbolo romano pode querer traduzir precisamente o mesmo que simboliza a introdução, nesse símbolo, do fiel: isto é, que a justiça jurídica, depois do *ius redigere in artem*, não está ao sabor das massas, mas tem um fiel, o pretor. O qual não actua como carrasco nem como polícia, mas sob cuja *auctoritas*, as armas cedem à toga – *cedant arma togae* (Cícero, *De Off.*) Precisamente o que não sucederia com a justiça excessivamente politizada (veja-se o ostracismo) dos gregos.

A espada é, entretanto, tradicionalmente tida como uma arma da Justiça, conjuntamente com o escudo. António Vieira, no séc. XVII, interpreta S. Paulo explicando que a espada é arma de ataque e o escudo de defesa, e ambos servem para lutar contra os outros e contra si mesmo, caso a justiça esteja do lado contrário [203]. Nos nossos dias, no início do seu *Law's Empire*, Ronald Dworkin identifica o direito com a espada e com o escudo [204].

O conto *A Bela Adormecida* foi várias vezes aplicado ao Direito no nosso tempo: alguns mestres nossos o utilizaram – Ehrhardt Soares, François Vallançon, Gomes Canotilho, etc. [205]. No fundo, pode simbolizar o trauma de crescimento do Direito, ensanguentado no seu confronto com a política, por exemplo na justiça revolucionária de todas as revoluções modernas, em que cada vez mais perdeu a pureza ou a virgindade de outros tempos. Seguiu-se-lhe uma tentativa de adormecimento e de enquistamento dentro de barreiras purificadoras lembrando uma espessa floresta de espinhos. Mas essa barreira foi vencida (ou será vencida) não por uma política maquiavélica e malévola (como a da rainha-bruxa), mas por uma política amável, que luta com as armas da justiça. Ora, no filme de Walt Disney sobre este tema [206], que é hoje uma das mais comuns referências

---

[202] Sebastião CRUZ, *Direito Romano*, I, cit., p. 28 ss.; Idem, *Ius. Derectum (Directum)*, reimp., Coimbra, Ed. do A., 1974.

[203] Padre António VIEIRA, *Sermão de Santo Agostinho*, in *Obras completas do...*, *Sermões*, vol. III, t. VIII, p. 213. 2 Cor. 6, 7, cf. *supra*, cap. VIII.

[204] Ronald DWORKIN, *Law's Empire*, Belknap, Cambridge, Mass., 1986, p. VII.

[205] Rogério Ehrhardt SOARES, *Direito Público e Sociedade Técnica*, Coimbra, Atlântida, 1969, p. 5; François VALLANÇON, *Domaine et Propriété*, Paris, Université Paris II, 1995, vol. III, p. 1055 (policóp.); José Joaquim Gomes CANOTILHO, *Direito Constitucional*, 5.ª ed., Coimbra, Almedina, 1991, p. 11 (citando Ehrhardt Soares).

[206] *Sleeping Beauty*, USA, 1959, technirama, 75 mn, adap. de Charles Perrault.

176 *Lições de Filosofia Jurídica*

do conto, esse *happy ending* (a referida superação) opera-se pelo beijo que une o Príncipe à Princesa adormecida, acordando-a (devolvendo-a à realidade), depois de vencido o dragão (na verdade uma encarnação da rainha-bruxa, a má política, a política pérfida, anti-jurídica) com a espada da verdade.

O dragão, tal como Asmodeu na história de Tobias, não existe. Assim como o adormecimento e a floresta de espinhos são obra do complexo isolacionista da princesa do Direito. Matar o dragão significa, *ipso facto*, abater tal floresta, e abrir caminho para o beijo que recompõe a unidade perdida entre direito e política, no símbolo. Unidade, na diversidade, na alteridade, na identidade de cada membro do par. Política e Direito, tal como o Príncipe e a Princesa separados, mas prometidos desde o berço, são, afinal, as duas metades do Andrógino. Cada um tem que ser profundamente o que é para poder merecer o outro: por isso é que as tentativas de autonomização da política e das suas ciências e *epistemai* são louváveis, como correctas as preocupações de purificação do Direito. Conquanto se não fiquem por aí, pelo isolamento.

Quando compreendermos este simbolismo entenderemos profundamente o drama do actual Direito e da actual Política.

E entretanto, um conselho especial, que é, aliás, da sabedoria da bruxa Malévola do nosso filme de desenhos animados: a única garantia de quebrar com os complexos isolacionistas, e de acertar bem no coração do dragão, não é uma pontaria especial, nem sequer um olhar certeiro (lá estão os dados dos sentidos) mas algo interior: imaginem! um *amor verdadeiro* (*true love* – e isto nos remeteria para outro filme aparentemente abaixo do nosso nível etário, *A Princesa Prometida*, onde tal amor até ressuscita mortos). Aliás, a mesma preocupação parece encontrar-se na história de Tobias e Sara: "não é com intenção depravada que agora tomo por esposa a minhã irmã, mas é com intenção pura.", diz Tobias, quase a finalizar a sua oração [207].

Cícero e António Rosmini já o sabiam também, pois faziam derivar a preocupação com o Direito da inclinação para o Amor [208].

Infelizmente, poucos estudam filosofia do direito ou filosofia política para disso se aperceberem...

---

[207] Tob. 8, 4-9.

[208] Antonio ROSMINI, *Filosofia del Diritto*, vol. I, Intra, 1865, trad. ingl. de D. Cleary e T. Watson, *The Philosophy of Right, The Essence of Right*, Durham, Rosmini House, n.º 227 ss., p.125 ss.; CÍCERO, *De Leg.*, I, 15.

O Direito e os Sentidos

Agora já sabem qual é o segundo segredo. Isto é, o segredo completo. Um segredo afinal muito simples, tão simples que estava descoberto aos olhos de todo: *verdadeiro amor*. Como não recordar a canção, na voz de Tomás Alcaide ou de Eugénia Melo e Castro? *Amor é cego e vê, não sei porquê...* E, ao contrário de todas as expectativas, aparentemente, o Amor, como julgávamos do Direito, é contraditório com os sentidos:

"Amor é fogo que arde sem se ver
É ferida que dói e não se sente
É um contentamento descontente
É dor que desatina, sem doer" [209]

Falamos do Amor ou falamos do Direito e da Política? Desvendado um segredo, outros enigmas se perfilam.

---

[209] Luís de CAMÕES, "Amor é fogo que arde sem se ver", in *Lírica*, fixação do texto de Hernâni Cidade, Lx.ª, Círculo de Leitores, 1984, p. 188 (Cf. a edição de Estevão Lopes, de 1598).

Capítulo X

O JURISTA, PINTOR DA NATUREZA

Exercícios de Sinestesia

> *"Tout écrivain est peintre, et tout excellent écrivain est excelent peintre"*
>
> La Bruyère, *Discours à la Académie*, Prefácio

I. *Pintura e Direito*

O grande pintor inglês Constable escreveu um dia sobre a sua arte: "A pintura é uma ciência e deveria ser praticada como uma procura das leis da natureza".

Montesquieu, falando das leis na sua mais que célebre obra, começa por afirmar – todos sabemos as suas palavras de cor – que elas consistiriam precisamente "nas relações necessárias que derivam da natureza das coisas"[210].

O entusiasmo do Iluminismo (mais ou menos tardio) por uma natureza submetida à razão dos seus quadros mentais não nos permite ficar surpreendidos com essa aproximação. Todas as coisas numa mesma época histórico-espiritual possuem uma notável semelhança. Traços de família...

Constable continuava a sua tese: "Então, porque não considerar a pintura da paisagem como um aspecto da filosofia natural, na qual os quadros não são senão experiências?"

---

[210] MONTESQUIEU, *De l'Esprit des Lois*, I, 1.

Tempo de busca da natureza das coisas, tempo de filosofia da natureza, tempo de experiências. Carl Gustav Carus, pintor, médico, universitário e teórico do género paisagístico estava também plenamente certo da ligação muito estreita entre a pintura e a natureza das coisas. Os juristas, convencidos ou não, continuam nesta época a raciocinar sobre o Direito Natural e a mesma *natura rerum*.

A tarefa de pintor e a de jurista são, com efeito, semelhantes.

Como os olhos do escriba acocorado nos ensinam, bem como algumas imagens romanas da Justiça, e ainda a *Januskoepfige Iustitia*, para se ser bom jurista, tal como para se tornar um bom pintor, é preciso, antes de mais nada, observar. O Direito vê, e depois de ver constrói teorias, visões do real, que descreve à sua maneira, de acordo com as cores e a ordem que escolhe. A pintura também possui uma interpretação face ao real e exprime-a, nessas experiências de que fala Constable, os quadros.

Mas, é também necessário possuir o sentido das proporções, uma certa prudência no momento da decisão e da execução. Para os juristas, certamente, mas também para os pintores que não apostem apenas no velho *"épater le bourgeois "*, na verdade hoje já tão burguês...

Ambos, juristas e pintores, ensaiam o propósito utopista de encerrar e dominar o real, de o fazer passar pelos seus filtros, e de não permitir que dele se extraia mais do que a tela pintada ou o "quadro institucional". Com efeito, eles dominam o real, pois têm oportunidade de condensar uma versão, sempre fictícia, do que se passa. Daí o grande perigo de uma pintura totalmente abstracta – fruto da subjectividade de um qualquer paraíso interior artificial de um artista perturbado; e talvez o perigo ainda maior de um Direito de ficção, de presunção, de subsunção, de subtilezas que negarão na prática a boa vontade indiscutível dos dois ofícios.

Para o pintor, tal como para o jurista, o mundo real pode significar o caos das cores, das formas, das sensações, das acções, das infracções. Um e outro devem colocar-se frequentemente a questão, muito fecunda, de manter sempre presente, retomando Merleau-Ponty, "ce de quoi le monde a besoin pour être un tableau". Conhecemos bem o grau zero da distância entre ambas as coisas em *Les Promenades d'Euclyde*, de Margrite, e a riqueza da metáfora do rei Midas para a juridificação, que Hans Kelsen interpretou definitivamente: os juristas transformam em ouro jurídico todas as coisas (ou outras realidades) em que tocam.

Margrite concentra na sua tela a paisagem efectivamente vista da sua janela. Midas é o símbolo da juridificação imoderada.

Tudo o que é real se torna jurídico, quer dizer, volve-se num real deformado (ou, para as mentes "juridistas", "depurado").

Do mesmo modo, todo o objecto de representação pictórica será submetido a deformação pela pintura, que aspira nas suas duas dimensões à profundidade do real.

Reconhece-se o real e até o natural na Pintura e no Direito através duma abstracção: ultrapassam-se (talvez por esquecimento) as imensas estilizações, simplificações e generalizações impostas pelo bidimensionalismo pictórico e jurídico.

A natureza transforma-se, vive: a sua autonomia radical é notável

Ora pintores e juristas têm uma tendência magnética em lhe ditar as suas condições: uns e outros gostam de, pelo menos, lhe fazer uns arranjos, de lhe dar uns retoques. Assim, natureza morta e paisagem são géneros nos quais se poderão eventualmente surpreender as teorias sobre a natureza (e por conseguinte as cosmovisões) dos pintores e dos juristas.

II. *Natureza morta e paisagem, símbolos do Direito*

1. *Natureza Morta*

A natureza morta é uma construção mental e uma execução manual dos pintores. Isto parece evidente, mas destes factos elementares podem retirar-se várias consequências.

Produto da modernidade, a natureza morta parece acompanhar a desnaturalização da natureza, sua descontextualização, e sua evidente reificação.

A natureza morta é, na verdade, uma *contradictio in terminis*, uma essencial contradição ontológica, e é também um oxímoro. Porque nenhuma natureza pode ser na verdade uma natureza morta: a natureza é, por natureza, viva.

É a natureza morta contemporânea, mas também um símbolo, desse Direito dito simultaneamente natural, e na realidade muito cristalizado, que é o direito do racionalismo jurídico.

Mas não é apenas nos termos verbais que reside a contradição que torna a natureza morta um símbolo desse Direito simultaneamente dito natural e na realidade muito adormecido, quase morto, que é o Direito jusracionalista.

Observemos os elementos da natureza morta. Os frutos, por exemplo, um elemento por via de regra presente, estão já colhidos (como os artigos ditos "jusnaturalistas" dos Códigos da Luzes, prontos a consumir), separados do verdadeiro sistema vivo – separados das árvores e da terra, privados da paisagem natural.

182 *Lições de Filosofia Jurídica*

Tudo se limita à organização pré-estabelecida do pintor (o legislador omnisciente e omnipotente – como o déspota das Luzes). O tempo está verdadeiramente em suspenso.

O relógio de mármore negro da natureza morta de Cézanne está, evidentemente, parado. Significativamente, nem sequer tem ponteiros. Da mesma maneira, as leis codificadas seriam eternas: Napoleão bem o acreditou e quis. É um tempo sem tempo. Aliás, tal presença tutelar num quadro tão emblemático do género neste artista, permite-nos poder considerá-lo o símbolo do utopismo regular e mecanicista, seja da natureza morta, seja da natureza morta no pensamento jusfilosófico: o jusracionalismo da Luzes, o tempo dos relógios e dos autómatos.

Mas o género, nos tempos modernos, parece ter podido influenciar outras manifestações da pintura. Não podemos esquecer a imagem desse Rembrant na lúgubre sala da sua *Leçon d'anatomie*, onde as vitualhas ou as flores se transformaram na nudez impúdica da morte humana. E recordamos também (desta vez com elementos do género introduzidos na sua pureza própria) retratos híbridos de um Archimboldo, que se baseiam, também eles, na reificação pseudo-natural do rosto humano: um homem feito de frutos não é mais homem do que um outro construído a partir de livros. O pacífico, o inofensivo, torna-se inumano e, portanto, monstruoso. Assim como esses direitos abstractos e os institutos burocráticos de leis reificadoras, que reúnem sem critério elementos de *bricolage* jurídica.

Não existem na realidade viva, na verdadeira natureza, naturezas mortas. Na natureza, a morte confunde-se com a vida. A morte da semente é o nascimento da planta.

Mas, na pintura duma natureza morta, o conjunto da natureza é esquecido para fazer aparecer a coisa, o atomismo dos objectos, sem outro contexto que o desejado pelo grande demiurgo pintor (ou jurista, para os objectos do espírito). A coisa, mesmo a coisa natural aniquilada porque isolada, ou associada a uma vontade utopista do pintor, não mais está em diálogo com o mundo. O que era móvel, dialéctico, diferente, histórico (num fundo evidentemente sólido) torna-se assim tão paisagístico como este pano de fundo. Na natureza morta, a vida, a natureza viva, torna-se cenário, "paisagem".

E, de resto, é preciso sublinhar que, após uma natureza morta académica, fomos transportados a uma outra, vanguardista, na qual a pessoa foi reificada e a coisa pretensamente humanizada. Aliás, é impossível o regresso histórico a um mundo onde a pintura não tivesse o fixismo "naturalista" da natureza morta e da paisagem. Os dados estão lançados. O Direito sofre da mesma sorte. O *ius commune* é também insusceptível de recuperação, mesmo se alguns vêem no pluralismo fragmentarista das normatividades ditas pós-modernas algumas ligações com o mundo da Alta Idade Média (como é o caso de Luigi Lombardi Vallauri), e se outros se entusiasmam com a União Europeia como fonte política de um novo direito comum...

2. Paisagem

Há aspectos insuspeitados que ligam a natureza morta à paisagem, se prescindirmos de muitas das suas evidentes diferenças. A existência de ambos os géneros conduz-nos a uma contextualização recíproca.

Assim, a paisagem, verdadeira e propriamente dita, acaba por transformar-se em "acção" perante o ambiente da natureza morta.

Nesta, o mundo torna-se tela. E isso assemelha-se à concepção de base do racionalismo moderno, que conheceu o seu apogeu no período das Luzes, cujo Direito, uniforme, imobilizado, cristalizado em códigos e mais tarde em constituições preparava, com a sua poderosa positividade (os seus 3/4 de positivismo, como muito bem o observou M. Michel Villey), o advento triunfal do positivismo legalista.

A natureza morta pode ser prática, decorativa, algumas vezes agradável (sobretudo clamante, ou sedativa). Mas nem por isso é menos morta. Antes pelo contrário, parece). O mesmo acontece com os códigos, túmulos vivos de Direito mumificado, pronto-a-vestir.

Por outro lado, parece que outras fontes do Direito podem ser evocadas. A jurisprudência (ou o juiz) é a viva voz da lei (*viva vox legis*) segundo Montesquieu ("a boca que pronuncia as palavras das leis", diz-nos). É conhecido o género de positivismo a que isso conduz. Todavia, são a jurisprudência e a doutrina que ressuscitam a letra morta dos textos das leis.

Que é a paisagem?

Parece que a paisagem natural é a metáfora do Direito natural, e assim as construções humanas sobre a paisagem correspondem ao Direito positivo. Deste modo, as leis injustas assemelham-se aos atentados contra o ambiente dum urbanismo anti-natural, quer dizer, duma cultura anti-natural. Pelo contrário, as acções jurídicas que se harmonizam com o ambiente constituem uma verdadeira paisagem humana que contribuirá para a plena realização do plano natural pela sua especificação, e aperfeiçoamento. O Direito, procurando a equidade, propõe também uma, ou várias, estéticas.

184   *Lições de Filosofia Jurídica*

Em todo o caso, é possível encontrar várias formas de pintar a natureza (na sua diversidade, nunca limitada ao reino botânico – e até para além das taxonomias de Lineu). Tal pode fazer-se, por exemplo, recusando--se o estilo minimalista da natureza morta.

A melhor exposição que até hoje ouvimos sobre as relações entre Direito natural e Direito positivo ocorreu em Córdova, nas II Jornadas de Direito Natural. François Vallançon projectou duas imagens: um jardim à francesa e uma bela floresta outonal. Confrontou então os *slides* com as palavras de um chefe de cave de Champagne, colhidas para um anúncio publicitário. Algo como isto: "aqui, em Champagne, procuramos conciliar o melhor que a natureza tem, com o melhor que o homem é capaz de fazer". O melhor que a natureza tem é a floresta, bela na sua indomada espontaneidade. O melhor que o homem pode fazer com a natureza vegetal é o rendilhado dos jardins...Ou o *Champagne...*

Mas recordemos que a floresta é uma natureza vivíssima, e, curiosamente, o jardim à francesa é muito mais paisagístico que ela...

III. *A Poesia sobre a natureza: uma outra natureza morta, uma outra paisagem*

1. *A redescrição poética da pintura*

No quadro dos exercícios – sempre muito esclarecedores – de redescrição, ousaríamos apresentar-vos três exemplos de quadros de natureza. Fazemo-lo animados por esta passagem do Prefácio do discurso à Academia, da autoria de La Bruyère, no qual afirma: "Todo o escritor é pintor, e todo o excelente escritor é excelente pintor".

Sendo os poetas os escritores mais depurados, e concisos, por natureza (além de que não raro a poesia encerra – ou é já – filosofia profundíssima [211]), pedimos autorização para submeter à vossa apreciação a visão da natureza presente em três poetas de três momentos da Modernidade: os séculos XVII, XIX e XX. E, para não perder o *Verfremdungseffekt*, este efeito de desfocalização dramática sempre vital nestas liturgias de representação como as conferências ou os colóquios, apelamos para o testemunho de três poemas alemães – seria muito fácil e perigoso (por causa de conotações imediatas) encontrar trechos escolhidos no mundo sem fim de outras belas literaturas... Mas quisemos provocar algum estranhamento...

---

[211] Cf., *v.g.*, Louis VAX, *La Poésie Philosophique*, Paris, P.U.F., 1985.

2. *Poemas* (*apud* Olívio Caeiro, *Oito séculos de poesia Alemã*, Lx.ª, Fundação C. Gulbenkian, 1983, pp. 83, 382, 430)

2.1. De Georg Philipp Harsdoeffer (1607-1658) – *Das Leben des Menschen*

Das Leben ist
Ein Laub, das gruent und falbt geschwind,
ein Staub, den leicht vertreibt der Wind.
Ein Schnee, der in dem Nu vergehet,
ein See, der niemals stille stehet.
Die Blum, so nach der Bluet verfaellt,
der Ruhm, auf kurze Zeit gestellt.
Ein Gras, das leichtlich wird verdrucket,
ein Glas, das leichter wird zerstucket.
Ein Traum, der mit dem Schlaf aufhoert,
ein Schaum, den Flut und Wind verzehrt.
Ein Heu, das kurze Zeit bleibet,
die Spreu, so mancher Wind vertreibt.
Ein Kauf, den man am End bereut,
ein Lauf, der schnaufend schnell erfreut
die Wasserstrom, der pfeilt geschwind,
die Wasserblas, so bald zerrint.
Ein Schatten, der uns macht schabab,
die Matten, so graebt unser Grab.

2.2. De Wilhelm Busch (1832-1908) – *Es sitz ein Vogel auf dem Leim*

Es sitzt ein Vogel auf dem Leim,
Er flattert sehr und kann nicht heim.
Ein schwarzer Kater schleicht herzu,
Die Krallen scharf, die Augen gluh.
Am Baum hinauf und immer hoeher
Kommt er dem armen Vogel naeher.
Der Vogel denkt: Weil das so ist
Und weil mich doch der Kater frisst.
So will noch ein wenig quinquilieren
Und lustig pfeifen wie zuvor.
Der Vogel, scheint mir, hat Humor.

2.3. De Gottfried Benn (1886-1956) – *Anemone*

Erschuetterer –: Anemone,
die Erde ist kalt, ist nichts,
da murmelt deine Krone
ein Wort des Glaubens, des Lichts.

Der Erde ohne Guete,
der nur die Macht geraet,
ward deine leise Bluete
so schweigend hingesaet.

Erschueterer –: Anemone,
du traegst den Glauben, das Licht,
den einst der Sommer als Krone
aus grissen Blueten flicht.

3. Comentários estéticos e juridico-filosóficos

3.1. Comentários estético-existenciais

A paisagem, em geral, é a natureza cristalizada numa captação subjectiva dum momento que se torna eterno pela pintura. Esta chapa instantânea da natureza revela evidentemente numerosas mutações, quer naturais, quer do estado de alma do pintor: mas não deixa de ser o retrato dum momento de certo lugar, real, ou imaginário.

Ora, os elementos da paisagem são-nos apresentados numa certa tonalidade melancólica, no texto de Harsdoeffer. É essa paisagem que ele pinta.

A paisagem em questão simboliza o devir da vida (sempre votada ao fracasso). É curioso observar que este devir contradiz, duma certa maneira, o cunho de cristalização do quadro, e a ausência de movimento e de historicidade normalmente presentes no género paisagístico. Mas isto é aparente. A vida que emana sob os nossos olhos neste poema é sempre a mesma; é, em geral, a vida dos homens, da espécie humana, da natureza humana. Por consequência, não é mais historicidade: não passa de um argumento sempre repetido, sempre reencarnado. Pode pois contemplar-se a vida dos homens, da humanidade, com aquela profunda amargura que nos é sugerida pela cadência do ritmo do poema alemão. Está em declínio constante, em queda.

A vida repete-se, com momentos efectivamente altos, mas irremediavelmente falhados, perdidos, perecíveis.

O símbolo da transitoriedade da vida parecerá surpreendente, uma vez que o texto, pela sua abundância estilística, parece celebrar a permanência da arte: *vita brevis, ars longa.*

Se quiséssemos atingir o mesmo fim, sem o interlúdio do barroquismo verbal, seria talvez suficiente apresentar um desses quadros de S. Jerónimo, ou de um eremita qualquer, em meditação à mesa, com o crânio nu, o crânio morto. Essa seria a versão "natureza morta".

No texto de Gottfried Benn, *Anemone*, o autor está profundamente emocionado por um elemento da natureza, a anémona, simultaneamente discordante quer do resto da natureza circundante (que é *fria e nada*), quer da cultura ou da sociedade, que é cultura (*estranha ao bem*). Haveria, assim, por vezes, numa natureza *natural* (não a natureza reelaborada dos artistas e dos cientistas) elementos *contra natura.* Como? A natureza estaria simbolicamente morta. E na natureza vista e avaliada pelo observador (quer dizer, no quadro, cuja paisagem é a mais límpida imagem da janela do mundo, como poderia talvez dizer Giovani Papini) há elementos vivos, emergentes. A anémona é um elemento do mesmo modo natural e também faz parte do "verdadeiro" quadro da "verdadeira" natureza como os restantes: é, evidentemente, a escolha romântica e simbólica deste elemento que o demarca do restante e lhe confere uma função especial.

É apenas para o observador, o poeta, o pintor desta natureza, que há, numa paisagem hostil, fria, perversa, um elemento que sobressai, a anémona, símbolo de fé, coroada pelo Verão.

Por estes dois textos se compreende que a paisagem nunca é, para o artista, uma natureza morta, nem até um simples quadro do espectáculo do mundo.. A paisagem assemelha-se à vida do homem (é a vida na sua fugacidade, na sua vulnerabilidade), e, contudo, podem ver-se aí forças e elementos sacralizados, simbólicos, que nos ajudarão a ultrapassar a paisagem cultural humana, tão fria – porque a frialdade da natureza é uma projecção da que sopra na vida social corrente. A natureza torna-se assim rejeição e refúgio, lenitivo, bálsamo.

Uma ficção da historicidade factualista está patente no texto de Wilhelm Busch, *Es sitz ein Vogel auf dem Leim.*

Não passa duma historieta, mais precisamente duma fábula. As fábulas, de Fedro, Esopo, La Fontaine, são tesouros preciosos da sabedoria humana. Para o saber, não é necessário ler Propp, Bruno Bettelheim ou von Franz... Mas são todos tão esclarecedores que nos permitimos aconselhar a sua leitura.

O mundo dos animais, mundo natural, é no entanto muito diferente do das plantas, reino por excelência da paisagem. Plantas que normalmente reinam do mesmo modo sobre as naturezas mortas, que são os cenários civilizados, culturalizados, humanizados, montados com elementos desenraizados do seu ambiente natural, do seu ecossistema, poder-se-ia dizer hoje.

Não é por acaso que o início do Digesto, numa passagem controversa mas nos nossos dias ainda pouco conhecida (apesar do delírio zoologista de um Singer), considera o Direito natural comum aos homens e aos animais – mas nada diz sobre as plantas.

O texto *Es sitz ein Vogel auf dem Leim* conta-nos o destino, aliás tão natural como cruel, do pássaro na impiedosa cadeia alimentar. A natureza animal (quer dos irracionais, quer dos homens) está – ai de nós – bem pouco ajustada ao "humanitarismo" animalista do Digesto, e ainda menos aos direitos do reino vegetal, tão na moda em alguns meios, que chegam a considerar a dignidade e a vida animais mais importantes que as do Homem...

Todavia é preciso notar que o texto em questão é ambíguo: a natureza animada é guerra, é luta, é a devoração de uns pelos outros. Melhor: do mais fraco pelo mais forte.

E, no entanto, os que recusam esta lei da natureza verdadeiramente injusta, os humanitaristas ou os contemplativos, saem desta cadeia, que a todos encadeia, por um salto. Por uma sublimação. A sua candura, o seu assombro, a sua indignação, até o seu exílio terá como recompensa o destino do pássaro – "Porquê eu?". *Porquê eles*? "*Porque...*" Simplesmente "Porque!!!" – dizem as crianças, mais próximas que nós do estado de natureza.

Entretanto, esses marginais vivem a vida, gozam a paisagem. *Vita brevis.*

A natureza viva tornar-se-á morta. Isso é certo – seja por decadência, por velhice (*Das leben ...*), seja por morte violenta *às mãos* do mais forte (*Es sitz ein Vogel auf dem Leim*). A única redenção está no tempo dedicado à contemplação das boas e belas coisas.. A arte e a natureza (como paisagem que se contempla e que parece intocável) são motivos de alegria, no entretanto.

Anémona é o exemplo da paisagem como ópio. Sabe-se – o texto mostra-o – da frieza do mundo. E também a sua lógica, prisioneira da força e do morticínio. E emocionamo-nos com o milagre duma simples anémona.

A anémona é a nossa possibilidade de amor e de alegria nesta terra de exílio.

Mesmo perante a sorte do pássaro (ou mesmo perante o inevitável do que lhe acontece), a solução proposta por Busch é de se passear, de divagar, de se dar apreço às pequenas coisas... Ele tem a consciência do inevitável. Então...

3.2. *Comentários jurídico-políticos*

Vimos a natureza pintada pela poesia. Três poemas de três épocas e estilos bem diversos apresentam-nos a natureza em toda a sua ambivalência ou ambiguidade.

Ela muda, morre – mas pressente-se também o seu renascimento, no texto *Das Leben des Menschen*:

Natureza viva – Homem – Fénix que pode renascer.

Algumas vezes é inóspita – mas tem no seu seio elementos vitalistas suficientes para nos comover, no texto *Anémona*:

Natureza – Paisagem com elementos de primeiro plano (símbolo destacado da paisagem, que funciona como cor local, quase como "decoração").

Ela é luta, guerra, morte inevitável, vitória do mais forte – mas é preciso aceitar estoicamente o inevitável, e viver a vida de cada um, como em *Es sitz ein Vogel auf dem Leim*:

Natureza – agonismo – ordem natural "injusta" – negação seja da natureza morta, seja da paisagem na sua mobilidade.

Quer dizer, a natureza, em si mesma, parece ser o mais diferente possível dos dois exemplos pictóricos dados: ela é sobretudo vívida, diálogo de vida, dialéctica, integração e união dos contrários, da vida e da morte, o que é o mesmo: para que o gato viva, é preciso que o pássaro morra. Mas para que possa morrer, é evidente que deveria ter tido tempo para crescer. Trágico. Natural.

Já o deveríamos ter suspeitado. A natureza natural é o inverso da natureza cultural do pintor.

Isto leva-nos novamente ao problema da cultura, da acção humana, da normatividade humana, numa palavra, ao Direito, tudo o que pressupõe e implica.

O Direito é, como toda a pintura, um produto cultural que deriva, em última instância, duma realidade, dos dados, da natureza. De uma natureza sobre que age, e de uma natureza em que se baseia (a aspiração natural à justiça).

Num caso, o sentimento do belo e o desejo de fazer coisas belas, de ver, imitar, de transformar e mesmo ultrapassar o que se vê.

Em outro, o sentimento do justo e o desejo de tornar a vida social mais organizada, mais justa, pela imitação das leis naturais e sociais, pela sua transformação e melhoramento.

É assim claro que o jurista, tal como o pintor, pinta uma natureza conforme os seus olhos e as suas mãos, o seu ambiente e a sua vontade, a sua cosmovisão.

Algumas vezes, nada mais faz do que receber as leis da natureza e extrair-lhes as consequências, duma maneira lógica, prudente. Não somente lógica, mas com a *sagesse* do conhecimento da vida, quer dizer, a ciência da situação e da mutação naturais do social. Ele apercebe-se das transmutações da vida do homem, desde o berço à tumba, com todas as suas glórias e todas as suas desgraças, como no poema de Hartsdoeffer.

Outras vezes, o Direito muda de ponto de vista, ou de perspectiva. Dá razão ao mais forte em cada momento. Como não é raro acontecer às leis do trabalho, que vagueiam ao sabor das leis do mercado conjuntural dos recursos humanos, como já o notava muito sagazmente Michel Villey. Assim, para retomar o poema de W. Busch, o empregado ou o patrão serão, na oportunidade, quer o pássaro, quer o gato.

Finalmente, o Direito tenta também criar bolsas de emoção (ou de ilusão), e ao ver a justiça (procurando fazê-la) na geral injustiça das relações naturais – descobre anémonas na frigidez ambiente, e vela para as proteger. No entanto, sabe-se que o positivismo legalista e o jusnaturalismo positivista se dão involuntária mas objectivamente as mãos para que o Direito se limite ao bom andamento da aplicação das leis positivistas, ou a fazer pagar dívidas tituladas sem sombra de veleidade de transformação social pela justiça.

Para eles, o Direito é natureza morta. E a justiça uma paisagem de cenário, artificial e longínquo.

Embora uma intervenção excessiva do Direito, como que investido em funções de engenheiro social, não possa conduzir senão à perversão da função. Só no interesse da natureza humana e da dignidade da pessoa é que o Direito pode sair da sua função primordial de atribuir rigorosamente a cada um o que é seu. E isto porque esta humanidade do Homem é um título jurídico: e o mais sagrado.

Do que temos vindo a expor poder-se-á concluir, um pouco paradoxalmente, no que concerne ao Direito natural:

Se a natureza morta se assemelha ao jusracionalismo (com elementos naturais roubados ao seu *habitat* natural, submetidos a uma vontade e não às leis da natureza), e se ela anuncia do mesmo modo o positivismo legalista na sua versão mais *kitsch*, a paisagem já não será capaz de salvar o Direito natural.

Parece dar-nos uma visão da vida, da vida natural no seu meio normal. Mas fá-lo sempre, por sua própria definição e pelas regras do jogo da pintura, que não pode desrespeitar, através da janela do quadro, com o enquadramento (a moldura, tantas vezes também), apresentando-nos uma visão do real. E, nesse pormenor, não se trata duma visão fixa exclusivamente devida à arte bidimensional e sincrónica da pintura: porque a sugestão do movimento é, neste género, quase desconhecida. Assim, ganha consistência a ideia segundo a qual a paisagem, tomada pelas suas regras e pela tradição do género, se assemelha cada vez mais ao jusnaturalismo positivista dos nossos dias – sempre a querer apresentar-se como clássico e superando o racionalismo, mas sempre imobilizado pela sua sujeição aos títulos jurídicos.

Parece do mesmo modo que o Direito natural clássico, o Direito natural autêntico, é muito difícil de encontrar em pintura, e muito mais ainda numa analogia forçada.

Estará ele presente no retrato, género burguês, ou ocultar-se-á no ícone, fórmula mística?

Ou teríamos nós necessidade de prosseguir os nossos esforços sinestésicos procurando em outras artes? Seria ele porventura mais fácil de encontrar no teatro, tão surpreendentemente celebrado numa *Antígona* de Sófocles e num *Mercador de Veneza* de Shakespeare, que estas peças não cessam de ser citadas pelos jusnaturalistas? Mas uma coisa é o conteúdo e outra o continente. Procuramos este último. O cinema? A fotografia, como já o recordou Bernard Edelmann? Ou a arquitectura, cujas relações com a filosofia nos fazem evocar Wittgenstein, e as relações com a política (uma política *lato sensu*, recordemos) vêm pelo menos de Aristóteles.

Seria uma música de fundo?

Ou apenas a proporção da álgebra?

Os exercícios de redescrição são livres, desde que sejam congruentes e de valia equivalente à do objecto que pretendem descrever: no nosso caso, o Direito. Poderá utilizar-se toda a ciência, toda a arte, etc. E somos muito cépticos sobre um afecto ou uma analogia evidente entre duas realidades de espírito absolutamente distintas. Talvez o afastamento possa ser, pelo contrário, a melhor garantia duma certa probabilidade de redescrever o objecto em vista. Uma demasiada proximidade pode fazer escapar os conceitos, algumas vezes não suficientemente estranhos para provocarem o choque de mentalidades desta espécie de *brainstorming*.

No que diz respeito ao Direito Natural, em todo o caso, ele apareceu sob a luz da pintura e dessa poesia que a evoca. Talvez tenha aparecido apenas por ser uma angústia latente do observador. Mas também se pode acreditar num certo desafio provocado pela entrada de questões postas pelas artes a que aludimos.

Falta somente precisar alguns pontos.

O Direito natural não pode ser confundido com as brutais "leis da natureza", duma natureza ou dum estado da natureza selvática à Hobbes, ou mesmo à Locke (sendo evidente que o bom selvagem de Rousseau é um mito da idade do ouro que se quer projectado em utopia para o futuro). Por conseguinte, não é um direito de morte, nem um direito duma natureza morta, ou *viva* – porque *deixa morrer*, ou porque ele é o primeiro a matar. Não é tão-pouco um direito-paisagem, uma paisagem que se torna, ela própria, natureza morta, porque é uma pura decoração, – como no racionalismo jurídico as expressões associadas ao Direito natural clássico não produziam senão um efeito retórico, já um pouco anacrónico para o seu tempo.

Um Direito natural não é fácil de construir nos nossos dias. Então, será preciso não construí-lo, não o avaliar, nem o pintar, mas redescobri-lo, na própria natureza. No nosso caso, na natureza das coisas jurídicas, que se pode descobrir onde o Direito se faz: nos pleitos, nos tribunais. Evidentemente, é preciso desenterrá-lo: passou tanto tempo! As dunas de outras racionalidades cobrem as camadas do Direito no deserto da contemporaneidade. Não há só um deserto da Filosofia [212]: há, no barroquismo do pan-jurídico de hoje, o deserto de betão do Direito.

A tarefa é muito difícil. Sobretudo porque não estamos em altura de alguém se contentar com poemas de salão ou quadros decorativos. Conhecem-se bem as debilidades das teorias anteriores.

Este não é o momento de fazer esta teoria. E contudo, mesmo desprovidos de teoria, temos as nossas certezas.

Temos a consciência da falsidade e da artificialidade do positivismo e de todos os jusnaturalismos que permanecem sobretudo – ismos. E a consciência da existência e da dimensão dialéctica, objectiva, personalista e justicialista do Direito, fundado sobre o Direito natural.

Se ele não existisse, em nome de quê cresceriam as anémonas?

Se ele não existisse, em nome de quê se protegeriam os pássaros dos gatos?

Se ele não existisse, a vida humana, tão fruste, teria valido a pena?

O Direito natural é a alma humana civilizada pela Justiça, que ela apenas entreviu uma vez, no céu das substâncias puras.

---

[212] Cf. Levi MALHO, *O Deserto da Filosofia*, Porto, Rés, s.d..

E como no *Principezinho*, de Saint-Exupéry, o Direito positivo deve ser a campânula forte e transparente, sempre forte e sempre transparente, mas substituível se necessário, que protege a rosa, ou seja, a anémona, contra as garras das leis biológicas.

Pois o lobo do *Capuchinho Vermelho* ter-se-á tornado vegetariano? E porque não? Desde que o equilíbrio ecológico se mantivesse...

Não. Na verdade, não pode haver lobos vegetarianos, por muito que tal dane os *politicamente correctos*. Essa a grande dificuldade, esse o grande desafio...

Capítulo XI

ESTÉTICAS E JURIDICIDADES

Exercícios de perspectiva

> " [...] le terme symbole est bien près de se confondre avec celui d'art. Conscient ou inconscient, le symbole qualifie, vivifie l'oeuvre; il en est l'âme [...] Elle doit être, cette oeuvre, une lutte pour la Justice en nous-mêmes, pour la Justice autour de nous."
>
> Émile Gallé, *Le Décor symbolique, discours de réception à l'Académie de Stanislas*, à Nancy, le 17 mai 1900, La Rochelle, Rumeur des Ages, 1995, pp. 45-46.

I. *Aristóteles, Kempis, Sade: Direito, eudemonismo e hedonismo.*

Do prazer dos sentidos corporais (sinal, segundo Aristóteles, de que todo o homem deseja naturalmente conhecer), ao sentido do prazer espiritual, ou do Direito hedonístico ao Direito eudemónico.

Aristóteles afirma, como sabemos, na sua *Metafísica* (1 (A): "Todos os homens têm, por sua própria natureza, o desejo de conhecer: uma prova disso é o prazer dos sentidos, pois, para além mesmo da sua utilidade, as sensações agradam-nos por si mesmas e mais que todas as demais, as sensações visuais".[213]

---

[213] ARISTÓTELES, *Metafísica*, 1 (A).

Deixemos de lado por um momento a preferência pelo visual (glória das Belas-Artes, mas também uma espécie de representação sintética de todos os sentidos [214]) e concentremo-nos na mensagem essencial do Estagirita: parece que as sensações são boas em si mesmas, que o prazer dos sentidos é um facto da natureza humana, e que está relacionado com a ânsia de saber.

Não encontraremos ligações entre os simbolismos do pecado de Adão, e as duas árvores do paraíso (das quais uma era da ciência, ou do conhecimento), e esta relação do filósofo grego. Sentir, sobretudo ver, para conhecer, tal liga, de facto, o prazer da acção ao prazer do resultado: é agradável ver belas coisas, é bom conhecê-las.

Todavia, esta harmonia pode ser quebrada.

Livro pelo menos tão lido pela nossa herança cultural como a *Metafísica*, *A Imitação de Cristo* parece responder-lhe directamente: "Todos os homens têm, naturalmente, a sede de saber. Mas para que importa a ciência sem a fé em Deus?" [215].

Thomas Kempis contra o "santo" Aristóteles? Não. Salvemos a ortodoxia do Filósofo, no seu livro por excelência [216], sem contradizer o livro de devoção:

Neste último, o visual passa a gustativo. A diferença não é menor. Não se come o que se vê. Não se toca o que se está contemplando. Mas destrói-se o que se bebe. Beber é absorver.

Assim, o prazer recomendado por Aristóteles seria o da moderação, um prazer corporal mas também espiritual. Contemplar é experimentar satisfação, extasiar os olhos, mas não é destruir, nem destruir-se. A visão educa-se e torna-se mais sagaz e subtil contemplando a beleza. No entanto, que acontece com beber?

Bebe-se para matar a sede, quer dizer, principalmente para satisfazer uma necessidade somática, corporal. Donde, salvo a degustação dos néctares dos deuses, beber não seria uma satisfação muito espiritual. Ninguém está portanto ébrio de cores (por ter visto demasiados quadros), mas é

---

[214] Martin HEIDEGGER, *Sein und Zeit*, I, I, V, R.,§ 36. O qual cita significativamente S.AGOSTINHO, *Confissões*, X. 35: "*Utimur autem hoc verbo etiam in ceteris sensibus cum eos ad cognoscendum intendimus*".

[215] THOMAS KEMPIS, *Imitação de Cristo*, II, 1.

[216] Cf., *v.g.*, Joaquin GARCIA HUIDOBRO, *Filosofia, sabiduria, verdad, tres capítulos de la Metafísica de Aristoteles (Met. I, 1-2 y II, 1) como Introducción a la Filosofia*, in "Anuario de Filosofia Jurídica y Social. Sociedad Chilena de Filosofia Jurídica y Social, Derecho y Politica", 1991, p. 11 ss.

porque se bebeu demasiado que se perde a consciência – meio caminho para a perda do espírito.

Até a sede de saber é uma embriaguês. Porque – permita-se-nos a sinestesia – o saber é uma essência, e as essências são perfumes delicados e voláteis: não são liquidos aptos a tornar-se conteúdo de todo o continente.

É o problema dos prazeres dos que têm sede: o de serem líquidos. Lembram a serpente, o mais líquido dos animais sólidos.

É a vantagem da visão e dos prazeres de contemplação: vêem o substancial, o sólido. Mesmo no etéreo vêem o tangível.

Contemplação. Uma palavra importante, e dúplice. Mas até os contemplativos, os que não vêem nada de material, guardam a imagem visual. Sentem o perfume da Graça. Morrem em cheiro de santidade. Mas diz-se que eles vêem como muitas vezes um cego afirma ter visto muito bem: porque ele o sabe e o sente. Continuemos nas imagens!...

Chegamos assim a uma teoria dos estado físicos dos prazeres:

Os prazeres aristotélicos são sólidos. Representam o equilíbrio clássico (algumas vezes bem instável) entre corporalidade e espiritualidade.

Do belo sólido sente-se a admiração (espiritual) e o desejo de posse (corporal).

Os piores prazeres são gasosos. A virtude torna-se muitas vezes desencarnada e desvanece-se no ar.

Do subtil gasoso sente-se a recordação e a nostalgia (ambos espirituais).

Os prazeres hedonísticos (que todavia se podem misturar e provocar todos os outros) são líquidos.

Do inebriante líquido experimenta-se a sede (do puro corporal).

Responder-nos-ão que se pode experimentar também a fome e a sede de justiça [217], o que justifica bem a sede de saber. E que tudo isso seria um pouco bem-aventurado.

Os contextos são reveladores.

No Sermão da Montanha, Jesus assegura que saciará esses bem-aventurados que têm fome e sede de justiça. Evidentemente, porque Ele é a Justiça e lhes fará a Sua Justiça. Então, tudo se harmoniza. A sede e a fome de justiça serão satisfeitas em e pelo Senhor, na confiança n'Ele. "A quem aproveita a ciência sem a fé em Deus?" A ninguém. *A contrario*, a sede do conhecimento, na fé de Deus, parece, em conjunção com o texto do sermão, uma espécie de bem-aventurança.

---

[217] Mt. 5, 6; Lc. 6, 21 fala somente da fome e nada mais.

198   *Lições de Filosofia Jurídica*

Aliás, fome e sede em si mesmos não são desejo de prazeres, mas manifestação de necessidades corporais, uma espécie de dor, o contrário dos prazeres.

Sólido, líquido e gasoso, sabemos que tudo é matéria, que se podem transformar, algumas vezes e em certas condições, uns nos outros, e que se comunicam entre si. É também o que acontece com o Homem, parte sólido (o corpo, *somma*), parte líquido, (a alma, *psychê*, o veículo do corpo ao divino, matéria susceptível de diversas configurações, de diversas atitudes), parte gasoso (o espírito, *nous*)[218].

Situação curiosa, a alma é líquida. A corrupção não está somente no elemento líquido pois é sobretudo de origem anímica. O hedonismo é um estado da alma que se manifesta pelos excessos do corpo. É uma espécie de cataclismo da solidez somática. Pelo contrário, o falso ascetismo é uma espécie de rigidificação da flexibilidade líquida da alma, a sua transformação em gelo perecível e simplesmente frio, por contracção da alma. O que é totalmente contrário à verdadeira ascese, que é o milagre de corpo, alma e espírito – a formação do cristal.

Toda a teoria contrária às tríades em questão falseará o problema do Ser e do Homem. Assim também sucederá para o Direito.

Direito simplesmente corporal e sólido é o dos códigos e da leis, de mármore, de papel, ou de silicone. O Direito positivo e em vigor é bom de ver-se, porque está lá, e se é justo forma um bom quadro. Aristóteles tem razão.

Mas estudar essas leis e esses códigos não é senão sede de conhecer, o que é pouco na ausência de algo de mais seguro e de mais elevado. Estamos agora na graciosidade líquida (sempre instável) da alma do Direito.

Ou consideramos que há uma alma para esse corpo legal, e que essa alma está ligada a um espírito de Justiça, ou então aceitamos que esse corpo jurídico surgiu da vontade dum legislador, que o proclama a seu bel-prazer.

No primeiro caso, aceitaríamos a seiva dum direito natural eudemónico, em harmonia com a natureza da *pólis*, e, sendo sempre o mesmo princípio de vida desta particular forma biológica, capaz de mudanças com o crescimento da árvore social. E o código genético desta seiva (o elemento mais subtil, presente, mas somente pressentido, como um perfu-

---

[218] Evidentemente, esta tripartição é clássica. Cf. o recente contributo (ortodoxo) muito estimulante de Evgraph KOVALEVSKY, *La Quête de l'Esprit*, Paris, Albin Michel, 1993, máx. p. 72 ss.

me), será, para os crentes, a lei divina, e para os incrédulos a lei da natureza ou a natureza própria das coisas (*natura rerum*).

No segundo caso, este último, ou o que suporta o *corpus iuris* (o corpo do direito) é o vinho dum capricho, o álcool que impulsiona a máquina na direcção do puro prazer.

No primeiro caso, o jurista (e o legislador) inclina-se perante a natureza das coisas, e particularmente a natureza humana; no último, acredita poder decidir conforme a sua livre vontade, sujeita às suas paixões, aos seus desejos.

Um direito como o primeiro é eudemónico, procura a harmonia social porque se conforma com a harmonia da natureza e da vida. É um direito de vida.

Um direito como o segundo é hedonístico, procura o prazer, mas, mesmo quando afirma querer o prazer do maior número, fá-lo contra os direitos de muitos, senão mesmo duma maioria.

O melhor exemplo dum direito hedonístico é aquele que, sob o alibi do direito (de facto um prazer corporal) das mulheres "poderem dispor dos seus corpos", deixa a cada mulher grávida o poder de matar o seu futuro filho. Dir-se-ia que tudo isso é feito sem poder saber a opinião daquele que será assassinado (contra o princípio da audição das partes), e também contra a opinião da sociedade, que votaria em princípio pelo nascimento, tendo aliás a obrigação de defender um dos seus membros contra o primeiro e liminar crime contra a vida que é o aborto.

Neste direito hedonístico há embriaguês. Uma embriaguês que provoca vómitos. À *Metafísica* e à *Imitação de Cristo* dever-se-ia juntar o panfleto do Marquês de Sade [219]: *...ainda um esforço, Franceses, se quereis ser republicanos...* Tratava-se ainda de um esforço para legalizar o homicidio. Já estamos no caminho: aborto, eutanásia... Lá chegaremos rapidamente.

No entanto, é preciso reflectir numa hipótese não maniqueísta, mas com variações.

O Direito natural, não é hedonístico mas também não pode considerar-se ainda eudemónico. Como a alma, ele compartilha de dois princípios.

---

[219] Sobre o hedonismo sadiano e o Direito, Stamatios TZITZIS, *L'Art du législateur: l'inspiration platonicienne chez Sade. Utopie et réalité*, in "Greek Philosophical society. On Justice. Plato's and Aristótele' s conception of justice in relation to modern and contemporary theories of Justice", Athens, 1989; Idem, *La Philosophie Pénale de Sade à la lumière de son hédonisme"*, in "Revue Pénitentiaire et de Droit Pénal", 114.º ano, n.º 1, Janeiro- Março de 1990, pp. 97 ss; Idem, *La Philosophie Pénale chez Sade et la Révolution Française*, in "Fides, Direito e Humanidades", III.

O direito dos contratos tem um momento de hedonismo, porque todos os contratantes querem ter lucro. Mas é eudemónico a partir do momento em que proíbe os pactos leoninos, e obriga a que as prestações sejam minimamente equitativas. As penas justas atribuídas aos culpados acrescentam o hedonismo vingador das vítimas ao eudemonismo geral, retributivo e de prevenção social.

Contudo, há direito puramente eudemónico. Não é o das prestações sociais, dos direitos económicos, ou mesmo dos direitos do homem, porque *nemo datur quod non habet*, e para que o Estado tenha é preciso que o tome de alguém. Não. O direito pode ser eudemónico quando distribui honras (na família e no casamento assim como nos mais elevados cargos do Estado), ou quando perdoa penas.

Mas tudo isto não passa dum esboço do verdadeiro direito eudemónico. Uma vez que ele está na dependência do Espírito, do divino, nada mais podemos fazer do que pressenti-lo, e é naturalmente raro o conjunto das suas manifestações concretas. Talvez um direito completamente eudemónico seja, afinal, não somente uma utopia, mas também o próprio fim do direito. Porque o *suum cuique* tem sempre uma componente hedonística.

Não esqueçamos que as palavras nos confundem as ideias. O direito pode ser corporal sem ser hedonístico... Para que ele seja eudemónico ser-lhe-á necessária espiritualidade e o seu supremo prazer, que é a contemplação da Justiça.

Um direito justo é um direito já eudemónico. Não é necessário um direito particularmente brando. No entanto, a verdadeira, a mais alta Justiça é a Caridade, e, assim, para os mais rigoristas, o Direito mais justo já não será o nosso Direito epistemologicamente puro. Será necessário entender-mo-nos sobre a terminologia.

Em todo o caso, poder-se-ia eventualmente simplificar e sintetizar. Mantenhamos as nossas metáforas e aprofundêmo-las:

Ou optamos pela díade, falando sempre de Direito positivo:

1) Direito injusto = não direito = direito hedonístico = direito para o prazer de alguns, mesmo de uma qualquer maioria, sob uma perspectiva qualquer (direito líquido de sentido negativo – veneno).

2) Direito justo = *suum cuique* = direito eudemónico (direito sólido – pão).

Ou então optamos por uma tríade. Vejamos duas hipóteses:

1) Direito positivo em vigor (sólido)

Direito natural (líquido no sentido positivo – a alma do Direito – seiva).

Lei natural – Natureza das Coisas – Lei Divina (gasosa, mas mais no sentido de etérea)

2) Direito positivo justo – Direito puro e simples – sólido

Direito hedonístico – líquido (venenoso = uma espécie de direito injusto).

Direito eudemónico – gasoso (utópico ou ideal ≠ Direito natural)

As hipóteses avançadas (todas metafóricas, evidentemente) permitem-nos compreender o fundo da questão: o direito simplesmente hedonístico é um não-direito. E a aspiração, jurídica ou não, a uma *eudemonia*, é sempre uma nostalgia espiritual, e benigna. Embora o amor da ordem sólida do direito que se pode ver (o Direito positivo) não seja senão um prazer sem dúvida agradável, mas menor, que nada vale, na ausência do mais importante (um direito maior, pelo menos um direito concorde com o Direito natural).

Sobre o prazer dos sentidos corporais vimos que pode ser também espiritual e daí as metáforas de estados físicos da matéria.

Que dizer do sentido do prazer espiritual?

Aristóteles parece dar-nos uma resposta à questão, pois fala dum conhecimento perseguido pelos sentidos.

Começamos então por Thomas Kempis: Parece que o *principium sapientiae* é na verdade o receio de Deus. *Timor domini principium sapientiae* [220]. O princípio dá-nos o sentido. O sentido para a ciência ou para o saber é Deus. Então, a busca da sabedoria, de todo o prazer espiritual, já não é o belo pelo belo, a arte pela arte (como no patente anti-utilitarismo da frase de Aristóteles), já não é também uma participação na Beleza, uma ascensão para a sua proximidade, mas eventualmente um caminho para a plenitude de Deus, beleza plena e fonte de toda a beleza. Evidentemente, o temor de Deus não é exactamente o amor do artista ou do sábio face aos seus objectos, mas deveremos certamente pensar que temor poderia ser a palavra da época para exprimir mais correctamente a imensidade desse Ser Todo Poderoso. Quantas vezes também no Velho Testamento se fala, a despropósito, diríamos hoje, do "Deus dos exércitos"!...

---

[220] Prov. 1, 7.

202 *Lições de Filosofia Jurídica*

Mas eis-nos chegados à eterna reabilitação de Aristóteles. Porque, se se trata do desejo de conhecer, é forçoso conhecermos a causa primeira [221], *causa causæ*, e esta não é senão Deus.

Donde se segue que o prazer dos sentidos corporais não é senão um sinal da tendência humana natural para conhecer, a qual se realizou plenamente na busca de Deus. Os sentidos e os seus prazeres estarão (ou devem estar) na pesquisa ou na busca do Absoluto.

Há um prazer espiritual, ao qual se chega pelos sentidos corporais espiritualizados. É na verdade a imagem do perfume: líquido alcoolizado que se não bebe (o que seria um puro hedonismo de mau gosto), expande-se pelo ar inundando-o duma fragrância imaterial mas real. É evidente que criámos imagens. É impossível, e seria mesmo presunção, e até profanação, descrever o Indescritível, o Inefável [222].

Com o Direito passa-se o mesmo.

Não se chega ao direito divino a não ser através do Direito natural e algumas intuições mais, que fazem evocar as essências dos perfumes. Muitas vezes mesmo, não é possível chegar ao Direito natural senão pela comparação dos Direitos positivos, sincronica e diacronicamente. E é frequente atingir-se a formulação do princípio de Justiça pela ideia de imperfeição do real, do vivido.

Procura-se a causa das causas jurídicas pelo julgamento dos efeitos. Pelos frutos conhecer-se-á a árvore. Mas isso não é possível senão porque cada um de nós participa da essência divina, porque fomos criados à Sua imagem e semelhança [223], tendo gravada no coração a lei natural, lei moral comum a todos, fiéis e infiéis, e base de todo o julgamento, logo, de toda a juridicidade também [224].

O prazer corporal em Direito é primacialmente a eficiência do sistema jurídico, a sua saúde exterior, a ordem. Todo o abuso de coerção e toda a fruição a expensas de outros são perversões hedonísticas do direito. O prazer espiritual em Direito não pode emergir senão pelo sentido de justiça, o sentimento de fazer ou de contemplar a justiça.

Voltemos a Kempis, e façamos as transposições: a sede de saber, em direito, é a sede de direito, no sentido simples de ordem. Todos os homens

---

[221] ARISTÓTELES, *Metafísica*, I, 3.

[222] Cf. um lugar paralelo a estas complexas mas essenciais questões nas indagações sobre "o Insuperável" em António José de BRITO, *Introdução à Filosofia do Direito*, Porto, Rés, s.d.., p. 19 ss..

[223] Gn. 1, 26.

[224] Rom. 12, 14-15.

têm naturalmente sede de ordem, duma regra. Mas a quem aproveita o Direito sem o temor (ou o amor, já o sugerimos) de *Thémis* ou *Iustitia* (a deusa da Justiça)?

A interrogação que se põe é sobretudo aquela, que está já em Santo Agostinho: *Remota iustitia, quid sunt regna nisi magna latrocinia?* [225]. E ainda: sem Justiça, a quem aproveita o Direito?

II. *Narciso, a Estética e o Direito*

Da estética da representação (que reenvia o espectador à sua individualidade e o isola) à estética do símbolo (que faz sair o espectador da sua individualidade descobrindo-lhe ligações de que é tecida a sua existência) ou do direito nominalista ao direito onomástico

A arte do retrato e da paisagem despertada pela depuração litúrgica dos rituais protestantes, arte profana, quotidiana e burguesa, progressivamente foi impondo ao mundo moderno uma estética da representação. Se a ética protestante pôde induzir o espírito do capitalismo (como pensava Max Weber [226]), se o calvinismo criou de alguma maneira o burguês, a mesma fé evangélica, encorajando a sobriedade no interior dos templos e a simulação do desafogo no exterior (como sinais da Graça de cada um dos eleitos), contribuíu sem dúvida para a difusão dos temas e do estilo que mais convinham ao novo conquistador – uma arte que era o seu duplicado. Uma arte antropocêntrica, e mais ainda: uma arte dos negócios, das lutas, pequenas e grandes, dum homem que queria possuir o mundo. Ou seja, ensaio de fotografia, imagem, espelho.

O mundo burguês tem, face ao mundo aristocrático, uma diferença considerável – ele é, duma certa maneira, popular. Isso demonstra-se no seu gosto. O gosto aristocrático é próprio, sempre requintado (até nas suas perversões decadentes), não podendo ser imitado senão por snobismo: com resultados caricaturais hilariantes. O gosto burguês (tal como a moral burguesa: curiosas coincidências) é um pouco universal. Assim, a arte burguesa, arte de representação, foi facilmente absorvida pelo gosto popular, e este não resiste, mesmo hoje, senão duma forma muito ligeira, como

---

[225] S. AGOSTINHO, *De Civitate Dei*, IV, 4.

[226] Max WEBER, *Ueber die protestantische Ethik und den Geist des Kapitalismus*, 1920-1921. Cf., num outro sentido, José Manuel MOREIRA, *Liberalismos: entre o conservadorismo e o socialismo*, Lx.ª, Pedro Ferreira, 1996, p. 12.

204   *Lições de Filosofia Jurídica*

kitsch ou arte *naïf*, curiosidade folclórica, artesanato... Uma vez que os valores da arte burguesa nos foram impostos – e de mais a mais duma maneira condescendente, lançados a uma terra pronta para a sementeira – aparecem-nos muito naturalmente como sendo os únicos, os verdadeiros, os naturais. É por isso que toda a arte vanguardista, que destrói as normas que a arte burguesa absolutizou, é radicalmente impopular [227].

Dos primeiros passos na Renascença, ela própria burguesa, à "pintura dos géneros" no século XVII holandês, ao romantismo individualista, determinado por Beethoven, na música, depois que se apercebeu de que a surdez seria uma fatalidade, a arte burguesa assenta sobre um princípio narcisista: ela retransmite, como um espelho, o que nele se projecta. E nada mais do que isso. A arte burguesa (abrangendo, evidentemente, todos os realismos, seja o neo-realismo dos filmes a preto e branco italianos, seja o realismo socialista dos monstruosos palácios de cultura e estátuas de musculosos trabalhadores estalinistas) é uma arte representativa. Pode, como os espelhos de luna-parque, deformar o real. Mas o real é sempre a sua referência e o seu horizonte.

A arte da representação é assim como Narciso [228]: ele olha-se sempre (a si mesmo), e nunca a ninguém mais. Tal é a atitude do espectador da representação simples: julga se ele próprio está bem ou mal representado. E acontece-lhe apaixonar-se pela obra, verificando-se a existência duma profunda similitude entre aquela e ele próprio, autor ou público. É o caso de Narciso (exemplo público, embora a sua imagem seja a sua obra involuntária), de Pigmaleão (exemplo de artista, ainda que a semelhança em causa não seja uma questão figurativa, o que está melhor explicado pelo *Pigmaleão* de Bernard Shaw e melhor ainda pelo filme *My Fair Lady*) e provavelmente também por Leonardo da Vinci, retratado no seu enigmático *Gioconda*.

A essência da arte, nesta visão, não está para além da representação. Porque o espectador dá-se, ele próprio, como sentido. Assim, o objecto artístico mais do que anunciador, mensageiro duma ideia, por exemplo, não precisa de mais nada do que desta beleza (de maneira nenhuma sublime) que é o de ser o reflexo de um homem, de uma sociedade, ou de um mundo conhecido (eventualmente ocultando-lhe as rugas e as misérias). Isto não é senão um nome. O que os frutos do nominalismo têm em comum é o sublinhar a sua própria desgraça. A arte simplesmente repre-

---

[227] José ORTEGA Y GASSET, *La Deshumanización del Arte y otros Ensayos de Estética*, 2.ª ed., Madrid, Espasa-Calpe, 1992 (1.ª ed. 1925), p. 49 ss.

[228] Seguimos a versão mais clássica deste mito, OVÍDIO, *Métamorfoses*, III, 6.

Estéticas e Juridicidades

sentativa, sem transcendência, não é por conseguinte mais do que uma arte cuja alma é um empréstimo que cessa quando o crédito acaba. *Aliquid stat pro aliquo*? É na realidade uma operação bancária. Não. É verdade que a moeda-ouro representava valor, mas ela era-o também. O papel das letras de crédito não é mais do que papel. Donde vem a sua força, o seu valor?

Pois bem, do Direito. Ou da função do Direito.

Perguntar-se-á sobre a relação desta operação financeira.

Indignar-se de quê? Finanças, mester pouco estético, mas representativo, igualmente.

O papel é ao mesmo tempo do ouro, o ouro está nele pelo seu valor. E na arte? A obra é por e pelo belo, um certo belo, assim representado.

Mas vejamos: o papel pode ser o mesmo ou um outro: será sempre, ou deixará de ser, sinal do valor. Tudo o que decide da sua sorte está noutro lugar – nos poderes que lhe conferem realidade. Todo o poder está no mandante, nenhum com o mandatário. Mudai o Direito, e os cheques, letras e livranças passarão a ser, continuarão a ser... papel.

Mas poderemos dizer o mesmo da obra de arte?

À primeira vista, não, já que toda a arte, mesmo a representativa, tem, em si mesma, um valor estético. A estátua não é apenas um rude bloco de mármore talhado, a música não é uma sequência caótica de ruídos.

Sejamos, no entanto, radicais: salvo alguns exemplos onde o espírito universal se dignou baixar sobre as obras, quando se vêem inumeráveis naturezas mortas, ruínas fictícias, retratos de milhares de pessoas, paisagens reais ou inventadas, que se poderá admirar, para além da técnica (a perfeição da cópia) e da nossa própria imagem reflectida?

Dir-se-á que somos homens. E que é natural que nos amemos uns aos outros, ao nosso mundo, e a nada mais.

Mas isso leva-nos ao problema do real. A representação não é uma opção pela realidade. É um voto pela exterioridade, pela superfícialidade das coisas.

Ora, o real não é somente o visto, nem sequer por vezes o aparente, mas é o profundo. Narciso vê efectivamente a sua imagem, mas principia por ver lá uma outra pessoa. Não sei mesmo se o eco da ninfa Eco não foi para si uma outra ilusão, deste vez auditiva, ainda que em sentido contrário.

O real representado quer-se o retrato "do outro", mas – sempre a Mona Lisa – subsiste o retrato de si mesmo. O artista vê-se no seu modelo. E é por isso que acaba por apaixonar-se por si próprio. É o mesmo que o doente psiquiátrico com o seu médico. Vê-se no espelho do outro, descobre-se. E ama-o, amando-se.

Todavia, Mona Lisa oculta o segredo do seu sorriso. O sorriso pode ser real, mas transporta ao transreal. Como símbolo, não é Magritte, não é Dali, não é Borges, mas chega muito bem.

O real representado deve anunciar o real não-dito. Senão, a representação não será mais do que um nome, sem significado: porque se está bem oco se tudo o que contivermos vier sempre de fora.

Este nominalismo artístico tem várias artimanhas. Por vezes disfarça--se em abstracto. Então, dir-vos-ão, não tendes mais a letra à vista que diz X euros. Não possuís mais do que um papel branco ou preto, ou uma carnavalesca mistura de cores. Será que isso vale X euros?

As galerias poderiam dizer-vos o seu preço. Por vezes astronómico. Mas esse não é o nosso trabalho, são loucuras do mercado.

O problema é que apresentando-se este pedaço de papel contra algum valor, estético ou monetário, o artista não ultrapassa a rigidez e a superficialidade da representação a olho nu: faz *bluff*.

Ele nada vê, ou obstina-se em ser cego ante o aparente. Isso não o torna de modo nenhum um visionário do inaparente.

As primeiras obras da grande ruptura com o figurativo (e com o melódico) tiveram certamente um efeito salutar: quando bem lidas denunciavam o artificialismo, o academismo, a cristalização da arte burguesa. Os primeiros *ready-made* de Marcel Duchamp eram, parece, a expressão duma atitude coerente: o autor quis denunciar, e depois retirou-se, gracejando (burguesmente) dos insucessos dos seus últimos quarenta anos [229]. Mas nos nossos dias, quando este tipo de exposições se tornou rotina, que audácia se pode ainda ver na ausência de desenho e de figuras?

A arte integral deve ser simbólica [230]. Isto implica que ela supõe uma realidade matizada e dupla; de facto, duas metades separadas, mais duas metades da mesma peça. Um símbolo não é outra coisa [231].

Na arte do *bluff*, não temos (na melhor ou na mais cândida das hipóteses) senão uma mensagem que já o não é mais: um grito angustiado contra a vida, a sociedade, etc.. É produzir demasiado para dizer uma tal banalidade. Então, uma vez que a mensagem é nada ou quase nada, nada

---

[229] Cf., v.g., Waldemar JANUSZCZAK/ Jenny MC CLEERY, *Understanding Art*, Macdonald, 1982, trad. port., *Compreender a Arte*, Lx.ª/S. Paulo, 1984, p. 62.

[230] Tomamos assim a palavra num sentido bem diferente do utilizado por HEGEL, *Estética*, II vol., trad. fr. de S. Jankélévitch, Paris, Flammarion, 1979, p. 8 ss.

[231] HERÓDOTO, *Histórias*, VI, 86.

mais temos do que um fantasma sem significado. E quanto ao sinal, uma vez que ele nada diz em si mesmo, não passa dum nome ou uma sonoridade oca. Talvez um eco das palavras dos Narcisos *snobs* que o admiram nas suas exposições, cada um inventando uma idiotice mais inteligente que a outra sobre o sentido profundo desta massa muda.

A arte do *bluff* não tem hoje, enquanto arte, nenhuma das metades do símbolo. Embora exista como objecto, evidentemente. Mas está toda apenas nisso: não tem avesso...

A arte representativa esgota o seu sentido na sua matéria ou forma imediatas, tendo um sentido tão próximo do representado que se confunde com ele.

Só a arte simbólica tem, em toda a sua dimensão, tanto um significante como um significado, ligados por profundas relações.

A arte do *bluff* não é simbólica porque nada pode simbolizar – é demasiado *cryptica*.

Do mesmo modo para a arte representativa, excessivamente fanérica.

A arte simbólica conhece e exprime o real em todas as suas dimensões, quer na sua face visível, quer na oculta. Mas a face visível da arte simbólica deixa adivinhar, pelos elementos reais (ou conhecidos) transfigurados, a realidade visível da outra face.

A arte representativa centra-se sobre o indivíduo e sobre o seu narcisismo. A arte do *bluff* começou por atacar, por aniquilar, chocando: o público não compreendia nada dessa peça musical que não é mais do que o ruído dos espectadores aguardando o seu começo, ou essas esculturas feitas de garrafas vazias, espalhadas ao acaso. Rapidamente esta última se transformou em arte decorativa, ao mesmo tempo que também se apropriava duma função financeira de investimento...

A arte do *bluff* corresponde ao momento em que Narciso, tendo compreendido que o outro era ele mesmo, turva a água cristalina com o sal das suas lágrimas. A arte do *bluff* começou por ser o sal para a arte figurativa. Mas o resultado foi a turbação das águas e da sua imagem. Quer dizer, um pouco de si mesmo. Já que Narciso, como a sociedade, vive da sua imagem (como a rainha feiticeira da *Branca de Neve* vive da lisonja do seu espelho).

A arte simbólica estilhaça o espelho. Mas este retém a memória e a consciência de si mesmo. Se a arte do *bluff* é somente mensagem (grito, protesto) ou ausência de mensagem; e se a arte representativa não é mais do que a mensagem puerilmente descrita no seu corpo visível e legível, a arte simbólica transporta-nos do visto ao que se não viu, mas pressentiu: é uma arte de analogia, de presunção, de alegoria, ou melhor – porque a alegoria, rigorosamente, é muito aberta, muito eloquente, no seu sentido – de metáfora. Daí o seu jogo de claro-escuro, de dito-não dito. Coisas reveladas e coisas ocultas.

Aqui Guilherme d' Ockam tinha plena razão: não se pode chegar ao conhecimento duma coisa por meio duma outra se não se tem um certo conhecimento da primeira [232]. Não podemos facilmente compreender a arte representativa da pintura se somos cegos, ou da música se somos surdos. Certamente que a experiência intelectual ou táctil poderá ajudar-nos a compreender tudo isto; mas compreender é uma coisa, viver é outra. Do mesmo modo não se compreende a arte do *bluff* porque o seu universo ou é simplesmente o nosso, o nosso do quotidiano (o caso das garrafas vazias, que nada têm de artístico), ou nos mergulha em direcção a uma outra galáxia de paisagens feéricas, ou planas e monocromáticas.

Isto é também verdadeiro no que diz respeito à arte simbólica. Os símbolos falam por associações que radicam num *habitus*, numa "reserva", pelo menos pré-compreensiva. Mostrai uma suástica a um papua, ou a um pigmeu e não obtereis qualquer reacção. O que não acontece connosco, evidentemente. Mas experimentai mostrar-lhes outros símbolos, mais figurativos. A resposta será provavelmente diferente. Mas, em todo o caso, bem diferente da do público a quem esses símbolos são dirigidos.

Os símbolos emblemáticos estão entre os mais legíveis. É a sua função: identificar. Outros têm um objectivo diferente: querem também designar e comunicar, mas mais discretamente ou mesmo secretamente.

A arte, mesmo a arte figurativa, teve quase sempre um sentido oculto. Uma mensagem subliminar. Os quadros, por exemplo, são obras demasiado importantes para o artista para que ele aí não faça aparecer a sua voz, embora oculta. Quantos quadros (hoje até estampas de banda desenhada) incluem auto-retratos disfarçados! E o auto-retrato é a mais simples das mensagens ocultas.

Em suma: a arte simbólica reivindica o risco de más interpretações, mas reclama a glória da interpretação da obra de arte – uma interpretação mais variada que a das coisas claras. Ela deve pontificar, servir de ponte entre os diferentes graus e gradações do Ser. Assim, partindo do realismo figurativo (da observação de Narciso), e conhecendo o risco da turvação da água e da alma (o choro e a morte de Narciso), ela ousa a metamorfose, simbólica e compreensível para quem conhece o mito: a arte simbólica é a flor que resta quando as ninfas e as dríades vieram procurar o seu cadáver.

---

[232] GUILHERME D'OCKAM, *Ordinatio*, pr. 99.

A arte representativa teria pintado um cadáver. A do *bluff* (na melhor hipótese), uma expressão de desespero, ou do vazio – mas isto para todo o drama, como para toda a alegria. A arte simbólica apresenta-nos uma bela flor.

Que lição para o Direito?

O Direito tem também duas metades. A mais profunda, o seu sentido, que é a Justiça, ou o caminho para a Justiça. Chama-se, há muito tempo, Direito natural (ou ainda: *natureza das coisas, Direito divino, Direito vital,* etc.... outros lhe chamarão "apenas" *dialéctica*). O sinal (significante) da metade mais epidérmica é o do direito que nós vemos como lei, costume, jurisprudência, doutrina, etc.. A água que podemos saborear nas suas fontes, é o Direito positivo.

O Narciso jurista encontra-se apaixonado pela perfeição da sua obra, da sua imagem – e como não vale mais do que o seu direito, ele não é senão isso. O jurista nominalista, positivista, poderia ter sido retratado por Archimboldo como um rosto feito de papel de leis e de sentenças.

Uma escola de direito livre, um sociologismo jurídico, ou uma desorganização legal são como esses Dadaístas de Colónia que distribuiram machados aos visitantes da "mostra" para que eles próprios despedaçassem as obras expostas.

Há uma possibilidade de simbolismo jurídico? E isso não seria uma complexificação de diletante, num momento em que precisaríamos sobretudo da racionalização?

Não se trata de modo nenhum de leis em termos ambíguos, ou de sentenças obscuras, que assim poderiam levantar um pouco o véu da justiça oculta. De maneira nenhuma. A questão é a passagem do Direito nominalista, que acredita sê-lo por decisão dos poderes e dos seus textos, mutáveis ao sabor dos ventos (significante apto a todos os sentidos), a um direito onomástico, quer dizer, a um direito que denomina as coisas e conhece os seus nomes, logo, o que o constitui.

O direito narcisista não mostra apenas a suficiência pacata do jurista burguês, satisfeito com a sua obra e com a sua profissão burocrática, rotineira e submissa perante os poderes.. Mostra sobretudo essa vacuidade de sentido, essa mutabilidade de conteúdo, essa indiferença que permite tudo. O Direito nominalista é a imagem na água do Narciso-poder: ela imita todos os gestos deste. E por isso, por esta submissão acéfala, acrítica, burlesca (se não fosse trágica), o Narciso-poder crê-se ele próprio também Direito, vê-se como Direito, e ousa mesmo, algumas vezes, chamar-se a si próprio Estado de Direito. Da mesma maneira, considera que o Direito

210   *Lições de Filosofia Jurídica*

não é senão poder e inclui a imperatividade e a coacção nos caracteres essenciais da definição da coisa (ou da "norma") jurídica.

Uma estética do símbolo faria ver para além da *tranquilitas* do eco, do visto. Uma juridicidade atenta ao símbolo far-nos-ia consciencializar que o Direito nominalista não é senão o Eco de Narciso-poder: repetindo-lhe as últimas palavras de cada frase.

E esta juridicidade retomaria, alternativamente, o sentido profundo do ser do Direito, saído da constante e perpétua vontade de atribuir a cada um o que é seu [233].

Mas isso parece incoerente. Porque o *seu* de Narciso não é a imagem justa, pura e fotográfica de Narciso?

O seu de cada um não é o que já se possui? Então, Narciso tem-se a si próprio. *Rien ne va plus*, diz o *croupier* da História.

Ilusão positivista, mesmo entre os vários jusnaturalistas, acreditados ou de nome. E até entre muitos espíritos sábios e sinceros. Mas ilusão. Porque Narciso não se possui a si próprio. Aliás é por isso que perecerá. Tal é uma impossibilidade, não somente lógica e contrária às leis da Física. Trata-se também de um absurdo moral.

Narciso morre porque não está preparado para o convívio, porque é demasiado legalista: nada mais vê que o seu texto.

Assim, esses devotos do *suum*, esses jusnaturalistas que denominámos jusnaturalistas positivistas, gostam tanto do que pertence a cada um por lei, contrato, testamento, enfim, por *título*, o que já está no património de cada um, que esquecem o que é mais importante para cada um em parti-cular, e no Direito em geral: a Pessoa, e a Justiça.

Se nos limitamos a atribuir a cada um o seu por título, sem com-preender o que há de mais importante nele [234], a dignidade que a natureza humana confere, seremos a linha de água, espelho de Narciso. Linha fugaz que um golpe destrói.

Decididamente, o corpo perfeito de Narciso não lhe é devido. Sê-lo--á talvez a Eco, a ninfa que repete as suas palavras, e com elas cria ternas e angustiadas poesias. Mas ele prefere as delícias da sua aparência, aos recursos de amor da diferença de ambos, como diz a *Cantata de Narciso*.

---

[233] D. 1,1, 10; *Inst. Iust.* 1,1,1.

[234] Contudo, é preciso distinguir entre a mística dos direitos do homem e este reconhecimento da natureza humana como título jurídico. No primeiro caso, fala-se dos mitos, no segundo, duma verdadeira origem. Cf. Michel VILLEY, *Le Droit et les Droits de L'Homme*, Paris, P.U.F., 1983, e o *nosso Princípios de Direito, Introdução à Metodologia e Filosofia Jurídicas*, Porto, Rés, 1993, máx. pp. 81-96 *et passim*.

A propriedade, um dos mais importantes pilares do Direito, tem exactamente o mesmo problema de Narciso, *mutatis mutandis*. O que é de cada um não lhe é pessoalmente devido para que ele o possua sem moderação, numa possessão cega *ex iure quiritum, utendi, fruendi et* – sobretudo – *abutendi*. Uma vez que os bens exteriores não têm a intimidade do bem de si mesmo, em corpo e em espírito, eles não são devidos a um só outro, mas também aos outros, e em especial ao seu próximo.

A posse individual é sinal da posse do género humano sobre as coisas, que deve ser o seu sentido. A propriedade privada é um facto de Direito positivo, permitido pelo Direito natural, para que as coisas sejam melhor ordenadas. O proprietário é assim uma espécie de usufrutuário neste mundo [235]. Falamos aqui de Justiça. Mas também de Pessoa. A Justiça proíbe os costumes egoístas, a atenção à Pessoa justifica também a posse privada, exercida por cada um à sua maneira, ao seu estilo.

A Pessoa é onomástica – cada pessoa *tem* e *é* um nome. Um só nome. A Justiça e o Direito (o *suum*) devem sê-lo.

O que é o Direito onomástico?

Um Direito onomástico é aquele que dá a cada coisa o seu nome e a cada um o seu direito. Porque é impossível julgar o seu direito se se confundem as palavras e as coisas.

Um Direito onomástico é aquele que não confunde os nomes, nem os das coisas, nem os das pessoas, nem os das acções. Para ele, cada coisa tem o seu nome, e cada nome a sua coisa. Não são mutáveis em caso de necessidade. Cada nome está ligado à sua coisa e cada coisa ao seu nome. É por isso que Deus atribuiu a Adão o poder de denominar os seres de Sua própria criação. Porque o bem e o mal não são simples nomes para coisas intermutáveis. E dando ao Homem o poder de denominar, talvez Deus tenha querido antecipadamente deixar-nos um sinal para desmentir Ockham, mostrando-nos que nem mesmo Ele poderia, por um acto de vontade, chamar bem ao mal, e mal ao bem. Como para a Justiça e o Direito.

---

[235] TOMÁS DE AQUINO, *Summa Theologiæ*, IIa IIae, q.66, art. 1-2; François VALLANÇON, *Domaine et Propriété (Glose sur Saint Thomas D'Aquin, Somme Theologique IIa IIAE QU 66 ART 1 e 2)*, Université de Droit et Economie et de Sciences Sociales de Paris, 1985, 3 vols.

III. *Nero, Pombal e Narciso*

Da estética como expressão de vontade ou de razão (e do Direito como expressão de vontade ou de razão geral), à estética como impressão para uma luz vinda de algures (e do Direito como recolha, pandectas)

Nero é conhecido na História como uma grande pirómano, embora tenha desejado ser um grande artista.

Pombal é conhecido na História como um déspota das Luzes, embora tivesse sido um grande pirómano.

Nero teria querido queimar uma velha Roma para fazer nascer a sua utopia. Contemplando a sua capital em chamas ia tocando a sua lira.

Pombal decidiu competir com a natureza, e depois que o sismo natural de Lisboa lhe acabaria por conferir oportunidade de se apoderar do poder absoluto, acreditou ter o poder para construir outras Lisboas sobre as cinzas do seu próprio fogo [236].

Pombal é a expressão pura duma vontade pretensamente razão e de um direito como expressão desta vontade (pessoal), mascarada de razão (geral). Pombal ou o político.

Embora tenha admiradores nesta actualidade perturbada, Nero ficou na História como um déspota menos esclarecido, e um artista certamente medíocre.

Há aqui um problema de luzes.

As luzes de Pombal, donde terão vindo? Dele próprio. E é por isso que toda a originalidade da sua obra o acompanhou na sua queda, logo após a morte do seu rei.

As luzes de Nero, donde vieram? Também dele próprio. E é por essa razão que o imperador foi assassinado pelos seus súbditos.

Os destinos dos dois políticos assemelham-se: queriam queimar o que não amavam. Por toda a parte espalharam as trevas, porque queimavam com um fogo que lhes não era próprio e porque não viam para além do que as suas trémulas luzes lhes permitiam.

O artista Nero tornou-se ridículo.

O homem de Estado Pombal tornou-se odioso.

---

[236] Cf. especialmente Oliveira MARTINS, *História de Portugal*, 20.ª Ed., Lx.ª, Guimarães, 1991, p. 349 ss.. e o nosso *Mythe et Constitutionnalisme au Portugal (1778--1826). Originalité ou influence française?* Evidentemente, Pombal não incendeia Lisboa (que, pelo contrário, reconstrói), mas Monte Gordo, para forçar os seus habitantes a mudarem-se para mais civilizada cidade...

Uma estética centrada na luz duma só estrela, e sobretudo guiada pela luz do seu criador, é como a maior parte das esculturas fosforescentes: uma pequena curiosidade mimética.

Uma política cega às luzes exteriores, condicionada pela clarividência dum só homem ou dum só grupo é um incêndio social – porque o fanatismo instala-se imediatamente.

Na estética, a luz vem de algures – da musa, da inspiração.

Donde vem a luz do Direito?

É preciso desconfiar sempre dum Direito inspirado. Porque a inspiração nesta espécie de matérias, muito perigosas, confunde-se muitas vezes com o interesse egoísta dos profetas. Quantas vezes o próprio Direito natural foi acusado de ser uma espécie de carta na manga do jogador, sempre apta a ser utilizada com não importa que valor! Mas o Direito natural não é fruto de inspiração...

O Direito não escuta a musa. Escuta as partes, olha o mundo. O Direito recolhe, acolhe e depois de decide..

A arte é mais aristocrática que o Direito.

O Direito pode contentar-se com ser um justo espelho das razões sociais justas. Seria um Narciso contente.

A arte sofre, como os heróis, por não poder unir-se a si mesma, quer dizer, à perfeição. A arte tem sempre sede de beleza.

No Direito, a voz de Deus pode ser, algumas vezes, a voz do povo. Jamais, porém, a voz popular decidirá seja o que for em Arte.

Mas é forçoso não haver enganos. O Direito não é somente absorver e ficar conformado com isso, como o lago passivo, imitando o menor gesto de Narciso. O Direito deve recolher e escolher, como a representação da Justiça no Museu de Nápoles (que colhe flores). E na sua escolha acreditar – sem queimar as etapas, sem se tornar *longa manus* duma mão de ferro política, nem simples Lira de ouro das fantasias oníricas dos poetas.

IV. *Letra e Espírito*

As vestes, as arquitecturas, as encenações, a eloquência e os textos judiciários são causa e efeito de dissimulação (dissimular para melhor se impor)?

As vestes, as arquitecturas, as encenações, a eloquência e os textos judiciários, tudo isso são rituais ou elementos da encenação ritualística. São disfarces, dissimulações, provêm daí e provocam-nas.

214   *Lições de Filosofia Jurídica*

Até a doutrina jurídica, e sobretudo a jurídico-política, está cheia de rituais. A democracia apenas técnica, ou a legitimação pelo processo, de Luhmann, ou o véu de ignorância de Rawls, ou a discussão sem fim de Habermas tudo isso resulta sobretudo em representação e em teatro. Uma casca sem sumo.

O rito liga-se, evidentemente, ao mito. Frequentemente a inconsistência deste é camuflada pela magnitude daquele.

Discute-se algumas vezes quem foi o primeiro. Na nossa opinião a questão deveria ser: qual deve ser o primeiro?

O mais importante, sob o ponto de vista do ser e do valor, é o mito. Mas o ritual parece um veículo indispensável. Pobre religião se reduzida aos seus rituais. Mas pobre também, porque certamente sem fiéis, se não possui os ritos suficientes. Só o ritual dá a uma realidade espiritual (mesmo que profana [237]) a sua dimensão material, a única acessível às massas.

E as massas, assim como os que velam pela sua paz, são fanáticas das formas que assegurem a benção dos deuses. É por isso que não honrar os deuses da cidade sempre foi (e infelizmente decerto será) um dos piores crimes do homem que pensa por si mesmo, como Sócrates.

E é igualmente por isso de Eça de Queiroz podia escrever no princípio deste século, este texto de extrema actualidade:

> "De sorte que V., em Roma, lançando ironias de ouro à divindade, era talvez um grande e admirado poeta cómico: mas satirizando (…) a liturgia e o cerimonial, era um inimigo público, um traidor ao Estado, votado às masmorras do Tuliano" [238].

O problema, assim (para a religião como para o Direito), é não confundir o cenário com a essência da peça, e não tomar a nuvem da liturgia, pela Juno (da) divindade. Assim, a letra em Direito não pode ou não deve matar o espírito, se bem que reconheçamos difícil, hoje, preservar este sem o recurso, embora moderado, àquela.

O positivismo jurídico, sobretudo o positivismo legalista, tem tudo em comum com uma estética formalista, convencional.

Leiamos alguns trechos escolhidos da estética de Pierre Reverdy (1889-1960) [239]:

---

[237] V., por exemplo, Claude RIVIÈRE, *Les rites profanes*, Paris, P.U.F., 1995.

[238] Eça de Queiroz, *A Correspondência de Fradiques Mendes*, Lisboa, Livros do Brasil, s.d. 139 (1.ª ed., 1900).

[239] Respectivamente *de Self defence*, 1919, *Le gran de crin*, 1927, *e Le livre de mon bord*, 1930-36, publicado em 1948 (citados in Marie-Louise ASTRE/Françoise COLMEZ, *Poésie Française, Anthologie Critique*, Paris, Bordas, 1982, p. 380).

Estéticas e Juridicidades

"La logique d'une œuvre d'art, c'est sa structure. Du moment que cet ensemble s'équilibre et qu'il tient, c'est qu'il est logique".

"Le beau ne sort pas des mains de l'artiste mais ce qui sort des mains de l'artiste devient le beau." [240].

Façamos as transposições necessárias. Se a obra de arte é obra de Direito, se o belo é o justo, se o artista é o jurista, encontrar-se-á no primeiro texto uma boa profissão de fé do positivismo jurídico – o qual, de facto, somente por acaso pode conduzir à Justiça, assim como esta estética somente por sorte pode chegar a arte, quer dizer, a beleza.

O segundo texto pode esclarecer-nos sobre a posição positivista no que se refere à natureza e ao Direito natural. É também suficiente fazer transposições muito simples.

"La nature est nature, elle n'est pas poésie. C'est la réaction de la nature sur la complexion de certains êtres qui produit la poésie."

"Le poète est un four à brûler le réel."

"Il ne s'agit pas de faire une image, il faut qu'elle arrive de ses propres ailes."

"L'art tend à une réalité particulière; s'il l'atteint, il s'incorpore au réel, qui participe de l'éternel, et il s'incorpore dans le temps."

"Le rêve est un tunnel qui passe sous la réalité. C'est un égout d'eau claire, mais c'est un égout."

"Les œuvres qui ne sont que le fidèle miroir d'une époque s'enfoncent dans le temps aussi vite que cette époque." [241]

O terceiro texto dá-nos indícios interessantes sobre os limites e as vicissitudes do jurista, falando embora do poeta:

"L'homme est mauvais conducteur de la réalité."

"L'art commence où finit le hasard. C'est pourtant tout ce que lui apporte le hasard qui l'enrichit."

"Pour le poète, le champ est circonscrit à son unique passion, à la pulsation de sa vie intérieure."

"Le poète n'anime pas, ses moyens ne lui permettent de rien appréhender ailleurs que sur son plan intime et restreint – il ne peut qu'exprimer directement par les seules mots, les idées, les sentiments, et bien plus encore, les sensations dont il este animé. C'est pourquoi

---

[240] *Self defence*, 1919.
[241] *Le gant de crin*, 1927.

216   *Lições de Filosofia Jurídica*

les mots ont tellement d'importance pour lui – et tant de valeur les rapports des mots entre eux, le rythme et les assonances de la phrase. Il ne dispose de rien d'autre que ça."

"Le poète pense en pièces détachées – idées séparées, images formées par contiguïté."

"Le poète secrète son œuvre comme le coquillage la matière calcaire de ses valves et comme lui pour se protéger – il n'en peut plus sortir, elle est devenue sa prison autant que son bouclier."

"L'art pour l'art, la vie pour la vie, deux points morts. Il faut à chacun l'illusion des buts et des raisons. L'art par et pour la vie, la vie pour et par l'art."

"Un bon poème sort tout fait. La retouche n'est qu'un heureux accident et, si elle n'est pas merveilleuse, elle risque de tout abîmer." [242]

A resposta mais directa ao nosso problema presente é-nos, enfim, dada por um texto de Pascal [243], que tem, aliás, já servido para fins similares pelos historiadores. Citemo-lo na tradução portuguesa da obra de Roger Chartier, *A História cultural. Entre práticas e representações*:

"Os nossos magistrados têm conhecido bem esse mistério. As suas vestes vermelhas, os seus arminhos, que os envolvem em mantos felinos, os palácios onde exercem a justiça, as flores de lis, todo esse augusto aparelho é muito necessário; se os médicos não vestissem sotainas (…) e os doutores não tivessem barretes quadrados e becas demasiado largas e de quatro panos, nunca teriam enganado o mundo, que não consegue resistir a essa montra tão autêntica. Se aqueles últimos detivessem a verdadeira justiça e se os médicos possuíssem a verdadeira arte de curar, não teriam necessidade de barretes quadrados: a majestade dessas ciências seria por si própria suficientemente venerável. Mas lidando apenas com ciências imaginárias, é-lhes necessário lançar mão desses vãos instrumentos que pressionam a imaginação daqueles com que têm de tratar; e é desse modo que se dão ao respeito" [244].

---

[242] *Le livre de mon bord*, 1930-1936, publicado em 1948.

[243] BLAISE PASCAL, *Pensées*, 104, in *Œuvres Complètes*, texto estabelecido por Jacques Chevalier, Paris, Biblioteca da Pléiade, 1954. p. 118.

[244] Roger CHARTIER, *A História cultural. Entre práticas e representações*, trad. port. de Maria Manuela Galhardo, Lisboa, Difel, 1988, pp. 21-22.

Capítulo XII

DO FIM DOS CÂNONES
AO FIM DO DIREITO
Os Quatro Cavaleiros

> *"Le 'spectre' ne 'hante' plus 'l'Europe'.*
> *Et cependant, il menace toujours le monde. Il*
> *n'a jamais été à la fois aussi invisible et aussi*
> *présent."*
>
> François Vallançon, *L'État, le Droit et la*
> *Société Modernes*, Paris, Armand Colin, 1998,
> p. 116

I. *Ritual do estilo académico tradicional*

Ao recordar as intermináveis páginas que alguns dos tradicionais professores consagravam, nos seus manuais e *sebentas*, às teorias antigas, tantas já ultrapassadas, e de si discordantes, não podem os contemporâneos enganar-se, e deixar de pensar que aqueles o faziam por um acrisolado amor à verdade. É que deveras admitiam estar errados, embora não prescindissem de considerar que o que defendiam era a verdade: a qual podia não ser a dos demais. E por isso, ou faziam preceder as poucas laudas da "posição adoptada" (até nisso eram normalmente discretos) da honesta exposição das opiniões alheias (as quais, no fundo, também eram uma justificação da genealogia da verdade que tinham atingido), ou, quando

218 *Lições de Filosofia Jurídica*

mais lestamente davam a sua, não raro tributavam em rodapé homenagem a opiniões diversas. Nem que fosse num simples e brevíssimo: "Contra, (diz) fulano de tal, no livro X".

Era um mundo diferente. A ciência corria vagarosamente como o escoar de um rio quase sem água. Vagarosamente mas solenemente, numa certeza feita tanto de afirmação dogmática como de polémica vanguardista aqui e ali...quando chegasse o tempo sazonado para ela.

Dir-se-ia sempre se ter sabido que assim ocorria. Num dado tempo, valia uma teoria, uma ideia, uma doutrina, em todo o seu esplendor e pujança. Passados uns anos de triunfo, começava o declínio, um fenecer dolente...e um dia, esse exímio "pistoleiro mais rápido do oeste" da ciência (de que fala Carl Sagan [245]), o novel candidato à fama (ou uma geração deles), desafiava as *teocracias* instituídas, e impunha uma nova: porque aquelas evidentemente vacilavam e derruíam sem quase oposição.

II. *Dogmas e Anti-dogmas*

A partir dos anos 60, porém, tudo começou a mudar. E nos anos 80, como bem lembrou Bloom [246], os estudantes contestatários já eram o *establishment* universitário: nos EUA e em muitos outros lados.

Como pode encarar a verdade a geração *hippie* tornada catedrática?

Foi preciso correr muita água sob as pontes, muitos golpes de rins, muitas conversões e reconversões... Mas há sempre algo que se mantém, como mínimo denominador comum (ou quase) nos *slogans* do que pretende ser novo sem o ser, e do que visa manter a face de princípios que se tiveram que renegar...

Perante o afundar de verdades que eram poderosíssimas mentiras, ideologias (falsas consciências), o mais prático é sempre duvidar da verdade

---

[245] Carl SAGAN, *Um Mundo infestado de demónios. A Ciência como uma luz na escuridão*, cit., p. 261.

[246] Significativamente afirma Harold BLOOM, *Gigantes e Anões*, trad. port. de Mário Matos, Mem Martins, Europa-América, 1991, máx. p. 371: "(...) não previ que a cena da reforma extremista se deslocaria das ciências sociais para as humanidades e que os estudantes dos anos 60 viriam a ser os professores dos anos 80. Henry Louis Gates, Jr. sugere que esta geração progrediu do assalto a edifícios para o assalto aos curricula. Agora, os professores vão bem à frente dos alunos. Na grande reforma de Stanford, foram os professores que usaram os estudantes para aprofundar a sua 'agenda pós-modernista' na batalha contra o eurocentrismo".

Do Fim dos Cânones ao Fim do Direito

(cepticismo [247]) ou negar a verdade (niilismo) ou ainda proclamar a existência de múltiplas verdades (relativismo) [248].

As duas primeiras posições, de grande legitimidade filosófica e tradições clássicas muito respeitáveis, não só são impopulares como, na prática, não poderiam agradar ao projecto sempre politicamente irrequieto dos novos pistoleiros instalados...

Só o relativismo serviria esses fins. Aliás, o relativismo, sob a capa de multiculturalismo, em tudo condiz e prolonga (por outros meios) o terrorismo ideológico da velha ideia marxista da segregação das ideias a partir das radicações de classe. Era só dizer que não é só a classe o elemento determinante da consciência, mas algo de ainda mais impossível de ultrapassar (e aí temos um verdadeiro materialismo e imanentismo), como a cultura, a raça, ou o sexo.

Se o burguês, coitado, outrora nunca tinha razão (nunca dizia a verdade...) porque era burguês, agora é pior: é porque é burguês, sim, mas também mesmo se apenas branco, homem (do sexo masculino), culturalmente europeizado, ou apenas nado na Europa, etc. (há algumas variantes, mais ou menos culturalistas)...

Se o burguês podia ainda fazer uma opção de classe, destilando as suas impurezas no alambique de não sei que auto-críticas, ou pela alquimia de não sei que reeducações, surgindo como homem novo (embora Hervé Bazin, em *La mort du petit cheval*, diga, muito sugestivamente, que o burguês nunca se poderá confundir com o povo, apenas *debruçar-se* para ele...)...agora não.

O parlamento britânico continua nos nossos dias a não poder facilmente fazer de um homem mulher e de uma mulher homem...Embora Anne Fausto Sterling, da Brown University, pareça ver cinco sexos diferentes... [249]

E Michael Jackson (ou o seu mito) parece não ser exemplo cabal de mudança de raça... Acrescendo que Amoja Rivers desaconselha vivamente

---

[247] Respondendo ao cepticismo (como ponto de partida para uma jusfilosofia), António José de BRITO, *Introdução à Filosofia do Direito*, p. 13 ss..

[248] São tantos os autores e correntes que, na contemporaneidade, evidenciam a marca do niilismo e sobretudo do relativismo jurídicos que quase seria preferível citar os que o não são. Todas as grandes teorias da moda são, pelo menos, relativistas. Mas a presente grande refutação política e jurídica do relativismo (sem cair em dogmatismo) parece-nos ser a obra de Stephen LUKES, *O Curioso Iluminismo do Prof. Caritat.*

[249] Henry BEARD/ Christopher CERF, *Dicionário do politicamente correcto*, trad. bras. de Vera Karan e Sérgio Karan, Introdução de Moacyr Scliar, Porto Alegre, L&PM, 1994, p. 46.

os brancos a tentarem integrar-se "noutro grupo étnico *hoje* só porque vocês sentem que pertenceram a este grupo numa vida anterior"[250]

Quer dizer: o libertarismo radical dos *sixties* deu lugar à mais rígida das teorias políticas (e jurídicas...), e a uma mundividência pautada pelo férreo determinismo.

"Se não foste tu, foi o teu pai". Lá diz o lobo ao cordeiro. E não há nada a fazer.

O curioso é que a verdade que é proclamada como pertencendo a cada um dos grupos, na verdade é recusada aos grupos "*à abattre*". Outra coisa não seria de esperar...

Em *The curious Enlightnment of Professor Caritat*, Steven Lukes admiravelmente satiriza essa sociedade barricada, de comunidades que fingem mutuamente respeitar muito as culturas alheias, mas efectivamente as desprezam e as temem, porque as desconhecem e são na prática obrigadas a ver as suas idiossincrasias como tabus.

Se em certos países, mesmo alguns cheios de auto-convencimento, houvesse, efectivamente, ao nível do cidadão comum, mais cultura geral (isto é, mais conhecimento do "outro": afinal é isso...) não haveria nem tanto racismo tradicional nem tanto racismo "anti-racista" (e não falamos só de "raça"...). Isto é, nem haveria as sequelas de verdadeiro obscurantismo retrógrado, nem tanto "multiculturalismo" mal entendido, fundamentalismo laico, etc., que são novos males a fingir de remédios.

O grande problema é que mesmo países tradicionalmente equilibrados (como o nosso) tendem, na sua febre de "modernização", não só a importar os comportamentos das megapólis doentes, como a analisar-se erradamente, pensando que cada sintoma localizado de disfunção social é já sinal das anomias profundas de sociedades estruturalmente padecentes. E à força de se querer ser moderno até nas maleitas sociais, acabaremos mesmo por tê-las de tanto as diagnosticarmos erroneamente.

III. *O fim da verdade*

Já em 1958, Peter Winch[251] tinha afinal decretado, com a sua autoridade antropológica, que só se poderia compreender o significado das expressões e vivências de uma dada sociedade se nela pudessemos imergir, nela vivendo.

---

[250] *Ibidem*, p. 106.

[251] Peter WINCH, *The idea of a social science*, London, Routledge & Kegan Paul, 1958.

Daqui decorrem já várias consequências, que estão no ar dos tempos: o significado passa a ser não só localizado (como Winch leva a crer), mas vai-se mais longe, concebendo-o como arbitrário ou inexistente. Os estudantes de literatura que desconhecem como interpretar um texto (e o mesmo sucede com os aprendizes de juristas) e se escudam, na sua manha intuitiva, dizendo que é um problema "muito subjectivo" na verdade estão muitíssimo *à la page*...

Não mais é viável qualquer comparação em ciências sociais, como deixa de ser possível a fixação do sentido de um texto. O que sucede à lei, então?

Compreendê-lo-emos se olharmos o que pensa a nova vaga do outra lado do problema, isto é, da banda do texto e da interpretação: diz, por exemplo, Houston Baker Jr., da Universidade da Pensilvânia e presidente da Associação da Língua Moderna, eleito em 1991: "a leitura e a escrita são meras tecnologias de controle. (Elas são) a lei marcial tornada académica". Por aqui se vê como a lei tem de ser considerada como algo de ainda muito pior...

Nem as pertinentes observações em defesa do sentido de um Alasdair MacIntyre [252], procurando também salvar as próprias ciências sociais, nem, por exemplo, as agudas críticas anti-deconstrucionistas de Virginia Black [253], ou as mais recentes críticas a este estilhaçamento e eclosão *do non-sense* (como, por exemplo, as de Daniel A. Farber e de Suzanna Sherry [254]), entre tantos outros, podem ter eco, ante a moda avassaladora, que se pretende até "pós-moderna" (mas não disputemos sobre rótulos [255]).

Se a verdade, nesses termos eficazes e comezinhos, é adequação do intelecto à coisa, isto é, ao real, é preciso que esse real exista, e exista com um corte epistemológico face ao sujeito cognoscente. Pois a teorização

---

[252] Desde logo, em Alasdair MACINTYRE, *The Idea of a Social Science*, in *Proceedings of the Aristotelian Society*, n.º 41, 1967, pp. 95-114.

[253] Virginia BLACK, *A Way out of the Realistic Indeterminacy Morass*, in "Univ. California Davis Law Review", vol. 28, n.º 3, Spring 1993, p. 583 ss.

[254] Daniel A. FARBER/ SHERRY, Suzanna, *Beyond all reason: the radical assault on truth in American Law*, New York, Oxford University Press, 1997 (alvo de interessante recensão de um Daniel Lessard Levin).

[255] Uma pós-modernidade muito diferente era a sonhada por alguns dos pioneiros (mas tudo se corrompe e "recupera"!), como relatámos no nosso *Pensar o Direito*, II. *Da Modernidade à Postmodernidade*, Coimbra, Almedina, 1991. Cf. ainda, a este propósito, recentemente, Bjarne MELKEVIK, *Horizons de la Philosophie du Droit*, Paris/Montréal, L'Harmattan/Les Presses de L'Université Laval, 1998, p. 153 ss.; Miguel AYUSO, *Después del Leviathan? Sobre el estado y su signo*, Madrid, Speiro, 1996, p. 69 ss..

presente nega o real. Stanley Fish, da Duke University, afirma, com efeito: "Questões de facto, verdade, correcção, validez e clareza não podem ser colocadas nem respondidas" [256]. Isto porque não haveria uma realidade *ob-jectiva*, mas apenas um discurso de círculo vicioso (circular, tipo "pescadinha-de-rabo-na-boca") de quem a tal se refira: óbvia miragem de preconceitos próprios.

Tal como sucedia com as teorias marxistas sobre a ideologia de classe e quejandas, a melhor forma de contestar esta nova explicação universal do tipo gazua-pé-de-cabra (abre todas as portas, com a prévia condição de que possa arrombá-las) parece-nos ser pura e simplesmente aplicar às suas posições o seu próprio método. O marxismo é um método excelente para analisar o marximo. Assim também agora.

Basta ver como são estas, realmente, perspectivas de quem se vê ao espelho: é que os tiques, limitações, circunstancialismos, etc. que estas teorias, muito desmistificadoras, se apressam a desmascarar nos vizinhos adversos, efectivamente estão muito mais presentes e em acção nelas mesmas.

Devolver a teoria da limitação por contextualização é, porém, obviamente, muito arriscado, porque em algumas sociedades o tabu já se instalou de tal forma, que é preciso coragem física para simplesmente explicar quanta frustração e quanto ódio, e quanto oportunismo se não escondem por detrás do novo academismo pretensamente progressivo.

O hieratismo universitário com que algumas boas cabeças vão encarando teorias dissolventes ou meramente caprichosas e para *épater le bourgeois* não pode ser nem uma boa táctica, nem, muito menos, uma posição defensável numa perspectiva de debate científico social ou humanístico, isto é, dialéctico. Recordemos Aristóteles e a reprimenda que, nos *Tópicos* do *Organon*, pedia para os desmiolados que perguntassem se a neve era branca ou se deveríamos amar os nossos pais. Ora tudo isso (e principalmente isso) está em causa agora. Como é necessário voltar à simples sabedoria do Estagirita!

Pois então não há verdades, e alguns são os novos donos da verdade!!!!....

Como vimos já, as consequências ao nível hermenêutico são catastróficas. Disso se dão conta os mais agudos. Umberto Eco, por exemplo,

---

[256] Henry BEARD/ Christopher CERF, *Dicionário do politicamente correcto*, cit., p. 106.

escreve a *Obra aberta* [257], mas, sentindo-se incompreendido, explica-se. E não só teoricamente. Depois do seu trabalho ficcional *O Nome da Rosa*, que seria um êxito, publica, mesmo assim, *Porquê o nome da rosa?* [258]... Afinal, a obra não é tão aberta como poderia parecer... evidentemente, *est modus in rebus*...O conceito de *limites da interpretação*, em várias obras repetido pelo mesmo Umberto Eco (e título de uma delas), remete-nos para ideias que deveremos ter presentes. Até por vir de quem vem.

É evidente que se o Direito não for senão um texto, e se não for senão um texto literário, e se o texto literário nada tiver a ver com arte, com valor, com sentido, mas apenas com uma convenção social grupal, as consequências jurídicas desta teorização serão desconcertantes. É que ao mesmo tempo o direito escrito passará a ser uma expressão ritual, mas sem força normativa, e ainda (bem vistas as coisas, uma vez que o sentido é socialmente contruído), acabará por ser um *abacadabra* todo-poderoso. Porque as palavras mágicas da lei, na nossa cultura positivista, são demiúrgicas.

Entretanto, a militância literária e cultural em geral contra os cânones chega a produzir peças primorosas (verdadeiras pérolas) como esta: "CANON – Conjunto de obras literárias, históricas e políticas do mundo ocidental, escritas quase que [*sic*] exclusivamente por homens europeus brancos mortos e heterossexuais, cuja leitura é requerida nas universidades, principalmente aquelas dominadas por acadêmicos tradicionais (também predominantemente homens e brancos). [...]" [259]

Obviamente, não poderá dizer-se que esta é a verdade, mas apenas que esta é a expressão de uma subcultura (na verdade, uma contra-cultura) cujas limitações culturais e sobretudo os dados de facto materiais ditaram um tal enunciado. O qual (não olvidemos nunca) só no interior de tal cultura poderá obter total compreensão...O que, por seu turno, também não tem sentido, porque a compreensão, assim, não será uma tradução, uma analogia, uma qualquer transposição ou hetero-referência, mas uma eterna e tautológica auto-referência, em que fundo e forma, significado e significante, conteúdo e expressão se confundem.

---

[257] Umberto ECO, *L'Oeuvre Ouverte*, trad. fr., Paris, Seuil, 1965 (trad. bras., *Obra Aberta*, 2.ª ed., S. Paulo, Perspectiva, 1971).

[258] Umberto ECO, *O Nome da Rosa*, trad. port. de Maria Celeste Pinto, 5.ª ed., Lx.ª, Difel, 1984; Idem, *Porquê 'O Nome da Rosa'?*, trad. port. de Maria Luísa Rodrigues de Freitas, Lx.ª, Difel, s/d.

[259] Henri BEARD/Christopher CERF, *Dicionário do Politicamente correto*, cit., p. 26.

Consumação dos séculos, dos sentidos, fim da História... como tudo isso tem o mesmo ar de família!

As narrações são, assim, canções de embalar de cada tribo. E não querem dizer nada. Da verdade, assim, nada mais resta que uma miragem. Tal como as alucinações que os índios da América do Norte buscavam para encontrarem o seu verdadeiro nome.

IV. *Fim do Direito*

E o Direito? Neste contexto de ruínas, o Direito é só a lei do mais forte. Do que é capaz de impor o seu sentido, do que diz a sua verdade. E é doravante tão fácil... pois não existem sentidos e verdades senão dos seus donos.... e dos donos dos outros! Que deserto sufocante, este mundo desconstruído!... A única conclusão lógica seria uma que Albert Camus começou por considerar o principal problema filosófico (e que não dizemos aqui, por várias razões, qual é). Só que ele saíu disso no fim de *O Mito de Sísifo*: "É preciso imaginar Sísifo feliz"... Os novos desconstrutores achariam isso um ópio tenebroso, uma maquinação "ideológica", que sei eu!

Pensemos o problema a partir dos seus próprios pressupostos. E isso nos remeterá, como sempre que se põem questões importantes, profundas, radicais, para a Filosofia.

Os nossos principais interlocutores serão esses pós-modernos que tomaram definitivamente conta da pós-modernidade, isto é, aqueles que tendo renunciado, ao menos tacticamente, à defesa de uma sociedade monolítica e de um poder monocolor, se converteram à pluralidade, e que tendo prescindido, ao menos por cálculo, de uma economia dirigista, centralista e estadualista, reencontram o mercado sem saberem ainda muito bem o que fazer com ele...

Das grandes esperanças dos *amanhãs que cantam* fica um certo método sistematicamente crítico e uma ideologia de suspeita, um desconstrucionismo que se não auto-aplica, e uma moral e *ethos* sociais mais marcados pela contestação às instituições tradicionais nos países ocidentais que pela própria experiência dos países que experimentaram as maravilhas do socialismo real... e, de todo o modo (recordamos as faces de Jano, de que fala Maurice Duverger: nenhum poder pode ser só pérfido!), tiveram de ter Estado e alguma sociedade... apesar de tudo.

Ficam, assim, postas de parte todas as promessas de uma pós-modernidade ética, estética, aberta ao transcendente, realmente um substituir radical da modernidade [260].

Pós-modernidade doravante passa a significar essa corrente confusa e difusa que considera, em geral, a modernidade como a iconoclasia relativamente a verdades consideradas hiper-retrógradas, como as da teologia, da metafísica, da ontologia, deixando apenas subsistir a Razão, e a si mesma acaba por considerar-se como decapitadora da Razão... a última barreira, o último ídolo, o último tabu...

Portanto, na própria perspectiva da corrente, se a modernidade é a luta contra a barbárie, o obscurantismo, contra a Inquisição (que é o *leitmotiv* apelativo, o mito negativo, a representar toda a religiosidade e toda a igreja; mas também qualquer fé), a pós-modernidade não faz mais que terminar a tarefa da modernidade, dando o golpe de misericórdia no último bastião da "ditadura do espírito", a Razão.

Passa assim a assumir-se a ideia de que todos podem opiniar o que quiserem... Embora os espectros dos ditadores de direita (ou assim chamados) ou dos pregadores fundamentalistas (muçulmanos, judeus, ou cristãos) sirvam para chocar os auditórios como exemplos de quem ainda julga deter a verdade... no limite matando os demais porque a ela não aderem...

O pós-moderno poderá assim facilmente evidenciar que está certo, não pelo que proponha, mas apenas pelo facto de dialogar, enquanto os fundamentalistas não o fazem...e, sendo consequentes com a pretensão de deterem a verdade, terão de aniquilar quem a ela se não converta.

Conclusão: qualquer pessoa, grupo, doutrina, ideologia, filosofia que julgue que a verdade é coisa concebível, será, por consequência, um acabado ditador, alguém de quem devemos defender-nos, porque, no limite, nos pode querer mandar para a fogueira. E certamente o fará, em nome do seu compromisso para com a verdade.

Que fica então, no domínio do normativo?

Evidentemente que todas as religiões são falsas, porque todas as revelações são impossíveis de provar sequer pela velha razão, que fará pela nova sem-razão....

E o que não é revelado, manifestamente deriva de perturbações psiquiátricas...Esquecendo-se que a própria psiquiatria (muito antes do pós-modernismo) já era alvo de críticas agudas, enquanto "religião"...

---

[260] Cf. O nosso *Pensar o Direito*, II. *Da Modernidade à Postmodernidade*, Coimbra, Almedina, 1991, máx. pp. 15-57.

Evidente, por outro lado, que todas as éticas normativas, que todas as morais estão condenadas como irracionalidades ou manifestações do poder. É apenas possível advogar esse *laissez faire* falso que consiste em pregar a liberdade de todos...mas (como Lenine) explicar que não pode haver liberdade para os inimigos da liberdade, e considerar assim quem muito bem se quer. Normalmente quem tem ideias sobre os conteúdos e os sentidos..

Porque, bem vistas as coisas, esta teoria politicamente correcta não tem ideias sobre conteúdos... propondo apenas diálogo, pragmática universal... o que é um discurso vazio, apelando apenas para as forças incontroladas das massas, ou melhor, para as massas, que depois serão devidamente controladas pela demagogia...

Finalmente, o Direito, não tendo qualquer arrimo directo ou indirecto, em qualquer tipo de normatividade, não é senão a vontade do mais forte.

Não querem os arautos desta teoria concordar algumas vezes com esta conclusão, na sua fraseologia aparentemente social, humanitária, amiga dos explorados, dos pobres, dos oprimidos. Mero fogo de vista!

Não haja ilusões: se o Direito, por um lado, não encontrar homens com um *background* educativo, cívico, de trato social, de moral e ética e religião (ou, pelo menos, alguma ou algumas destas ordens sociais normativas) que funcione como freio às atitudes egoístas e incentivo às altruístas, e se o Direito, por outro lado, em si mesmo se vir privado de uma fundamentação sólida, quer se derivado da ética ou da divindade (mas conseguindo destacar-se delas), quer (como advogamos) suficientemente autónomo face a elas e também frente à política, tudo estará perdido. E o Direito deixará mesmo de existir [261].

Foi precisamente a singularidade do Direito que o pôde criar. Retirar--lhe as referências normativas exteriores e subordiná-lo intrinsecamente, na prática, não a valores autónomos, mas à confusão da decisão consensual do pluralismo estilhaçado e sem valores, é acabar com ele.

Quando os Romanos foram ver que costumes eram os verdadeiramente jurídicos, não fizeram estatística, nem sondagem. Foram ver e decidiram com prudência mas de forma elitista. Não ficaram com isso complexados, porque sabiam ter razão.

Isto de dizer que quem tem razão é sempre terrorista e ditador... é uma das mais terríveis ditaduras: a dessa mediocridade que se enconde

---

[261] Além das agudas observações de A. Castanheira Neves em vários escritos e intervenções, cf. António de Almeida SANTOS, "Crise de valores, crise do Direito", in *Por favor, preocupem-se*, Lx.ª, Editorial Notícias, 1998, p. 257 ss..

sob a capa do diálogo, desse despotismo que inibe toda a descordância porque se proclama escandalizado com misérias e ataca verbalmente as discriminações. Enquanto provoca outras. Desde logo com a "acção afirmativa", "discriminação positiva", "quotas" para minorias ou maiorias "segregadas", etc., etc.. Tudo ideias ingenuamente excelentes, mas causadoras, as mais das vezes, de perversões medonhas.

São ideias de base como estas, de niilismo profundo, de cinismo frente aos valores que fundam os pilares não só da civilização ocidental como de todas as grandes civilizações (quiçá mesmo da própria Humanidade) que permitem que se possa preferir os direitos dos animais aos dos Homens, e vagas e simplesmente proclamatórias versões dos Direitos do Homem aos das pessoas concretas.

O Direito desamparado está pelo contexto, em que nenhuma fé, nenhuma ética, nenhuma moral, nenhum patriotismo, nenhuma solidariedade, nenhum altruísmo, nenhuma responsabilidade, nenhum civismo, nenhuma cortesia, nenhum vínculo além dos estritamente jurídicos ainda parece conter e ligar os homens.

Positiva foi a emancipação moderna e iluminista do Homem, porque possibilitou, (por "imitação", como diria Tarde) a de cada homem concreto. Lembramos com orgulho a libertação tão enfaticamente sublinhada na proclamação do *Was ist Aufklaerung* de Kant. E tal não é incompatível com nada do que temos dito.

Um homem chegado à maioridade pode ser realmente Pessoa. O problema é que o individualismo chegou a ponto tamanho, por um lado, e a feudalização dos laços acabou (paradoxalmente) por se urdir de tal forma, que o resultado é este Leviathã de quezilentos, incapaz de discutir sem terminar tudo em tribunal (*See you in court...*).

Sendo melhor que o Direito tenha de julgar todas as causas que outra instância *ad hoc*, ou o poder arbitrário [262], todavia vive ele sob o peso de causas excessivas e alheias à sua vocação.

---

[262] Se é, por exemplo, verdade que numa sociedade mais "fria", como diria Levi-Strauss, muitos problemas não necessitariam sequer de legislação reguladora, porque submetidos normalmente ao costume e sob a vigilância de autoridades naturais, prestigiadas e respeitadas, a barbarização, o arrivismo, o "vale tudo" de uma sociedade sem valores e quase só com sofreguidões acaba por tornar a legislação numa benção e absolutamente indispensável na defesa dos fracos (ou dos honestos) contra os fortes (ou desonestos). Pensemos, por exemplo, no que seria hoje na Universidade se ela ainda se regesse apenas por leis não escritas... E contudo a *emancipação psicológica* ainda aí não chegou, em muitos casos. Tal significa que, em certa medida, alguns dos males da nossa cultura, da nossa sociedade e do nosso Direito são afinal (tal como o *dura lex, sed lex* dos romanos

228 *Lições de Filosofia Jurídica*

E em vez de se afrontarem os problemas reais, criam-se clivagens estultas, irrealistas, arquitectando-se no vazio problemas apenas intelectualmente, e até fantasmaticamente.

Dir-se-ia, por exemplo, que tendo falido a luta de classes agora se afadigam convertidos e sucessores em inventar guerras de sexos e reinventar racismos que iam já sarando...

E contudo, apesar de todo este sistema emergente ser a mais rematada das loucuras, a verdade é que há muitas asserções verdadeiras nos pressupostos teóricos de que a vulgarização parte (designadamente ao nível noético e semiótico) e muitas aspirações generosas e legítimas desvirtuadas na voragem...

Mais do que nunca, é preciso separar o trigo do joio. Sempre. O discernimento do jurista está assim à prova. E esse é o típico trabalho da judicatura (mesmo quando institucionalmente o jurista não for juiz)[263].

Ora por alguma razão vedava Hegel a discussão dos assuntos constitucionais a todos aqueles que tivessem "(...) o conhecimento da verdade por vã tentativa"[264].

Os Quatro Cavaleiros do Apocalipse (revelação) sempre foram inimigos figadais do Direito. Flor de estufa, a necessitar de amor e campânula como a flor do Principezinho de St. Exupéry, o Direito nunca conseguiu sobreviver em situações de fome, peste, guerra, e morte.

Hoje, precisamente são esses quatro desafios que mais comprimem a possibilidade de o Direito persistir na sua tarefa civilizadora.

A fome, e a excessiva escassez de bens, por um lado, e a esfomeada cobiça, por outro, males respectivamente dos países sebdesenvolvidos e dos hiperdesenvolvidos não podem tornar fácil a tarefa de *dar o seu a seu dono*: até porque estabelecem económica e politicamente distribuições "originárias" com titularidades etica e socialmente injustas.

As epidemias nos homens e nos animais que crescentemente alastram deixam a doutrina e a jurisprudência confundidas, sendo necessário ao Direito a maior prudência para não cair no estabelecimento de presunções

---

decadentes), mais remédios que males. Sem eles, então é que seria o caos total. O desafio que se põe é, então, uma vez perdido o paraíso, saber como enfrentar essa expulsão, como reinventar o mundo fora do Éden. Tal é muito mais difícil que continuar a chorar sobre leite derramado, ou prometer um paraíso artificial. Idade do Oiro e Utopia são duas tentações que deixam o presente e o futuro próximo muito desamparados...

[263] Lembremo-nos de que mesmo o advogado "é o primeiro juiz de cada causa", como certeiramente afirma Maurice Garçon.

[264] HEGEL, *Princípios da Filosofia do Direito*, trad. e prefácios de Orlando Vitorino, 2.ª ed., Lx.ª, Guimarães, 1976, § 272, p. 244. Cf. "Prefácio à 2.ª ed.", p. XXXVI.

e atribuição de responsabilidade e culpa a simples eventuais peças da imparável engrenagem. Postos à prova os expedientes punitivos, os meios profiláctico-jurídicos afiguram-se deveras impotentes ante situações que são do quotidiano e da natura, e não do foro do negócio jurídico ou do verdadeiro crime.

A guerra, derivada do método de resolução arcaica dos conflitos (como apelação para o céu), considerada de direito natural no caso da guerra justa, não pode contudo passar de *ultima ratio*, aplicável somente a situações muito muito graves. O recurso a ela como forma corrente de "diálogo" nas relações internacionais exila não só o Direito na maior parte das relações internacionais em causa, como vicia, comprime, ou aniquila o Direito na ordem jurídica dos beligerantes, imbuídos da mística bélica, em que as togas cedem às armas.

Finalmente a morte é o corolário necessário destas desgraças, o quarto cavaleiro que colhe a sementeira dos demais. Não havendo Direito nas necrópoles, como alguém disse, o reino dos vivos-mortos da fome, da peste e da guerra, é já um mundo sem Direito

CONCLUSÃO

RAZÃO DOGMÁTICA, RAZÃO CANÓNICA, RAZÃO DIALÉCTICA

Viagens na Terra do Hobbit

> *"És uma excelente pessoa, Bilbo Baggins, e eu sou muito teu amigo; Mas no fim de contas és apenas um indivíduo pequenino num grande mundo!*
> *– Graças ao céu! – exclamou Bilbo, a rir (...)"*

> Tolkien, *O Hobbit*, p. 263

I. *O Direito, uma 'episteme' essencialmente prática*

O eminente processualista italiano Pietro Calamandrei, tendo ficado impressionado com o à vontade, a cordialidade e a eficiência dos tribunais ingleses, apesar do seu aparente formalismo e solenidade, demandou a Universidade de Cambridge procurando informar-se sobre a excelência dos estudos de Direito Processual, que assim haveriam, certamente, formado gerações e gerações de juristas.

Para seu espanto (e para nosso proveito e exemplo) foi-lhe pura e simplesmente dito que essa disciplina não existia na Grã-Bretanha.

Relatando o evento, Calamandrei conclui:

"o curso normal do processo acha-se confiado ali, mais que às formosas construções sistemáticas, ao costume judiciário, à lealdade do debate e à cordialidade das relações entre juízes e advogados..." [265]

Francisco Salgado Zenha, notável jurista português que foi ministro da Justiça e das Finanças, afirmou também, referindo-se a esta mesma experiência de Calamandrei, no que terá decerto sido um dos seus últimos artigos [266]:

"No fundo, o problema da justiça democrática é também um problema cultural.

Recordo aqui o espanto de Piero Calamandrei, esse grande jurista e democrata, que, ao visitar a Universidade de Cambridge, teve a surpresa de constatar que nas Universidades inglesas não se ensina o direito processual. O modo de se comportar diante dos juízes não é matéria de estudo: aprende-se na prática profissional porque não é matéria de ciência, mas de educação – de todos. E, acrescentamos nós. De educação democrática.

As nossas tradições são outras. Temos ainda muito que caminhar."

Aristóteles é justamente considerado o pai fundador, ou responsável teórico pelo nascimento epistemológico do Direito. Seguiremos essencialmente o Estagirita nestas laudas, porque é à maneira clássica que entendemos a importância da dialéctica.

Ora, se Aristóteles disse pouco sobre a forma concreta, metodológica, da *episteme* Direito que estava em vias de fundar, era porque a teoria tinha pouco a dizer sobre isso, e que a prática deveria imperar.

Não a prática rasteira e truculenta, mas a prática e o bom senso do homem médio. A prática do *bonus paterfamilias*, ou, se preferirmos, desse Hobbit pacato, mas também capaz das maiores empresas, tal como foi efabulado pela obra de Tolkien. A comparação, aliás, não é inédita entre

---

[265] *Apud* Vamireh CHACON, *Uma Filosofia Liberal do Direito*, introdução a John RAWLS, *Uma Teoria da Justiça*, trad. bras. de Vamireh Chacon, Brasília, Editora Universidade de Brasília, 1981, p. 1.

[266] Num artigo que retomou uma comunicação ao Congresso da Ordem dos Advogados, realizado no Porto, em Dezembro de 1990: Francisco Salgado ZENHA, *Processo Civil, Constituição e Democracia*, in "Revista da Ordem dos Advogados", ano 52, Julho 1992, II, p. 341 ss..

os juristas. Luigi Lombardi Vallauri, com o seu *Terre* [267], expressamente nos remete para as diferentes terras ou planos em que a juridicidade (e toda a acção ou especulação humanas) pode mover-se.

O Direito normal faz-se, efectivamente, com o jurista médio e com o homem comum (o correspondente hodierno do aludido *bonus pater-familias*). É, portanto, como diz Salgado Zenha, em grande medida, um problema de (boa) educação (e acrescentamos: em juízo, sim, e fora dele também). Ou, como sugere Calamandrei, é uma questão de cordialidade entre agentes jurídicos, ou seja, novamente, um problema de maneiras (de trato social ou etiqueta...).

Curiosa conclusão esta: a matéria que parece ser mais avidamente esperada pelos estudantes de hoje, utilitaristas, sedentos de "coisas práticas" (ignorando que não há boa prática sem excelente enquadramento teórico) não é ensinada nas universidades inglesas, das melhores do mundo, e num País que prima desde há muito pelo seu pragmatismo. E, em si, não é uma ciência (que se possa reconduzir a uma técnica e, como tal, ser assimilada), mas uma atitude e uma compostura que vem da educação...

O Direito que parece ser mais direito (menos preso a teorias muito "teóricas") não é senão uma questão de cultura, de boas maneiras. E, na formulação de Salgado Zenha, de sentido cívico ou cívico-democrático.

O Direito que parece ser mais importante nas lides práticas não é uma ciência, mas uma maneira de ser de que decorre uma maneira de estar (um *ethos*, uma ética afinal). E não se estuda: vai-se aprendendo.

Estas teses, a propósito do Processo, têm, a nosso ver, a virtualidade de pôr em questão algumas ideias feitas pelo pensamento dogmático e pela voz corrente. Desfazer as confusões e livrarmo-nos dos dogmas parece ser o melhor caminho para encararmos o Direito sem antolhos.

II. *A dialéctica na matriz epistemológica do Direito e na simbologia jurídica*

1. *Nascimento greco-romano do Direito autónomo*

O Direito não existe independentemente da sua génese epistemológica. E essa génese encontra-se essencial e indissociavelmente ligada ao processo.

---

[267] Luigi LOMBARDI-VALLAURI, *Terre. Terra del Nulla. Terra degli Uomini. Terra dell'oltre*, Milano, Vita e Pensiero, 1991.

Os homens não começaram por escrever tratados de Direito, nem sequer códigos, e muito menos constituições. Os homens instituíram juízes, e depois criaram tribunais para dirimirem os seus litígios, e a jurisprudência, antes de ser "doutrina" (cf. Código Civil português, art.º 2.º), foi resolução concreta de disputas.

O Direito, como é sabido, surge, epistemologicamente concebido, na Grécia [268], e praticamente implantado e instituído em Roma [269].

Aristóteles é, como dissemos, a grande fonte teórica; as instituições e os casos romanos, a prática.

Ao definir-se justiça como "faculdade distributiva da igualdade" (no sentido de recta atribuição, proporcionalidade e isonomia) está-se a englobar ambas as justiças (geral e particular). Porém, afirma ainda Aristóteles, "justo significa mais o homem que quer, livremente, distribuir a igualdade, do que o homem que só tem essa possibilidade, de modo que a justiça não seria a faculdade distributiva da igualdade, pois nesse caso também o homem mais justo seria o homem que possuísse maior capacidade de distribuir a igualdade." [270] Ora esta última precisão, ao remeter-nos para o foro interno, por um lado, e para a quantidade de distribuição, por outro, ainda nos coloca ao nível da virtude da justiça. Apenas na perspectiva da virtude interessa o *animus* e o *quantum*... E mesmo assim...

Porém, o Estagirita, ao apartar a justiça geral da justiça particular, por exemplo na *Ética a Nicómaco*, claramente define o âmbito do Direito, como enquadrando-se nesta. Expõe então o problema, curiosamente (mas com razão, porque muito mais impressivamente), dando exemplos, e a partir da injustiça e não da justiça: distinguindo o caso do adúltero que o é com vista ao ganho, daquele que, até dispendendo dinheiro, assim age por concupiscência. Sendo o primeiro injusto no sentido particular, e o segundo no sentido geral [271]. E depois conclui:

> "enquanto a justiça no sentido parcial tem relação com a honra, ou o dinheiro, ou a segurança (ou no que queiramos chamar ao que englobe todas estas vantagens), e tem por motivo o prazer advindo do ganho, a injustiça, tomada na sua totalidade, relaciona-se com

---

[268] Cf. Stamatios TZITZIS, *La naissance du droit en Grèce*, in *Instituições de Direito*, I. *Filosofia e Metodologia*, n/org., Coimbra, Almedina, 1998, p. 191 ss..

[269] Cf. O nosso *A fundação epistemológica do Direito em Roma*, in *Ibidem*, p. 201 ss..

[270] ARISTÓTELES, *Organon*, V. *Tópicos*, V, 7 (145 b, *in fine*), ed. port., Lx.ª, Guimarães ed., 1987, trad. e notas de Pinharanda Gomes, pp. 227-228.

[271] ARISTÓTELES, *Ética a Nicómaco*, V, 4 (1130, a, *in fine*).

todas as coisas que entrem na esfera de acção do homem virtuoso, sem excepção."[272]

E o homem justo para o Direito não é nem um liberal bom samaritano, nem sequer um *gentleman* (que dão mais do que tinham obrigação de dar), nem um avarento que faça as contas sempre a seu modo e a seu favor... Dar *o justo*, em Direito, é dar o certo, o correcto, o combinado, o devido: nem mais nem menos...

Por outro lado, Aristóteles vai também ultrapassar a logocracia dos retóricos tribunais gregos, para inspirar aos Romanos, que a puseram em prática (o chamado *ius redigere in artem*), uma concepção de lide dialéctica.

Há uma diferença de tomo entre uma justiça retórica no sentido verbalista e demagógico, e uma justiça dialéctica[273].

Numa justiça meramente retórica, há, no fundo, dois discursos das partes, justapostos, cada qual procurando convencer um público, mais ou menos amorfo e não especializado (uma assembleia investida de funções judicatórias, por via da votação: como na Grécia se fazia para a condenação ao ostracismo, por exemplo). Esses discursos podem nem sequer dialogar entre si. A prática da logografia, pela qual os sofistas vendiam discuros às partes, que se defendiam por elas próprias, lendo o previamente preparado, implica um não diálogo entre as peças forenses.

Coisa diferente é a representação forense por advogado, o qual é, ao contrário dos sofistas, um especialista, mas que dá a cara pessoalmente pelo seu constituinte. E dialoga contraditoriamente com o seu colega da parte contrária.

---

[272] ARISTÓTELES, *Ética a Nicómaco*, V, 4 (1130, b), trad. nossa a partir da de J. Tricot, Paris, Vrin, 6.ª tirgaem, 1987, p. 222.

[273] Mesmo sem o apelo ao elemento demagógico, a retórica (e até a tópica) é unilateral e a dialéctica bilateral ou, no nosso caso jurídico, triangular... Cf. Francisco PUY, *Tópica Jurídica*, Santiago de Compostela, Imprenta Paredes, 1984, p. 798 ss.; Juan VALLET DE GOYTISOLO, *Metodologia Juridica*, Madrid, Civitas, 1988, máx. p. 147 ss. V. também o já clássico Theodor VIEHWEG, *Topik und Jurisprudenz*, Munique, C. H. Beck'sche V., 1963 (edição castelhana, *Tópica y Jurisprudencia*, 1.ª reimp., Madrid, Tauros, 1986). V., em geral, Michel VILLEY, "Nouvelle rhétorique et droit naturel", in *Critique de la pensée juridique moderne*, Paris, Dalloz, 1976, p. 85 ss., e ainda, por todos, o tomo XXIX dos "Archives de Philosophie du Droit", *Dialogue, dialectique en philosophie et en droit*, Paris, Sirey, 1984, e, como sínteses ainda válidas das várias correntes, Juan Antonio GARCIA AMADO, *Teorias de la Topica Juridica*, Madrid, Civitas/Universidad de Oviedo, 1989; Peter DEGADT, *Littératures contemporaines sur la 'topique juridique'*, Paris, P.U.F., 1981.

Diverso ainda é o facto de tudo se passar agora fundamentalmente (à excepção dos jurados, quando os haja) entre especialistas, quer na representação das partes, quer na decisão (juízes). A dialéctica forense não é uma persuasão de um bom orador sobre um público impreparado e passional, mas uma justa entre dois especialistas empenhados em convencer um outro especialista independente...

Recordando a *Tópica*: "Por fim, é óbvio que todas as opiniões concordantes com os ensinamentos das artes são proposições dialécticas, uma vez estarmos dispostos a aceitar as opiniões sustentadas pelos doutos nestas artes, por exemplo: acerca da medicina, opinaremos como o médico, sobre questões de geometria como o geómetra, e assim por diante"[274].

Acresce que o discurso não é completamente livre, mas tem pressupostos dialécticos importantes. Comuns a todo o debate dialéctico, *mutatis mutandis*.

Por um lado, assume-se a precaridade e a incerteza na investigação das coisas humanas e sociais, como são as do Direito. Pelo que não se trata de, em tribunal, estabelecer um juízo de realidade científica, nem de sapiência pura e esotérica (embora a autoridade seja a dos especialistas), mas de probabilidade. E, para conseguir chegar ao provável, aí está a dialéctica, apelando para o bom senso no senso comum, como meio de alcançar alguma luz...

Diz, na verdade, o Filósofo:

"Não devemos considerar que toda a proposição é dialéctica, ou que todo o problema é dialéctico, pois nenhum homem prudente postularia algo que não é admitido por ninguém, nem poria em dúvida o que é evidente a todos ou à maioria das pessoas; no segundo caso, não há dificuldade, e, no primeiro, ninguém daria a sua concordância."[275]

E prossegue:

"A proposição dialéctica é uma interrogação provável, já por toda a gente, já pela maioria, já pelos sábios, e, entre estes, já por todos, já pela maioria, já pelos mais notáveis"[276].

---

[274] ARISTÓTELES, *Organon*, V. *Tópicos*, I, 10, 104 a) *in fine*, ed. cit. p. 27.
[275] ARISTÓTELES, *Organon*, V. *Tópicos*, I, 10 (104 a), ed. cit., p. 25.
[276] *Ibidem*.

Conclusão, Razão Dogmática, Razão Canónica, Razão Dialéctica 237

Sucedendo que os filosofos serão os mais nobres dos doutos [277], nem mesmo esses detêm a verdade, apenas para ela contribuindo, com um pequeno nada, de acerto ou desacerto:

"A especulação acerca da verdade é, num sentido, difícil, noutro fácil: a prova é que ninguém a pode atingir completamente, nem totalmente afastar-se dela, e que cada (filósofo) tem algo a dizer sobre a Natureza, nada ou pouco acrescentando cada um à verdade, embora se faça do conjunto de todos boa colheita." [278]

"(...) É, pois, de justiça mostrarmo-nos reconhecidos não só para com aqueles cujas doutrinas partilhamos, mas ainda para com aqueles que mais superficialmente se exprimiram: também estes, com efeito, deram a sua contribuição, pois exercitaram o nosso hábito." [279]

E a ideia de que uns argumentos procedem de outros, e a verdade pode surgir do erro, é-nos sugerida pelo passo seguinte:

"Se Timóteo não tivesse existido, não possuiríamos muitas melodias e sem Frínico, Timóteo não teria existido. O mesmo se dá também com os que se expressaram acerca da verdade, pois de alguns (deles) temos recebido certas opiniões, mas os outros foram causa de os primeiros terem surgido." [280]

Tal metodologia significa ainda, evidentemente, não apenas que estão arredados da discussão problemas ou questões sobre matérias óbvias, intocáveis ou sagradas, e de conhecimento científico evidente e aceite, bem como ficam prejudicadas as questões que se debrucem sobre objectos muito próximos (por subjectivismo, paixão, etc. – ou pelo carácter óbvio do problema que o não será) ou sobre objectos muito longínquos (por desconhecimento das realidades, estranhamento, etc.).

Afirma, com efeito, e como recordámos já, Aristóteles:

"Quem proponha a questão de saber, por exemplo, se é preciso ou não louvar os deuses e amar os pais, não pede mais que uma boa

---

[277] "(...) não convém que o filósofo receba leis, mas que as dê, e que não obedeça ele a outro, mas a ele quem é menos sábio" ARISTÓTELES, *Metafísica*, I, 2, ed. cit., Coimbra, Atlântida, 2.ª ed. 1969, com introdução de Joaquim de Carvalho e trad. de Vincenzo Cocco, p. 9.

[278] ARISTÓTELES, *Metafísica*, II, 1, ed. cit., p. 65.

[279] *Ibidem* (pp. 65-66).

[280] *Ibidem* (p. 66).

correcção, e quem pergunta se a neve é branca ou não, só tem de abrir os olhos."[281]

Significa tal ainda que as partes têm de se pôr de acordo sobre algumas regras do jogo antes de o jogar. Evidentemente que no debate forense esse acordo é tácito: não só quanto à aceitação do sistema judiciário, como quanto às bases do julgamento (as partes concordam, ou pelo menos submetem-se ao julgamento da lide conforme o Direito: o que nem sempre quererá dizer somente de acordo com as leis), e quanto ao decurso do processo (o que também é direito, processual, ou, como se dizia *supra*, boas maneiras...).

Sobre estas bases de acordo, desenha-se o desacordo entre as partes: quanto à questão-de-facto, ao que efectivamente ocorreu; e/ou quanto à questão de direito: pertinente à sua leitura ou interpretação e enquadramento legal e respectivas consequências (estatuições).

O juiz, um terceiro independente, com conhecimentos especializados e uma particular virtude de prudência, decide.

2. Da dogmática à dialéctica na simbologia do Direito

Não sem aguda percepção se tem dito, numa análise simbólica ou semiótica comparatística, que os símbolos grego e romano da justiça reflectem muito eloquentemente esses dois tipos de ordem jurídica ao nível forense: o ainda não dialéctico (do ponto de vista prático-institucional), dos gregos, e o já institucional e praticamente dialéctico, dos romanos [282].

Assim, a deusa grega Thémis encontra-se com os olhos postos nas alturas aguardando uma visão de inspiração divina. Para Thémis, a justiça seria ainda, teológica e voluntaristicamente, o que Zeus ordena. Porém, na prática, e à falta de teofanias frequentes, *justo* passa a ser o que os olhos vêem: e o que eles vêem, mais patentemente, é uma imagem de igualdade horizontal: quando os pratos da balança se encontram *isonomicamente* a par, nenhum mais alto ou mais baixo que o outro, então nenhuma das partes tem mais ou menos que a outra. Logo, então, há justiça.

---

[281] ARISTÓTELES, *Organon*, V. *Tópicos*, I, 11 (105, a), ed. cit., p. 30.

[282] Trabalho pioneiro nesta matéria foi o de Sebastião CRUZ, *Ius. Derectum (Directum)..., Relectio*, Coimbra, s/e, 1971. Cf. o nosso "Imagens da Justiça. Velhos e novos símbolos do Direito", in *Arqueologias Jurídicas*, Porto, Lello, 1996, p. 163 ss., e os capítulos VIII e IX.

Conclusão, Razão Dogmática, Razão Canónica, Razão Dialéctica

Contudo, a balança determina esta isonomia sem fiel: os tribunais são normalmente colectivos amplos, muitas vezes assembleias. Esta difusibilidade do judicar encontra na aplicação das sentenças uma contrapartida de força, pois a deusa empunha uma contundente espada.

Já em Roma a deusa *Iustitia* segura uma balança apenas. Uma balança com fiel, que representaria o pretor, senhor do processo, mais que simples árbitro. Não busca ela inspiração divina, mas muitos dizem ter os olhos tapados por uma venda, sinal de se comprometer na não acepção de pessoas. Sendo discutível a verdade arquelógica deste facto, a existência da muito ulterior *Januskoepfige Iustitia* atesta que estar vendado ou com os olhos bem abertos (ou ambas as coisas) pode ser interpretado de forma semelhante.

Há Justiça em Roma de forma já não horizontal mas vertical. Quando o fiel da balança cai a prumo, isso significa que rectamente foi atribuído o seu a cada um. Um recto juiz é garantia de uma justa repartição.

Isso significa também que o juiz, como o fiel da balança, não se inclina mais para um lado nem mais para o outro. Corta a direito.

III. *Razão Dogmática e Razão Canónica*

Estas imagens permitem-nos exemplificar o tipo de racionalidades presentes em vários tipos da *forma mentis* jurídica. Ou, se preferirmos, talvez com mais rigor, destacar a autêntica *forma mentis* jurídica, a dialéctica, de outras que a cercam, e com ela concorrem no próprio terreno do pensar e do viver o direito.

Quando a Justiça grega olha os céus em busca de uma inspiração, tal remete-nos para o pensamento dogmático. Em Direito, sempre que um Zeus iluminado (que pode ser um legislador, ou um doutrinador) pretenda dizer o que é o Direito a partir da sua própria ciência infusa, sem atentar na realidade, nos factos, e na natura, humana e das coisas, ele estará a seguir a via do dogma. O dogma é muito prático para os aplicadores acríticos do Direito. E ainda hoje, hoje mais do que nunca, há muitos juristas (ou auto-proclamados juristas) que esperam a palavra do formulário, ou a receita do mestre, ou a solução preto no branco da lei que lhes tornasse o caso fácil.

Só que não há casos fáceis, ou claros [283].

---

[283] Paul Van Den HOVEN, *Clear Cases: Do they Exist?*, in "Revue Internationale de Sémiotique Juridique/International Journal for the Semiotics of Law", Vol. III, n.º 7, 1990, pp. 55-63.

240   *Lições de Filosofia Jurídica*

O tipo de pensamento dogmático representado pela busca de inspiração divina só é verdadeiramente nocivo na medida em que tal se reverte, frequentemente, não na visão superiror, ou numa espiritualização, ou sequer numa exaltação simbolizadora do *super-ego* humano, mas num alibi para a legitimação de *humanas, demasiado humanas* subjectividades. O dogmatismo na sua nua expressão humana é assim mais representável pela espada. Na verdade, todas as teorias que, recusando qualquer dialogia, afirmam a identificação entre Estado e Direito, ou a subordinação deste àquele, ou que definem o Direito como "um conjunto de normas..." mais não são que a expressão dessa espada nua, de pura coacção. Não há maior dogma que o de uma espada apontada: crê ou morres; faz ou morres...

Diferente do pensamento dogmático é o pensamento canónico.

Enquanto o dogma é uma verdade apodíctica e inquestionável, o cânone é uma regra, é um instrumento de medida. Isso significa que o cânone não é em si objecto de veneração, e se assume (pelo menos) com a transitoriedade de quem admite o progresso nas técnicas da mensuração.

Os tempos hodiernos têm confundido muito pensamento canónico com pensamento dogmático, e, em grande medida, por falta de conhecimentos tópicos, retóricos, dialécticos.

Pensa-se, ou pelo menos apregoa-se frequentemente nos meios bem-pensantes do "politicamente correcto" (um dogmatismo tão grande que identifica a correcção com o seu pensamento único e totalitário), que os cânones (literários, jurídicos, etc.) são expressão e celebração e imposição ideológica da nova odiada "classe dominante": a *burguesia universitária branca europeia e masculina...* Pelo que constituiriam, afinal, um dogmatismo repugnante.

O problema é que a alternativa ao cânone da justiça ocidental ou da cultura ocidental, no Ocidente (já que o problema não se tem, felizmente, posto nas mais sábias culturas orientais) corresponde a uma de duas coisas: ou a ausência pura e simples de *basics*, de clássicos, de modelos (o que comprovadamente influi de forma poderosa na construção de uma sociedade anómica, porque, realmente, sem valores: ao menos sem valores estéticos [284]); ou um pretenso multiculturalismo ou comunitarismo que é

---

[284] Harold BLOOM, *The Western Canon. The Books and the School of the Ages*, trad. port., introd. e notas de Manuel Frias Martins, *O Cânone Ocidental*, Lx.ª, Temas e Debates, 1997, insiste sobre a ausência de coerência ética do cânone literário ocidental que preconiza. Se, em geral, tem razão, não pode deixar-se, contudo, de encontrar nos grandes autores uma comum ideia sobre a natureza humana, uma ideia de homem, ao

Conclusão, Razão Dogmática, Razão Canónica, Razão Dialéctica 241

apenas um equilíbrio instável [285] (até ao advento de um novo totalitarismo?) entre grupos mais ou menos inexpressivos e marginais, cujas realizações são, em geral, de péssimo gosto e execução rudimentar... Para não falar da evidente injustiça desses particularismos...

Ignora o politicamente correcto mais anarquizante que, como dissemos, é sempre preciso estabelecer exemplos: ainda que seja para os superar ou derrubar. E o politicamente correcto com mais pretensões ou aspirações à afirmação deveria olhar-se ao espelho e perguntar-se se, na verdade, não estará a querer impor aos demais apenas a sua muito minoritária e específica perspectiva.

Por outro lado, importa haver algum consenso sobre as normas de conduta aceites e as glórias veneradas mais ou menos oficialmente.

Numa sociedade pluralista e democrática nada impede que um grupo de fanáticos de mau gosto prestem culto, público ou privado (desde que dentro dos parâmetros da ordem pública e do decoro dos bons costumes), a artistas de quinta ordem...ou milésima ordem...

Mas tal não pode ocorrer impondo nas escolas o ensino dos poetas de rima de pé quebrado, ou dos prosadores que dão erros ortográficos (sem que isso tenha um fim artístico evidente), ou dos rebarbativos, etc... E tanto menos quanto sejam celebrados pelo simples facto de pertenceram ao grupo de pressão (de qualquer tipo) que teve força para os promover.

Ilustrações do que afirmamos no domínio do cânone jurídico serão, todavia, ainda mais difíceis de encontrar. Porque, por exemplo, a defesa pública da licitude do homicídio ou do roubo está na fímbria da liberdade de expressão e do subversivo incitamente à prática do crime.

O cânone, por outro lado, não pode ser a expressão da subjectividade e dos conhecimentos sociais do grupo dominante (sempre mais ou menos burguês) que ocupe o poder (ou apenas o relativamente autónomo poder cultural, universitário, etc.). Nesta crítica por vezes têm um *fumus* de razão os adeptos do "politicamente correcto".

Harold Bloom, por exemplo, excessivamente centrado no universo cultural anglófono, polariza em torno de Shakespeare todo o cânone literário. Não duvidamos que Shakespeare não é *apenas* um *comediant*

---

mesmo tempo falível e criador, sujeito e objecto da História e do *fatum*, que dificilmente se compatibiliza com, por exemplo, perspectivas totalitárias.

[285] V. a excelente ficção de Steven LUKES, *The Curious Enlightenment of Professor Caritat*, Verso, 1995, máx. p. 118 ss.. Cf. com Will KYMLICKA, *Contemporary Political Phylosophy. An Introduction*, trad. cast. de Roberto Gargarela, *Filosofía Política contemporánea. Una Introducción*, Barcelona, Ariel, 1995, máx. p. 219 ss..

242 *Lições de Filosofia Jurídica*

(ele, que fugia das comédias...) "europeu", "homem", "heterossexual", "burguês" (e activo e cioso nos seus negócios extra-teatrais), "racista", "anti-semita" e "morto", como diria o "politicamente correcto" fazendo enormes confusões (na verdade, Shylok não representa necessariamente anti-semitismo). É realmente um génio e um marco no domínio da "influência" [286].

Mas daí a ser o centro da ribalta vai uma longa distância. Voltaire não o apreciou. Sófocles não o conheceu. Aristóteles e S. Tomás tampouco. A Bíblia foi escrita antes. Falando mais de coisas "nossas", quer o *Decreto de Graciano* quer o *Corpus Iuris* viveram sem ele. Mesmo se nos ativermos exclusivamente a autores literários, temos o dever de perguntar: o que devem realmente a Shakespeare as grandes literaturas latinas, e o grande cânone clássico, por exemplo? Não esqueçamos que este foi a grande referência comum, atravessando a própria Idade Média [287], até ao primeiro quartel deste século ao menos, quando a vaga de olvido nos começou a invadir decisivamente.

Há muito na cultura ocidental que o precede e dele não é necessaria e simplesmente algo de apenas *avant-la-lettre*.

Por outro lado, até um autor sensato e tão erudito como Bloom não deixa de exageradamente pender *pro domo*, procurando entronizar como cânone geral o que é somente cânone anglófono de vocação universal. Mesmo aqueles autores não anglófonos que honra com a inclusão no seu cânone ocidental [288] têm cultura anglófona de berço, casa ou instrução, como o argentino Jorge Luis Borges e o português Fernando Pessoa.

Sendo justíssima a inclusão de qualquer deles nesse cânone, estranha--se que muitos outros autores de línguas portuguesa e castelhana não figurem. Melhor: não estranhamos.

---

[286] Cf., em geral, Roland MORTIER, *L'Originalité. Une nouvelle catégorie esthétique au siècle des Lumières*, Genève, Droz, 1982; Harold BLOOM, *The anxiety of Influence. A Theory of poetry*, Nova Iorque, Oxford Univ. press, 1973 (há trad. port. de Miguel Tamen, *A Angústia da Influência*, Lx.ª, Cotovia, 1991) e o nosso "Originalidade e Influência. Em torno de paradigmas de criação e de recepção e do seu acolhimento na metodologia histórico-jurídica", in *Arqueologias Jurídicas*, cit., p. 15 ss..

[287] Cf. O clássico E. R. CURTIUS, *La Littérature Européenne et le Moyen-Âge Latin*, trad. fr. de Jean Bréjoux, Prefácio de Alain Michel, Paris, P.U.F., 1956.

[288] Sobretudo os de culturas sobranceiramente olhadas nos EUA como de segunda ordem (ditas "hispânicas") ao ponto de racialmente serem agrupadas em categoria à parte dos ditos "caucasianos".

Conclusão, Razão Dogmática, Razão Canónica, Razão Dialéctica 243

E é por um problema de índole semelhante que tantos, em tantos países, confundem o cânone com a legislação, a codificação, ou a constituição escrita.

O Cânone literário tem de ter uma certa pluralidade de acordo com os géneros existentes, as culturas existentes dentro de uma civilização, as línguas que ela contém, etc.. Não numa representação por quotas ou por percentagem relativa de membros... Mas num critério largo que se baseie essencialmente na ideia de qualidade e universalidade de obras sempre radicadas, ou de particularidade exemplar [289].

O critério deverá ser sempre o da qualidade. Claro que explicar o que é qualidade nos remete para o problema da literariedade, da obra de arte em geral, etc. E como não há receitas para estabelecer uma tabela do que seja ou não esteticamente bom, o pensamento dogmático do "politicamente correcto" proclama que não há tal coisa, que isso da qualidade (e até do sentido da obra) ou não existe (niilismo) ou é mera convicção ou persuasão social (sociologismo). Se alguém ousar algum ensaio de critério será um anquilosado dogmático-canónico.

Também uma situação idêntica se vive no mundo do Direito. Não se podendo pôr todos de acordo sobre o que seja a justiça, nem qual o melhor direito positivo a adoptar, não faltam os que neguem a existência de Justiça (tida como ilusão ideológica ou aspiração passional) e subsumam todo o Direito na vontade de qualquer poder político.

E contudo o critério da Justiça, tal como o do Belo, é semelhante, e igualmente inefável, e sobretudo incomunicável aos profanos profanadores. Os quais, de tanto reclamarem a prova racional (e exigirem o convencer generalizado) da excelência das coisas óbvias e naturais (mas tantas vezes inefáveis), tão prontos estão tantas vezes (e desde há séculos já) a aplaudir os tiranos que se envolvam da demofílica aparência de esclarecimento e intelectualidade. E a venerar como sacrossantas verdades muito menos provadas que as outras para que reivindicavam legitimação e consenso...

---

[289] No seu programa televisivo *Horizontes da Memória*, José Hermano Saraiva chamou justissimamente a atenção para a diferença entre pluralidade ou diversidade e universalidade, a propósito da decoração da gare do Oriente. Pensamos que mesmo um multiculturalismo sem segundas intenções não seria, verdadeiramente universalista, mas pluralista. É pouco! Ora deve haver lugar para pluralismo, confluência, identidade, e universalismo. Coisas tão elementares e tão esquecidas por gente tão importante em universidades tão prestigiadas!...

244 *Lições de Filosofia Jurídica*

Até nesta vicissitude "o justo é uma espécie de belo"[290], como afirmou Aristóteles.

Em suma, o problema candente continua a ser o da legitimidade. Quem tem legitimidade para dizer o que é belo, ou o que é justo? O estatuto de douto ou sábio encontra-se, nos nossos dias, cada vez mais divorciado dos títulos. A inflação de doutores (e de doutores sem qualidade), por exemplo, tornou o título, pelo menos nalguns países, num papel sem significado... e até traumatizante (e quiçá vexatório) para os que tenham obtido os seus títulos com o sangue suor e lágrimas do engenho, e a arte da inspiração. A magistratura judicial dos juízes também tem vindo a assumir em alguns países contornos que, por acção ou omissão, muitas vezes, a afastam do paradigma de um Salomão julgador. A doutrina também perdeu a força e o prestígio nos tribunais e a aludida inflação de doutores em Direito e de autores de textos doutrinais é prejudicial à recolha do trigo no meio de tão abundante joio.

E contudo não são senão os especialistas em literatura e arte (diplomados ou não, titulados ou não) e os especialistas em Direito (diplomados ou não, titulados ou não) quem pode dizer, dialecticamente, como é óbvio, isto é, em juízos de probabilidade concorrentes, o que possa ser, concretamente, arte e direito. Sim, concretamente. Não se lhes peçam grandes teorizações, que serão quase sempre decantações de exemplos e vivências concretos, sujeitos em grande medida a rotunda falibilidade em aplicações subsuntivas futuras.

O esteta não é o palavroso crítico de arte que transforma uma exposição de pintura abstracta numa ainda mais abstracta prosa com palavras misteriosas ou rebrilhantes e frases sinuosas de sintaxe esquiva. O jurisconsulto não é o utopista amador de paciências que constrói teorias da justiça como quem edifica miniaturas de catedrais com fósforos gastos.

Arte prática, arte do Hobbit comum, o Direito contenta-se (ou deveria contentar-se) com uma justiça da palavra dada, do razoável...

A arte *artística*, essa, embora muito mais exigente, também não se compagina nas vistas sempre apertadas de todos os teorizadores. A arte não se explica como se sente.

Mas o problema subsiste: onde acaba o probo e sensível esteta e começa o charlatão? Apesar de mais evidente, também não é por vezes simples discernir quando as frases graves de um jurista são filipismos de rábula ou pérolas de ciência de um novo Papiniano.

---

[290] ARISTÓTELES, *Organon*, V. *Tópicos*, VI, 4 (ed. cit., p. 206).

IV. Razão Canónica e Razão Dialéctica

A racionalidade dialéctica pressupõe, assim, um pano de fundo de racionalidade canónica. Seria fútil, impossível, anárquico e nocivo um método que postulasse o *agon* da disputa sem lhe limitar as regras, sem teleologicamente o vocacionar para um fim – que não é outro senão a busca da verdade e da justiça, ideias igualmente gémeas.

Já vimos alguns pontos dessa articulação entre o dialogar (e assim revolucionar o estabelecido e contraditar a certeza alheias) e o conformar-se com certos dados. Dados que não são um dogma, mas um conjunto de princípios, quer apodícticos (desde logo algumas regras do raciocínio, ou da lógica), quer conseguidos por forma dialéctica, mas aceites pelas partes (por exemplo, o acordo quanto à matéria de facto nalguns tribunais arbitrais, como o do "Juiz decide" da televisão [291]).

O fiel da balança romana, o pretor, ou o nosso juiz é, sem dúvida, um limite ao livre decorrer da discussão. Mas é um limite positivo, e aceite. Trata-se de uma limitação canónica, que a experiência consagrou.

A pelo menos hipotética venda nos olhos da deusa romana da justiça (e a não acepção de pessoas que simboliza) impediria a mesma de ver, de tomar contacto com a realidade, fazendo-a até, eventualmente, não saber usar a balança (ou a espada: mas a deusa *Iustitia* nem usa espada). Todavia, mesmo que a venda tivesse existido, muitos assinalam que a forma particular de a Justiça ver é assumida realmente pelo ouvir, e todos compreendemos como ouvir as partes é mais importante que vê-las. A limitação eventual da lide a uma questão circunscrita pelo pedido das partes (*quod non est in actis non est in mundo*), ou o tratamento igual para todos dispensado por *Iustitia* são, sem dúvida, quantas vezes, obstáculos à descoberta da verdade total e à realização da justiça material e não formal. Porém, muitos problemas de inverdade e de injustiça se evitam também com essas precauções. Que imensas injustiças não podem insinuar-se sob a capa da própria equidade (que fará de um tratamento assumidamente desigual)! E como, todavia, é importante que a equidade não seja só um bombeiro dos fogos da insuportável injustiça, mas ao invés um elemento permanente na criação concreta do Direito!

Assim também a ausência de espada na Justiça romana (e tanto, simbolicamente, na que nos é dado viver) pode parecer debilidade. Mas

---

[291] Aliás excelente escola de Direito (com um magistrado aprumadíssimo e com uma dimensão humana e pedagógica da sua função), embora (pela maioria das causas que lá chegam) seja um espelho tristíssimo do nível da nossa consciência jurídica geral.

não. É apenas uma questão de hierarquia: primeiro está o problema intelectual do direito; só ancilarmente a execução material das sentenças. Ou, dito de outro modo: interessa mais ao Direito fazer justiça que castigar com ferros.

Em quanto ao Direito apenas respeita, o dogma é, antes de mais, representado pelo Direito divino. O qual, porque distante, nada tem a ver com a dialéctica, e, não fora a lei divino-positiva das religiões reveladas, seria de todo insondável. Ora, como um dos pilares da autonomia epistemológica do Direito é a sua secularidade, a sua independência essencial (sem prejuízo de coincidências e confluências) de toda e qualquer outra ordem normativa (da divina à da simples etiqueta), o dogma e o direito divino são questões que o Direito *tout court* pode e deve considerar, mas a que não deve submeter-se de forma mecânica. Terá, ao menos metodologicamente, que considerar o dogma como *topos...*

Todavia, o problema é um falso problema. É que, sabe-se, pelo menos desde S. Paulo, que (usando agora as categorias de S. Tomás de Aquino), a lei eterna por assim dizer encarna em cada um de nós pela lei natural, de índole moral. Ora essas intuições morais inatas necessariamente hão-de constituir parte da natureza humana, e o Direito Natural acabará por ser uma espécie de cânone jurídico, medida e aplicação jurídica dessas específicas determinações da natureza moral. Não haverá pois grande necessidade de o jurista se embrenhar pelos segredos insondáveis do direito divino...

O Direito Natural funciona, para o Direito, como os grandes autores ou artistas canónicos funcionam para a literatura e as artes: como um cânone.

Sem os grandes exemplos de Justiça (e aí o sistema da *common law* poderia tornar-se exemplar na sua metodologia de casos), como sem os grandes exemplos de arte, não há a quem imitar, não há a quem superar...

E esse é todo o problema do jurista ou do artista.

A racionalidade canónica, em Direito, não imporá tanto princípios (ou seja, o dogma, coactivo, imperativo e intelectualista, abstracto) como apontará exemplos de casos em que a luz do justo brilhou. Tal como mais vale um pequeno museu de arte ou uma boa selecta literária que mil bibliotecas de tratados de estética ou poética...

E a dialéctica exercer-se-á sobre este pano de fundo. Os tópicos utilizados não são só invocações abstractas do que é caro ao Homem e aos auditórios (os apelativos tópicos da ciência, da experiência, da natureza, da história, da evolução, da divindade, da justiça, do humano, da sociedade

Conclusão, Razão Dogmática, Razão Canónica, Razão Dialéctica   247

e do estado [292]), mas também as histórias que os homens sabem (do cânone literário, *lato sensu*), e os *exempla* dos grandes momentos de justiça. Mitos, uns, talvez. Mas não utopias.

A racionalidade dialéctica assume-se assim como o motor do conhecimento do Direito (na sua descoberta, nomeadamente na feitura das leis: veja-se, por exemplo, o carácter eminentemente dialéctico da construção ideal do parlamentarismo liberal [293]), e da sua criação concreta (no momento da acção jurisdicional).

Claro que concorrem com estes momentos legislativo parlamentar e judicatório quer o legislativo de sede governamental (de facto sempre muito mais dogmático: até porque não decorrendo de discussão transparente), quer o doutrinal e o costumeiro.

O costumeiro é natural, não comportando voluntarismo, mas apenas a convicção do comportamento diuturnamente jurídico. Não conta, assim, para este nosso debate, embora nele se possa vislumbrar um *fumus* de contratualismo tácito...

O doutrinal é que, por natureza, se nimba da *auctoritas* da ciência ou da sapiência.

Na doutrina também pode haver dialéctica, e muitas vezes há-a: no diálogo surdo entre tantos e tantos autores que se citam, confrontam, debatem. O juiz é o leitor ou o juiz da causa... E antes disso é-o também o próprio jurisconsulto, no diálogo silencioso com as suas fontes.

Se o uso dos argumentos é sopesar entre eles, e se a determinação de uma posição age por cima das partes e dos autores, aproximando-os, superando-os, aproveitando o que de vero há em cada um, como admiravelmente faz S. Tomás de Aquino [294], temos dialéctica. Se apenas encontramos pilhas de referências por pura erudição, e se para reduzir a pó o adversário chega dizer que está ultrapassado, ou que não é essa a posição que se adoptou, ou que a lei pensa de modo diverso, ou que não é o que se faz no estrangeiro, etc., então estamos perante pensamento puramente dogmático. Por muitos tópicos modernistas e progressistas de que se queira aureolar essa máquina de terrorismo intelectual.

---

[292] Francisco Puy, *Tópica jurídica*, cit., pp. 811-812.

[293] Cf. Gerhard Leibholz, *O Pensamento democrático como princípio estruturador na vida dos povos europeus*, trad. port., Coimbra, Atlântida, 1974; Rogério Ehrhardt Soares, *Sentido e Limites da Função legislativa no Estado Contemporâneo*, in Jorge Miranda/Marcelo Rebelo de Sousa (coord.), *A Feitura das Leis*, II, Lisboa, Instituto Nacional de Administração, 1986.

[294] No mesmo sentido, Michel Villey, *Questions de St. Thomas sur le droit et la politique ou le bon usage des dialogues*, Paris, P.U.F., 1987.

V. *Dogma e dialéctica. Razâo sistemática vs. razão tópica*

Obviamente que todas as escolas de pensamento jurídico conceptualistas ou "sistemáticas" (isto é, mais ou menos utopistas, pois visam unificar e dar coerência artificial ao que é dinâmico e permanentemente em tensão) são, nesta perspectiva, representantantes da mais evidente racionalidade dogmática.

As críticas que, por exemplo, um Claus-Wilhelm Canaris aponta ao pensamento tópico (vizinho do dialéctico e do retórico) são, a nosso ver, muito esclarecedoras... Comentamo-lo *pari passu*. Em síntese do próprio, afirma o conhecido jurista alemão:

> "A tópica é, por isso, basicamente, inconciliável com a doutrina da validade e das fontes do Direito [nós diríamos antes que cada expressão concreta de uma fonte, num caso, é como um tópico]; pois aquando da aplicação do Direito, as premissas não se legitimam a partir da 'opinião de todos ou da maioria ou dos sábios' mas sim do Direito positivo e isto mesmo quando este não coincida com aqueles. Em especial, a tópica não consegue oferecer nenhum critério acertado para a resposta à questão decisiva de a qual de entre vários 'tópicos', que pela sua natureza podem ser *propostas* de solução, se deve reconhecer a primazia; só o sistema pode, em regra, cumprir esta função de escolha." [295]

E prossegue, sempre, aparentemente com o entendimento de que o direito já estará perfeito antes da intervenção jurisdicional (no tal sistema: que não diferirá muito daquilo a que os estudantes caloiros vulgarmente chamam, *grossissimo modo*, "conjunto de regras e normas"):

> "Esta insuficiência da tópica perante o princípio da sujeição da aplicação do Direito à lei resulta de os seus partidários não distinguirem suficientemente entre tarefas de legiferação e a as de jurisprudência; eles desconhecem, sobretudo, que a jurisprudência tem parcialmente a ver com a *execução* compreensiva de valorações já colocadas, mas não com uma *escolha* tópica de premissas e que, por consequência, ela é fundamentalmente uma doutrina do 'entendimento justo' [subsunção e algo mais: mas quanto mais?] e não uma dou-

---

[295] Claus-Wilhelm CANARIS, *Pensamento sistemático e conceito de sistema na Ciência do Direito*, trad. port. e introd. de A. Menezes Cordeiro, Lx.ª, Fundação Calouste Gulbenkian, 1989, p. 287-288.

Conclusão, Razão Dogmática, Razão Canónica, Razão Dialéctica 249

trina da 'actuação justa' [mas o que interessa: interpretar ou executar 'bem' a lei, ou fazer justiça?]. Além disso, o pensamento tópico está sempre orientado o mais estreitamente possível para o problema singular, e corre, por isso, sempre o perigo de ignorar a regra da unidade interior e da adequação da ordem jurídica." [296]

Evidentemente que, na nossa perspectiva, o pensamento tópico (ou dialéctico) não pode ser desgarrado da unidade do Direito (no sentido da unidade ontológica e teleológica), mas isso não significa que, por mor dessa unidade, se pense exclusivamente na unidade formal ou institucional, e descure a unidade essencial: ora esta decorre não de soluções perfeitas do ponto de vista lógico ou subsuntivo, ou da geométrica simetria do sistema, mas dos resultados justos concretos nos casos concretos. Dir-se--á, assim, que a unidade do sistema se garante não pelo exílio da dialéctica, mas pelo seu aprofundamento, sendo certo que um dos tópicos é, precisamente, o da unidade do sistema jurídico, outro o do primado da lei escrita, etc..

Quanto à precedência entre tópicos, é óbvio que não se encontra previamente fixada, sendo, ela também, objecto de disputa. Porém, a existência de valores e de uma ordem de valores como pano de fundo canónico a presidir à dialéctica parece-nos poder ser fiel garante de que se não trata de qualquer tipo de "direito livre" ou anarquia metodológica, como alguns prontamente acusaram todo o pensamento problemático em Direito [297].

Por muito que os sábios que não querem ver as suas teses na ribalta da contradição saiam a terreiro celebrando o renovado fôlego do conceptualismo através do pensamento sistemático, a verdade é que as teorias abstrusas se quedam pelas poeirentas revistas da especialidade, e que os tribunais realmente actuam de forma dialéctica. E que as fontes do direito são tópicos no tribunal, como não passam de tópicos as melhores e as piores doutrinas dos melhores e dos piores jurisconsultos. Quer queiramos quer não, o Direito é uma realidade vivente na sociedade, e será perda de tempo e decerto motivo para frustração edificar uma construção mental a que se chame Direito se ela não obtiver no mundo real eco e acolhimento, enquanto outra realidade, paralelamente, cresce e palpita.

---

[296] *Ibidem*, p. 288.

[297] Uma síntese, recente e em português, desse pensamento pode consultar-se em José Adelino MALTÊS, *Princípios de Ciência Política*, II vol. *O problema do Direito, Elementos de Filosofia do Direito e de História do Pensamento Jurídico*, Lx.ª, ISCSP, 1998, p. 43 ss..

VI. *Humildade dialéctica, arrogância dogmática*

Evidentemente que todos os métodos têm falibilidades consideráveis... É precisamente a impossibildade de um método infalível em Direito (concomitantemente com o facto de apenas muito parcialmente a cientificidade se lhe aplicar, na prática) que leva a considerar a dialéctica como o método próprio do Direito. Não, verdadeiramente, com base numa eleição teórica e extrínseca à realidade da arte prática dos juristas, mas porque é isso mesmo que eles fazem... à excepção dos construtores de sistemas, que falam do Direito, mas raramente o praticam, e talvez pouco o compreendam. Mas, como proclamou Michel Villey,

> "Le temps vient de secouer l'ascendent des philosophes extrinsèques; de repenser la méthode du droit en la puisant à l'*expérience* particulière des juristes." [298]

É pois tempo de sintetizar. Um mito nos sirva, então:

Os deuses aperceberam-se de brahman. Mas não o conheciam.
Mandaram por ele Agni, do fogo, conhecedor de todos os seres.
"– Posso queimar o que eu quiser", declarou o deus ao génio obscuro.
Mas este pôs-lhe à frente um fio de erva, e o outro não o conseguiu chamuscar sequer. Desalentado, Agni declarou aos deuses não ter compreendido o brahman.
Enviaram então de entre eles a Vayu, dos ventos.
"– Posso levar de vencida o que eu quiser", declarou o vendaval ao misterioso ser.
Mas este colocou-lhe diante o mesmo fio de erva, e o outro não foi capaz de o fazer mover um milímetro. Vencido, Vayu confessou aos deuses não ter penetrado no segredo de brahman.
Incumbiram então a Indra da missão, pela sua generosidade. Mas brahman tinha desaparecido. Uma belíssima mulher, uma Uma do Himalaia, revelou-se a Indra confiando-lhe o segredo: o génio não é senão brahman, e vós vangloriais-vos de uma vitória que apenas a ele se deve...
Por isso, de entre todos os deuses, são Agni e Vayu os mais veneráveis, pois se aproximaram dele. E, mais ainda que esses, maior é Indra, pois foi o primeiro a compreendê-lo [299].

---

[298] Michel VILLEY, *Philosophie du Droit*, II. *Les moyens du droit*, 2.ª ed., Paris, Dalloz, 1984, p. 18.

[299] Cf. *Kena Upanishad*, III, 14-28, n/ ed. trad. fr. e introd. de Jean Varenne, in *Sept Upanishads*, Paris, Seuil, 1981, p. 31-33.

As teorias e metodologias fortes de fogo e vento sem dúvida valem mais que a atitude dos que nada teorizam (recordemos Aristóteles), mas a generosidade dialogante vale mais. E o aparentemente desprovido de conteúdo é o que recebe a revelação, enquanto o devastador voluntarismo da teoria não queima nem move uma palha...

Natural era que assim fosse: porque para compreender algo, seja o Direito seja brahman, é preciso despojar-se do lastro dos atributos próprios, e estar atento. O objecto só será compreendido quando o sujeito voluntariamente deitar por terra o obstáculo de um corte epistemológico muito radical...

Depois de Aristóteles e do Hobbit, burgueses e ocidentais,... dialécticos parecem ser ainda Indra...oriental e guerreiro, na sua permeabilidade ao desconhecido, e o misterioso brahman, que a cada deus se revela com uma linguagem própria....

Mas ainda todos muito incorrectos politicamente....

LECCIONES

Com a indicação da origem e/ou destino das lecciones *aqui agrupadas e sistematizadas, desejamos agradecer a quantos nos convidaram a elaborá-las e/ ou proferi-las, e tornaram possível a presente edição.*

Cap. I – Uma primeira versão deste trabalho destinou-se aos estudos em homenagem do Prof. Dr. D. Javier Hervada, antigo Director do Departamento de Filosofia do Direito da Faculdade de Direito da Universidade de Navarra, publicação da revista *Persona y Derecho*, que também dirigiu.

Cap. II, III e VI – Retomam o texto em que se baseou a nossa conferência *Metodologia del Derecho Natural*, nas II Jornadas Hispánicas de Derecho Natural, organizadas pela Fundação Elias de Tejada, em Córdova, presididas pelo Senhor Dr. D. Juan Vallet de Goytisollo, Presidente da Real Academia de Jurisprudência e Legislação de Espanha, e a convite do Prof. Dr. D. Miguel Ayuso Torres, da Universidade Pontificia Comillas, de Madrid.

Cap. VIII – Uma primeira versão deste texto, constituíu a base da nossa conferência *Le Glaive et la Loi*, no quadro do seminário "Simbolica Giuridica". Organizado pelo Prof. Dr. Giulio-Maria Chiodi, da Universidade de Napoles.

Cap. IX – Um primeiro versão constituíu a base da nossa conferência *Dalla simbologia giuridica a una filosofia giuridica e politica simbolica ? ovvero Il Diritto e i sensi*, na Universidade de Trieste, a convite do Prof. Dr. Claudio Bonvecchio, Director do Departamento de Ciência Política.

Caps- X, XI – Capítulos baseados nas nossas conferências, proferidas na Sala dos Conselhos da Universidade de Paris II, aquando dos III e IV *Colóquios Internacionais de Estética e Direito*, organizados pela Secção de Filosofia Penal do Centro de Filosofia do Direito (hoje Institut Michel Villey), presidida por M. Stamatios Tzitzis, director de investigação do CNRS.

O capítulo XII retoma no seu início a parte final do nosso *Verdade, Narração e Judicatura*, destinado a obra colectiva *Verdad, Narración, Justicia*, coordenado pelo Prof. Dr. D. José Calvo González, da Universidade de Málaga. A parte inicial encontra-se recolhida no nosso *Res Publica*, p.119 ss..

A tradução dos textos originalmente redigidos em francês deve-se à Senhora Dr.ª Clara Calheiros e a Fernando de Canavezes.

Os caps. VIII, IX, X e XI integram-se, em versão francesa, no nosso *Le Droit et les Sens*, em preparação. Os capítulos XII e a Conclusão integrarão também uma publicação no estrangeiro

BIBLIOGRAFIA

"Archives de Philosophie du Droit", *Dialogue, dialectique en philosophie et en droit*, t. XXIX, Paris, Sirey, 1984

AGOSTINI, Eric, *Droit Comparé*, Paris, P.U.F., 1988

ALAIN, *Propos sur l'esthétique*, 6.ª ed., Paris, P.U.F., 1991

ALBERTY, Ricardo (versão portuguesa), *A Bela Adormecida*, Lx.ª, Verbo, 1989

ANDRESKI, Stanislav, *Social sciences as sorcery*, Londres, André Deutsch, 1972

ARANGUREN, José Luis L., *La historia de la universalización de los Derechos Humanos*, in "Eguzkilore", 1996, n.º 9, extraordinario, p. 225 ss..

ARISTÓTELES, *Ética a Nicómaco*

ARISTÓTELES, *Metafísica*

ARISTÓTELES, *Organon*, V., *Tópicos*, trad. port. e notas de Pinharanda Gomes, Lx.ª, Guimarães, 1987

ASSIER-ANDRIEU, Louis, "Le juridique des anthropologues", in *Droit et Société*, n.º 5, Paris, 1987, p. 89 ss.

ASTRE, Marie-Louise/COLMEZ, Françoise, *Poésie Française*, Anthologie Critique, Paris, Bordas, 1982

ATIAS, Christian, *Théorie contre arbitraire*, Paris, P.U.F., 1987

AUBERT, V., *Continuity and development in law and society*, Oslo, Norwegian University Press, 1989

AYUSO, Miguel, *Después del Leviathan? Sobre el estado y su signo*, Madrid, Speiro, 1996

BARBIER, Christophe/LÉOTARD, Marie-Laure, com o concurso da Sociedade Play-Bac, de Bordas, e dos professores dos anos finais do Liceu Nicole Mazières, Gérard Lefevre, Diane, Cot, Nicole Kuntz e Frédérique Picard, *Avez-vous le niveau du bac ?*, in "L'Express", 13/6/96, p. 38 ss..

BARRETO, António (org.), *A Situação Social em Portugal*, 1960-1995, Lx.ª; Instituto de Ciências Sociais da Universidade de Lisboa, 1996

BARTHES, Roland, *Mythologies*, trad. port. de José Augusto Seabra, *Mitologias*, Lx.ª, 1978

BASTIT, Michel, *Naissance de la Loi Moderne*, Paris, P.U.F., 1990

BEARD, Henri /CERF, Christopher, *Dicionário do Politicamente correto*, trad. bras. de Vra Karam e Sérgio Karam, Introdução de Moacyr Scliar, Porto Alegre, L&PM, 1994

256 Lições de Filosofia Jurídica

BELL, Aubrey F. G., *A Literatura Portuguesa (História e Crítica)*, trad. port. de Agostinho de Campos e J. G. de Barros e Cunha, Lx.ª, Imprensa Nacional, 1971

BENDER, Thomas (ed.), *The University and the City. From Medieval Origins to the Present*, New York/Oxford, Oxford University Press, 1988

BENOIST, Luc, *Signes, Symboles et Mythes*, 7.ª ed., Paris, P.U.F., 1994

BERGERON, James Henry, *An ever whiter myth: the colonisation of modernity in European Community Law*, "Dublin University Law Journal", 77

BETBEDER, Marie-Claude, *Trop de diplômes, un handicap! Quand un bon curriculum vitae devient un obstacle*, in "Le Monde", 2 mars, 1994

BETTELHEIM, Bruno, *The uses of enchantment*, trad. port. de Carlos Humberto da Silva, *Psicanálise dos Contos de Fadas*, 4.ª ed., Venda Nova, Bertrand, 1992

BLACK, Percy, *Challenge to Natural Law: The Vital Law*, in "Vera Lex", vol. XIV, n.º 1-2, 1994, p. 48 ss..

BLACK, Virginia, *A Way out of the Realistic Indeterminacy Morass*, in UCDLR, vol. 28, n.º 3, Spring 1993, p. 583 ss.

BLOOM, Allan, *Giants and Dwarfs, Essays 1960-1990*, trad. port. de Mário Matos, *Gigantes e Anões*, Mem Martins, Europa-América, 1991

BLOOM, Allan, *The Closing of the American mind*, trad. port., *A Cultura Inculta, Ensaio sobre o declínio da cultura geral*, Mem Martins, Europa-América, 1990

BLOOM, Harold, *The anxiety of Influence. A Theory of poetry*, Nova Iorque, Oxford Univ. Press, 1973 (há trad. port. de Miguel Tamen, *A Angústia da Influência*, Lx.ª, Cotovia, 1991)

BLOOM, Harold, *The Western Canon. The Books and the School of the Ages*, trad. port., introd. e notas de Manuel Frias Martins, *O Cânone Ocidental*, Lx.ª, Temas e Debates, 1997

BOTELHO, Afonso, *Como o Sr. Jacob enganou o Socialismo*, Lx.ª, Edições do Templo, 1978

BOTELHO, Afonso, *O Poder espiritual da Universidade*, Coimbra, Separata de "Cidade Nova", 1949

BRAUDEL, Fernand, *Gramática das Civilizações*, trad. port. de Telma Costa, Lx.ª, Teorema, 1989

BRETONNE, Mario, *Storia del diritto romano*, trad. port. de Isabel Teresa Santos e Hossein Seddighzadeh Shooja, *História do Direito Romano*, Lx.ª, Estampa, 1988

BRITO, António José de, *Introdução à Filosofia do Direito*, Porto, Rés, s.d.

BURMAN, S./HARRELL-BOND, B. (eds.), *The imposition of Law*, Nova Iorque, Academic Press

CAEIRO, Olívio, *Oito séculos de Poesia Alemã. Antologia Comentada*, Lx.ª, Fundação Calouste Gulbenkian, 1983

CALVINO, Italo, *Porquê ler os clássicos*, trad. port. de José Colaço Barreiros, Lx.ª, Teorema, 1994

CALVO GONZÁLEZ, José, *El Discurso de los Hechos*, Madrid, Tecnos, 1993

CALVO, Jose, *Derecho y narración. Materiales para una teoría y crítica narrativista del Derecho*, Barcelona, Ariel, 1996

CALVO, Jose, *La Justicia como relato. Ensayo de una semionarrativa sobre los jueces*, Málaga, Ágora, 1996

CAMÕES, Luís de, *Lírica*, fixação do texto de Hernâni Cidade, Lx.ª, Círculo de Leitores, 1984

CANARIS, Claus-Wilhelm, *Funktion, Struktur und Falsifikation juristischer Theorien*, in "Juristenzeitung",1993, p. 377 ss. (trad. cast: *Función, estrutura y falsación de las teorias juridicas*, Madrid, Civitas, 1995)

CANARIS, Claus-Wilhelm, *Pensamento sistemático e conceito de sistema na Ciência do Direito*, trad. port. e introd. de A. Menezes Cordeiro, Lx.ª, Fundação Calouste Gulbenkian, 1989

CANOTILHO, José Joaquim Gomes, *Direito Constitucional e Teoria da Constituição*, Coimbra, Almedina, 1998

CANOTILHO, José Joaquim Gomes, *Direito Constitucional*, 5.ª ed., Coimbra, Almedina, 1991

CANOTILHO, José Joaquim Gomes, *O Círculo e a Linha. Da 'liberdade dos antigos' à liberdade dos modernos' na teoria republicana dos direitos fundamentais (I parte)*, in "O Sagrado e o Profano", Homenagem a J. S. da Silva Dias, "Revista de História das ideias", n.º 9, III, Coimbra, 1987, p. 733 ss.

CANOTILHO, José Joaquim Gomes, *Teoria da Legislação Geral e Teoria da Legislação Penal. Contributo para uma Teoria da Legislação. I Parte*, Separata do número especial do "Boletim da Faculdade de Direito", Estudos em Homenagem ao Prof. Doutor Eduardo Correia, Coimbra, 1988

CANOTILHO, José Joaquim Gomes, *Tomemos a sério os direitos económicos, sociais e culturais*, Separata do "Boletim da Faculdade de Direito", Coimbra, 1988

CARBONNIER, Jean, *Essais sur les lois*, Répertoire du Notariat Defrénois, Evreux, 1979

CARRILHO, M. M., *Verdade, Suspeita e Argumentação*, Lx.ª, Presença, 1990

CASTRO JOVER, A. (ed.), *Educacion como transmision de valores*, Oñati, Oñati Working Papers, Instituto Internacional de Sociologia Jurídica de Oñati, 1995

CATHREIN, Víctor, *Filosofía del Derecho*, 2.ª ed. cast., Madrid, Reus, 1926

CHACON, Vamireh, *Uma Filosofia Liberal do Direito*, introdução a John RAWLS, *Uma Teoria da Justiça*, trad. bras. de Vamireh Chacon, Brasília, Editora Universidade de Brasília, 1981

CHARTIER, Roger, *A História cultural. Entre práticas e representações*, trad. port. de Maria Manuela Galhardo, Lisboa, Difel, 1988

CHISHOLM, Lynne/LIEBAU, Eckart, *Jovens Europeus. Mudança Social, Educação e Modos de Vida*, trad. port. de Inês Vaz Pinto, revisão científica de José

Machado Pais, Lx.ª, Instituto de Ciências Sociais/Instituto Português da Juventude, 1994

CHORÃO, Mário Bigotte, *Introdução ao Direito*. I. *O Conceito de Direito*, Coimbra, Almedina, 1989

CÍCERO, *De Legibus*

CÍCERO, *De Officiis*

CÍCERO, *De Oratore*

COBAST, Eric, *Anthologie de culture générale*, Paris, P.U.F., 1998

COBAST, Eric, *Leçons particulières de culture générale*, 4.ª ed., Paris, P.U.F., 1998

COELHO, Paulo, *Maktub*, 1.ª reimp., Lx.ª, Pergaminho, 1996

COLUMELA, *De re rustica*

COTTERRELL, R., *Law's Community*, Oxford, Clarendon Press, 1995

CRUZ, Sebastião, *Direito Romano*, I , 3.ª ed., Coimbra, s/e, 1980

CRUZ, Sebastião, *Ius. Derectum (Directum)*, Coimbra, ed. Autor, 1974

CURTIUS, E. R., *La Littérature Européenne et le Moyen-Âge Latin*, trad. fr. de Jean Bréjoux, Prefácio de Alain Michel, Paris, P.U.F., 1956

D'ORS, *Derecho Privado Romano*, 7.ª ed., revista, Pamplona, EUNSA, 1989

DAVIDSON, D., *Inquires into truth and interpretation*, Oxford, Claredon Press, 1985

DE ROMILLY, Jacqueline, *Le trésor des savoirs oubliés*, Paris, Fallois, 1998

DEGADT, Peter, *Littératures contemporaines sur la 'topique juridique'*, Paris, P.U.F., 1981

DIJON, Xavier, *Droit naturel*, I. *Les questions du droit*, Paris, P.U.F., 1998

DIP, Ricardo Henry Marques, *Apontamentos sobre a mudança das leis e do Direito adquirido à luz do jusnaturalismo clássico*, S. Paulo, 1997

D'OCCAM, Guilherme, *Ordinatio*

DOEHMANN, Karl, *Demonstration und Argumentation sprachlich betrachtet*, in *Mélanges Ch. Perelman*, Paris, 1964

DREIR, Ralf, *Was ist und wozu Allgemeine Rechtstheorie?*, Tuebingen, 1975

DUHAMEL, Georges *et al.*, *Estará a Cultura em Perigo ? Encontros Internacionais de Genebra*, trad. port. de Mário Braga, Lx.ª, Europa-América, 1971

DUMOUCHEL, Paul/MELKEVIK, Bjarne, *Tolérance, Pluralisme, & Histoire*, Montréal/Paris, 1998

DWORKIN, Ronald, *Law's Empire*, Belknap, Cambridge, Mass., 1986

DWORKIN, (ed.), R. M., *The Philosophy of Law*, Oxford, Oxford University Press, 1977

DWORKIN, Ronald, *Taking rights seriously*, London, Duckworth, 1977

ECO, Umberto, *L'Oeuvre Ouverte*, trad. fr., Paris, Seuil, 1965 (trad. bras., *Obra Aberta*, 2.ª ed., S. Paulo, Perspectiva, 1971)

ECO, Umberto, *O Nome da Rosa*, trad. port. de Maria Celeste Pinto, 5.ª ed., Lx.ª, Difel, 1984

ECO, Umberto, *Porquê 'O Nome da Rosa' ?*, trad. port. de Maria Luísa Rodrigues de Freitas, Lx.ª, Difel, s/d.

Bibliografia 259

ELLUL, Jacques, *Le Bluff Technologique*, Paris, Hachette, 1988.

EXPÓSITO, Enriqueta, *La Libertad de Cátedra*, Madrid, Tecnos, 1995

FARBER, Daniel A./Suzanna, SHERRY, *Beyond all reason: the radical assault on truth in American Law*, New York, Oxford University Press, 1997

FERREIRA, Paulo Antunes, *Valores dos Jovens Portugueses nos anos 80*, Instituto de Ciências Sociais/Instituto Português da Juventude, 1993

FEYERABEND, Paul, *Against Method*, trad. port. de Miguel Serras Pereira, *Contra o Método*, Lx.ª, Relógio D'Água, 1993

FICHTE, J. G., *Grundlage des Naturrechts nach den Prinzipien der Wissenschafts-lehre*, 1976-1797 (ed. fr.: *Fondement du droit naturel selon les principes de la doctrine de la science*, apres., trad. e notas de Alain Renaut, Paris, P.U.F., 1984)

FINNIS, John, *Natural Law and Natural Rights*, 7.ª reimp., Oxford, Clarendom Press, 1993; R. M

FLAUBERT, Gustave, *Dictionnaire des idées reçues, "Droit".*

FOUCAULT, M., *A Verdade e as formas jurídicas*, trad. bras., Rio de Janeiro, P.U.C., 1974

FREITAS, Juarez, *A substancial inconstitucionalidade da lei injusta*, Petrópolis, RJ, Vozes; Porto Alegre, RS, EDIPUCRS, 1989.

FREUD, Sigmund, *Moisés e o monoteísmo*, trad. port. de Isabel de Almeida e Sousa, s/l, 1990

GADAMER, Hans-Georg, *Wahreit und Methode*, 3.ª ed., Tübingen, J. C. B. Mohr (Paulo Siebeck), 1974

GAIVÃO, Luis de Mascarenhas, *História de Portugal em Disparates*, Mem Martins, Europa-América, 1988

GARCIA AMADO, Juan Antonio, *Teorias de la Topica Juridica*, Madrid, Civitas/ Universidad de Oviedo, 1989

GARCIA HUIDOBRO, Joaquin, *Filosofia, sabiduria, verdad, tres capítulos de la Metafísica de Aristoteles (Met. I, 1-2 y II, 1) como Introducción a la Filosofia*, in "Anuario de Filosofia Jurídica y Social. Sociedad Chilena de Filosofia Jurídica y Social, Derecho y Politica", 1991

GILLMAN, Dr. Mark A., *Envy as a Retarding Force in Science*, Aldershot/Brook-field, USA/Hong Kong et all., Avebury, 1996

GIRARDET, Raoul, *Mythes et Mythologies Politiques*, Paris, Seuil, 1986

GODZICH, Wad, *O Tigre no tapete de papel*, prefácio *a A Resistência à Teoria*, de Paul de Man, trad. port. de Teresa Louro Pérez, Lx.ª, Edições 70, 1989 (*The Resistence to Theory*, Minneapolis, Minnesota, University of Minnesota Press, 1989) p. 14 ss..

GOMBRICCH, E. H., *An autobiographical sketch*, in *The essential Gombrich. Selected writings on art and culture*, ed. Richard Woodfield, Londres, Phaidon, 1996

GOMBRICCH, E. H., *Symbolic Images. Studies in the Art of Renaissance II*, trad. cast. de Remigio Gómez Díaz, *Imágenes simbólicas. Estudios sobre el arte del Renacimiento*, 2.ª reimp., Madrid, Alianza Editorial, 1990

260   *Lições de Filosofia Jurídica*

GONZAGA, Tomás António, *Tratado de Direito Natural. Carta sobre a usura. Minutas. Correspondência. Documentos*, Ed. crítica de M. Rodrigues Lapa, Rio de Janeiro, Instituto Nacional do Livro, 1957

GRIMM, *Briar Rose*, in *The Complete Illustrated Stories of the Brothers Grimm*, nova ed., 4.ª reimp., London, Chancellor Press, 1984

GUSDORF, Georges, *L'Université en question*, Paris, Payot, 1964

HABERMAS, Juergen, *Theorie des kommunikativen Handels*, 3.ª ed., Frankfurt, Suhrkamp, 1985 (1.ª ed. 1981)

HEGEL, *Princípios da Filosofia do Direito*, trad. e prefácios de Orlando Vitorino, 2.ª ed., Lx.ª, Guimarães, 1976

HEGEL, *Estética*

HEIDEGGER, Martin, *Sein und Zeit*

HERÓDOTO, *História*

HERVADA, Javier/MUÑOZ, Andres, *Derecho. Guia de Estudios Universitarios*, Pamplona, EUNSA,1984

HERVADA, Javier, *Historia de la Ciencia del Derecho Natural*, Pamplona, EUNSA, 1987

HERVADA, Javier, *Introducción crítica al Derecho Natural*, 4.ª ed., Pamplona, EUNSA, 1986

HERVADA, Javier, *Le droit dans le réalisme juridique classique*, in "Droits. Revue Française de Théorie Juridique", Paris, P.U.F., n.º 10, 1989, p. 31 ss.

HERVADA, Javier, *Lecciones propedéuticas de filosofía del derecho*, Pamplona, EUNSA, 1992

HOURCADE, Pierre, *L'esprit de Coimbra*, Coimbra, Coimbra Editora, 1937

HOVEN, Paul Van Den, *Clear Cases: Do they Exist ?*, in "Revue Internationale de Sémiotique Juridique / International Journal for the Semiotics of Law", Vol. III, n.º 7, 1990, pp. 55-63

HYTLODEV, Miguel Mark / MARTINS, J. de Pina, *Utopia III. Relato em diálogo sobre o modo de vida educação usos costumes em finais do século XX do povo cujas leis e civilização descreveu fielmente nos inícios do século XVI o insigne Thomas More*, Lx.ª, Verbo, 1998

IKOR, Roger, *Le cas de conscience du professeur*, Paris, Perrin, 1966

IKOR, Roger, *L'Université en proie aux Bètes*, Paris, Casterman, 1972

IMBERT, Jean, *De la Sociologie au Droit: la "Fides" romaine*, in *Mélanges H. Lévy-Bruhl*, Paris, 1959

ISIDORO DE SEVILHA, *Etymologiæ*

JACKSON, Bernard S., *Law, fact and narrative coherence*, reimp., Liverpool, Deborah Charles, 1991

JAEGER, Werner, *Paideia, A Formação do Homem Grego*, trad. port. de Artur M. Parreira, Lx.ª, Aster, 1979

JANEIRA, Armando Martins, *Figuras de Silêncio. A tradição cultural portuguesa no Japão de hoje*, Lx.ª, Junta de Investigações Científicas do Ultramar, 1981

JANUSZCZAK, Waldemar/MC CLEERY, Jenny, *Understanding Art*, Macdonald, 1982, trad. port., *Compreender a Arte*, Lx.ª/S. Paulo, 1984

JI, Weidong, *The Chinese experience: a great treasure-house for the sociology of Law*, Oñati Proceedings, n.º 15, Oñati, 1993, p. 17 ss.

S. JUSTO, A. Santos, A '*fictio iuris' no Direito romano ('actio ficticia'). Época clássica*, I., Coimbra, Separata do vol. XXXIII do Suplemento ao "Boletim da Faculdade de Direito"

KANT, Immanuel, *Kritik der reinen Vernunft*

KELSEN, Hans, *Reine Rechtslehre*, trad. port. de João Baptista Machado, *Teoria Pura do Direito*, 4.ª ed., Coimbra, Arménio Amado, 1976

Kena Upanishad, III, 14-28, n/ ed. trad. fr. e introd. de Jean Varenne, in *Sept Upanishads*, Paris, Seuil, 1981, p. 31-33.

KIRCHMAN, Julio Germán von, *Die Wertlosigkeit der Jurisprudenz als Wissenschaft*, 1.ª ed. al. 1847, trad. cast. de Werner Goldschmidt, *El carácter a-científico de la llamada ciencia del Derecho*, in *La Ciencia del derecho*, Savigni, Kirchmann, Zitelmann, Kantorowicz, Buenos Aires, Losada, 1949

KISSEL, O. R., *Die Iustitia. Reflexionen ueber ein Symbol und seine Darstellung in der bildenden Kunst*, Muenchen, Beck, 1984

KOVALEVSKY, Engraph, *La Quête de l'Esprit*, Paris, Albin Michel, 1993

KOYRÉ, Alexandre, *Etudes d'histoire de la pensée scientifique*, Paris, P.U.F., 1973

KUHN, Thomas, *The Structure of Scientific Revolutions*, University of Chicago Press, 1962, trad. cast. de Agustín Contín, *La estructura de las revoluciones científicas*, Mexico, Fondo de Cultura Económica, 15.ª reimp., 1992)

KURZON, D., "How lawyers tell their tales", *Poetics*, n.º 14, 1985, p. 467 ss.

KYMLICKA, Will (ed.), *The rights of minority cultures*, Oxford, Oxford University Press, 1995

KYMLICKA, Will, *Contemporary Political Phylosophy. An Introduction*, trad. cast. de Roberto Gargarela, *Filosofía Política contemporánea. Una Introducción*, Barcelona, Ariel, 1995

KYMLICKA, Will, *Liberalism, community and culture*, Oxford, Clarendon Press, 1989

KYMLICKA, Will, *Multicultural Citizenship: a liberal theory of minority rights*, Oxford, Clarendon Press, 1995

KYOKO, I., *MacArthur's Japanese Constitution*, Chicago, Chicago Univ. Press, 1991

LA BRUYÈRE, *Les caractères de Théophraste traduits du grec avec les caractères ou les moeurs de ce siècle*, ed. de Paris, Booking Internatonal, 1993

LABARRIÈRE, Pierre-Jean, *Le discours de l'altérité*, Paris, P.U.F., 1982

LAGHI, Pio /PIRONIO, Eduardo/ POUPARD, Paul (Cardeais), *Presença da Igreja na Universidade e na cultura universitária*, in "Lumen", Outubro de 1994, p. 387 (19) ss..

LANDOWSKI, E., "Vérité et véridiction en droit", *Droit et Société*, n.º 8, 1988, p. 45 ss.

LE Goff, Jacques, *Memória*, in *Enciclopédia Einaudi*, Lx.ª, Imprensa Nacional-Casa da Moeda, vol. I. *Memória-História*, 1984

Leibholz, Gerhard, *O Pensamento democrático como princípio estruturador na vida dos povos europeus*, trad. port., Coimbra, Atlântida, 1974

Llompart, SJ, Jose, *Teoria y Realidad del Derecho*, Valparaiso, Edeval, 1989

Lohuizen-Mulder, Mab van, *Raphael's Images of Justice-Humanity-Friendship*, Wassenaar, Mirananda, 1977

Luhmann, Niklas, *A improbabilidade da comunicação*, trad. port. com selecção e apresentação de João Pissarra, Lx.ª, Vega, 1992

Luhmann, Niklas, *Legitimation durch Verfaheren*, 2.ª ed. Neuwid, 1975, trad. bras., *Legitimação pelo Procedimento*, Brasília, Edições Universidade de Brasília, 1980. Nova ed., Frankfurt, Suhrkamp, 1989

Lukes, Steven, *The Curious Enlightenment of Professor Caritat*, Verso, 1995, trad. port. de Teresa Curvelo, revisão de Manuel Joaquim Viera, *O Curioso Iluminismo do Professor Caritat*, Lx.ª Gradiva, 1996

Macedo, Jorge Borges de, *Estrangeirados. Um conceito a rever*, Separata de "Bracara Augusta", Braga, vol. XXVIII, fasc. 65-66 (77-78), 1974

Macintyre, Alasdair, *The Idea of a Social Science*, in *Proceedings of the Aristotelian Society*, n.º 41, 1967

Malato, Maria Luísa, *'E tudo o vento levou' de William Shakespeare. Um estudo sócio-pedagógico*, in "Fides. Direito e Humanidades", I, Porto, Rés, 199, p. 91 ss.

Malho, Levi, *O Deserto da Filosofia*, Porto, Rés, s.d..

Maltês, José Adelino, *Princípios de Ciência Política*, II vol. *O problema do Direito, Elementos de Filosofia do Direito e de História do Pensamento Jurídico*, Lx.ª, ISCSP, 1998

Manheim, Karl, *Ideologia e Utopia*, 4.ª ed. bras, Rio de Janeiro, Editora Guanabara, 1986 [*Ideologie und Utopie*, Bonn, 1930]

Martínez Estay, Jose Ig., *Jurisprudencia constitucional española sobre Derechos sociales*, Barcelona, Cedecs, 1997

Martins, Oliveira, *História de Portugal*, 20.ª ed., Lx.ª, Guimarães, 1991

Meese, E., "Promoting Truth in the Courtroom", *Vanderbilt Law Review*, n.º 40//2, 1987, p. 271 ss.

Melkevik, Bjarne, *Horizons de la Philosophie du Droit*, Paris/Montréal, L'Harmattan/Les Presses de L'Université Laval, 1998

Miranda, Jorge /Sousa, Marcelo Rebelo de (coord.), *A Feitura das Leis*, II, Lisboa, Instituto Nacional de Administarção, 1986 (2 vols.)

Moigenie, Victor de (pseud. de José Agostinho), *A Mulher em Portugal. Cartas dum estrangeiro*, Porto, Figueirinhas, 1907

Moncada, Luís Cabral de, *Filosofia do Direito do Estado*, II, Coimbra, Coimbra Editora, 1965

Mónica, Maria Filomena, *Os Filhos de Rousseau. Ensaio sobre os Exames*, Lx.ª, Relógio D'Água, 1997

Bibliografia 263

MONTEJANO, Bernardino, *Aproximación al Principito*, Buenos Aires, Ediciones de la Universidad Católica Argentina, 1996

MONTESQUIEU, *De L'Esprit des Lois*

MONTORO BALLESTEROS, Alberto, *Razones y limites de la legitimación democrática del Derecho*, Múrcia, Universidad de Murcia, 1979

MOREIRA, José Manuel, *Liberalismos: entre o conservadorismo e o socialismo*, Lx.ª, Pedro Ferreira, 1996

MORTIER, Roland, *L'Originalité. Une nouvelle catégorie esthétique au siècle des Lumières*, Genève, Droz, 1982

NEVES, A. Castanheira, *Digesta, Escritos acerca do Direito, do Pensamento Jurídico, da sua Metodologia e Outros*, Coimbra, Coimbra Editora, 1995 2 vols.)

NEVES, A. Castanheira, *Metodologia Jurídica. Problemas Fundamentais*, Coimbra, Coimbra Editora, Stvdia Ivridica, 1993

NEVES, Fernando Santos, *Introdução ao Pensamento Contemporâneo. Razões e Finalidades*, Lx.ª, Edições Universitárias Lusófonas, 1997

NIETZSCHE, Friedrich, *Über Wahreit und Lüge im aussermoralischen Sinne*, trad. port. de Helga Hook Quadrado, in *O Nascimento da Tragédia e Acerca da Verdade e da Mentira*, Lx.ª, Relógio D'Água, 1997

NOLLAN, Albert, *Jesus before Christianity*, Darton, Longman and Todd, 1977, trad. bras., *Jesus antes do Cristianismo*, S, Paulo, Edições Paulinas, 1988

ORTEGA Y GASSET, José, *La Deshumanización del Arte y otros Ensayos de Estética*, 2.ª ed., Madrid, Espasa-Calpe, 1992 (1.ª ed. 1925)

ORTEGA Y GASSET, José, *Misión de la Universidad*, Madrid, Revista de Occidente, 1936

OTTONELLO, Pier-Paolo, *La Barbarie Civilizzata*, Génova, Edizioni dell'Arcipelago, 1993

OVÍDIO, *Métamorfoses*

PAGLIARO, Antonino, *Il segno vivente. Saggi sulla lingua e altri simboli*, Napoli, Edizioni Scientifiche Italiane, 1952, trad. port. de Aníbal Pinto de Castro, *A vida do sinal. Ensaios sobre a língua e outros símbolos*, 2.ª ed., Lx.ª, Fundação Calouste Gulbenkian, 1983

PASCAL, *Œuvres Complètes*, texto estabelecido por Jacques Chevalier, Paris, Biblioteca da Pléiade, 1954.

PEREIRA MENAUT, Antonio-Carlos, *Lecciones de Teoría Constitucional*, 3.ª ed. espanhola, Madrid, Colex, p. 381 ss., 1997

PERELMAN, Chaim, *Rhetoriques*, Bruxelles, Editions de l'Université de Bruxelles, 1989

PIMENTA, "A Justiça", *A magia que tira os pecados do mundo*, Lx.ª, Cotovia, 1995, p. 117.

PIRES, Francisco Lucas, *A verdade politicamente correcta*, in "Brotéria", vol. 147, n.º 4, p. 297 ss..

PLATÃO, *A República*, 3.ª ed., introd., trad. e notas de Maria Helena da Rocha Pereira, Lx.ª, Fundação Calouste Gulbenkian, 1980

PLATON, *Œuvres complètes*, I, trad. nova e notas de Léon Robin com a colaboração de M.-J. Moreau, Paris, Gallimard, 1950 (reimp. 1981)

PRIETO SANCHÍS, Luis (coord.), *Tolerancia y Minorias. Problemas Jurídicos e Políticos de las Minorías en Europa*, Cuenca, Universidad Castilla-La Mancha, 1996

PRIGOGINE, Ilya, *La fin des certitudes*, Paris, Odile Jacob, 1996

PUY, Francisco, *Derechos Humanos*, Santiago de Compostela, I. Paredes, 1985, (3 vols.)

PUY, Francisco, *Filosofia del Derecho y Ciencia del Derecho*, in "Boletim da Faculdade de Direito", Universidade de Coimbra, vol. XLVIII, 1972.

PUY, Francisco,, *Tópica Jurídica*, Santiago de Compostela, Imprenta Paredes, 1984

QUEIROZ, Eça de, *A Correspondência de Fradiques Mendes*, Lisboa, Livros do Brasil, s.d. (l.ª ed., 1900).

RADBRUCH, Gustav, *Introduccion a la Filosofía del Derecho*, 4.ª ed. cast., México, FCE, 1974

RASCHINI, Maria Adelaide, *Principi ispiratori di una riforma universitaria*, in " Filosofia Oggi", ano XX, n.º 77-78, f. I-II, Janeiro-Junho 1997, p. 5 ss.

RAWLS, John, *A Theory of Justice*, Harvard University Press, 1971, trad. bras. de *Uma teoria da Justiça*, Brasília, Edições da Universidade de Brasília, Introdução e tradução de Vamireh Chacon, 1981

RICOEUR, P., *Temps et Récit*, Paris, Seuil, 3 vols., 1983-1985

RIVIÈRE, Claude, *Les rites profanes*, Paris, P.U.F., 1995

ROBLES, Gregorio, *Introduccion a la Teoria del Derecho*, Madrid, Debate, 1988

ROUGIER, Louis, *O Conflito entre cristianismo primitivo e a civilização antiga*, trad. port. de Manuela Barreto, Lx.ª, Vega, 1995

ROULAND, N./PIERRÉ-CAPS, S./POUMARÈDE, J., *Droit des minorités et des peuples autochtones*, paris, P.U.F., 1996

S. AGOSTINHO *et al.*, *Textos de Hermenêutica*, selecção e introdução de Rui Magalhães, trad. de José Andrade, Porto, Rés, 1984

S. AGOSTINHO, *Acerca da doutrina cristã*, X, 15

S. AGOSTINHO, *De Civitate Dei*

S. Tomas de AQUINO, *Summa Theologiæ*

S. AGOSTINHO, *Confissões*

SAGAN, Carl, *The Demon-Haunted World*, 1995, trad. port. de Ana Falcão Bastos e Luís Leitão Bastos, *Um Mundo infestado de demónios. A Ciência como uma luz na escuridão*, 2.ª ed., Lx.ª, Gradiva, 1998

SAINT-EXUPÉRY, Antoine de, *Le Petit Prince*, ed. de Paris, Gallimard, 1987

SALDANHA, Nelson, *Da Teologia à Metodologia. Secularização e crise no pensamento jurídico*, Belo Horizonte, Del Rey, 1993

SANTOS, António de Almeida, *Por favor, preocupem-se*, Lx.ª, Editorial Notícias, 1998

SANTOS, Boaventura de Sousa, *Vers une conception multiculturelle des droits de l'homme*, "Droit et Société", 1997, n.º 35, p. 79 ss.

SANTOS, Boaventura Sousa, *Introdução a uma Ciência Pós-Moderna*, Porto, Afrontamento, 1990

SARAT, A. /KEARNS, T., *Identities, Politics and Rights*, Ann Arbor, The University of Michigan Press, 1995

SAVATER, Fernando, *Ética para um jovem*, trad. port de Miguel Serras Pereira, 4.ª ed. port., Lx.ª, Presença, 1997

SAVATER, Fernando, *O valor de educar*, trad. port. de Michelle Canelas, Lx.ª, Presença, 1997

SCHOUPPE, Jean-Pierre, *Le réalisme juridique*, Bruxelles, E. Story-Scientia, 1987

Sebastião BRANDT, *La Nef des Fous*, adapt. fr. de Madeleine Horst, Strasbourg, Éditions de la Nuée Bleue, 1977

SELZNIC, P., *The Moral Commonwealth*, Berkeley, University of California Press, 1992

SÉRGIO, António, *Democracia*, Lx.ª, Sá da Costa, 1974

SERIAUX, Alain, *Le droit naturel en France à la fin du XX.e siècle*, Conferência nas II Jornadas Hispánicas de Derecho Natural, Córdova, Setembro de 1998, no prelo

SERRES, Michel, *Le contrat naturel*, Paris, François Bourin, 1990

SERRES, Michel, *Les origines de la géométrie*, Paris, Flammarion, 1993, trad. port. de Ana Simões e Maria da Graça Pinhão, *As origens da Geometria*, Lx.ª, Terramar, 1997

SHAPIRO, Ian/ KYMLICKA, Will, *Ethnicity and Group Rights*, New York, New York University Press, 1997

SHEELEY, Percy Bysshe, *Defesa da Poesia*, trad. de Alcinda Pinheiro de Sousa e João Ferreira Duarte, in *Poética Romântica Inglesa*, A páginas tantas, 1985

Sleeping Beauty, USA, 1959, technirama, 75 mn, adap. de Charles Perrault

SOARES, Rogério Ehrhardt, *Direito Público e Sociedade Técnica*, Coimbra, Atlântida, 1969

SOARES, Rogério Ehrhardt, *Sentido e Limites da Função legislativa no Estado Contemporâneo*, in Jorge MIRANDA/Marcelo Rebelo de SOUSA (coord.), *A Feitura das Leis*, II, Lisboa, Instituto Nacional de Administração, 1986

STEINER, George, *Antigones*, trad. port. de Miguel Serras Pereira, *Antígonas*, Lx.ª, Relógio D'Água, 1995

STEINER, George, *No passion spent*, trad. cast. de Menchu Gutiérrez e Encarna Castejón, *Pasión Intacta. Ensayos 1978-1995*, Madrid, Siruela, 1997

SWIFT, Jonathan, *Gulliver's Travels*, London, Chancellor Press, 1985

TERRÉ, François, *Introduction générale au droit*, Paris, Dalloz, 19991

THOMAS, Yan, *Mommsen et 'l'Isolierung' du Droit*, Paris, Diffusion Boccard, 1984

TITO LÍVIO, *Historia*

TOHARIA, José Juan, *Pleitos tengas! Introducción a la cultura legal española*, Madrid, CIS – Siglo XXI, 1987

266   *Lições de Filosofia Jurídica*

TOLKIEN, *O Hobbit*, 2.ª ed. port., trad. de Fernanda Pinto Rodrigues, Mem Martins, Publicações Europa-América, 1987

TRIGEAUD, Jean- Marc, *Métaphysique et Éthique au fondement du Droit*, Bordeaux, Bière, 1995

TRIGEAUD, Jean- Marc, *Persona ou la Justice au double visage*, Genova, Studio Editoriale di Cultura, 1990

TRUYOL SERRA, António, *Esbozo de una Sociologia del Derecho Natural*, in *Revista de Estudios Politicos*, Madrid, vol. XXIV, 1949, p. 15 ss.

TZITZIS, Stamatios, *Esthétique de la violence*, Paris, P.U.F., 1997

TZITZIS, Stamatios, *La naissance du droit en Grèce*, in *Instituições de Direito*, I. *Filosofia e Metodologia*, nossa org., Coimbra, Almedina, 1998, p. 191 ss..

TZITZIS, Stamatios, *La Philosophie Pénale*, Paris, P.U.F., 1996.

TZITZIS, Stamatios, *La Philosophie Pénale de Sade à la lumière de son hédonisme*", in "Revue Pénitentiaire et de Droit Pénal", 114.º ano, n°. 1, Janeiro- Março de 1990, pp. 97 ss

TZITZIS, Stamatios, *La Philosophie Pénale chez Sade et la Révolution Française*, in "Fides, Direito e Humanidades", III, s/d.

TZITZIS, Stamatios, *L'Art du législateur: l'inspiration platonicienne chez Sade. Utopie et realité*, in "Greek Philosophical society. On Justice. Plato's and Aristótele's conception of justice in relation to modern and contemporary theories of Justice", Athens, 1989

VAIHINGER, *The Philosophy of 'As if'. A system of the theoretical, practical and religious fictions of mankind*, trad. ingl. De C.K. Ogden, reimp. da 2.ª ed., Londres, Routledge & Kegan Paul, 1965

VALLANÇON, François, *Domaine et Propriété (Glose sur Saint Thomas D'Aquin, Somme Theologique IIA IIAE QU 66 ART 1 et 2)*, Université de Droit et Economie et de Sciences Sociales de Paris (Paris II), Paris, 1985, 3 vols., policóp.

VALLANÇON, François, *L'État, le droit et la société modernes*, Paris, Armand Colin, 1998

VALLANÇON, François, *Phénoménologie du Droit*, in *Instituições do Direito, I. Filosofia e Metodologia do Direito*, n/ org., Coimbra, Almedina, 1998, p. 47 ss.

VALLAURI, Luigi Lombardi, *Diritto naturale e diritto libero*, in "Persona y Derecho", 23, 1990, p. 25 ss

VALLAURI, Luigi Lombardi, *Terre. Terra del Nulla. Terra degli Uomini. Terra dell'oltre*, Milano, Vita e Pensiero, 1991

VALLET DE GOYTISOLLO, Juan, *A encruzilhada metodológica jurídica no Renascimento, a Reforma, a Contra-Reforma*, trad. port. de Fernando Luso Soares Filho , Lx.ª, Cosmos, 1993

VALLET DE GOYTISOLLO, Juan, *Metodología de la determinación del derecho*, Madrid, Editorial Centro de Estudios Ramón Areces SA, 1994

VALLET DE GOYTISOLLO, Juan, *Metodologia Juridica*, Madrid, Civitas, 1988

VALLET DE GOYTISOLLO, Juan, *Que és el derecho natural ?*, Madrid, Speiro, 1997

VALLET DE GOYTISOLO, Juan, *Derecho y Verdad*, separata de "Verbo", Speiro, 1996, série XXXV, n.º 347-348

VECCHIO, G. del, *A Verdade na Moral e no Direito*, trad. port. de Francisco José Velozo, Braga, Scientia Iuridica, 1956

VEYNE, Paul, *Les grecs, ont-ils cru à leurs mythes?*, Paris, Seuil, 1983

VIEHWEG, Theodor, *Topik und Jurisprudenz*, Munique, C. H. Beck'sche V., 1963 (edição castelhana, *Tópica y Jurisprudencia*, 1.º reimp., Madrid, Tauros, 1986

VIEIRA, Maria Manuel, *Transformação recente no campo do ensino superior*, in "Análise Social", vol. XXX (131-132), 1995 (2.º-3.º), p. 315 ss.

VIEIRA, Padre António, *Obras completas do...*, *Sermões*, Porto, Lello, vários vols., 1959

VILLEY, Michel, "Nouvelle rhétorique et droit naturel", in *Critique de la pensée juridique moderne*, Paris, Dalloz, 1976, p. 85 ss

VILLEY, Michel, *Abrégé de droit naturel classique*, in "Archives de Philosophie du Droit", VI, 1961, pp. 25-72, in ex in *Leçons d'Histoire de la Philosophie du Droit*, Paris, Dalloz, 1962

VILLEY, Michel, *De l'indicatif dans le droit*, in "Archives de Philosophie du Droit", XIX, Paris, Sirey, 1974, p. 33 ss.

VILLEY, Michel, *Jusnaturalisme — Essai de définition*, in "Revue Interdiscipinaire d'Etudes Juridiques", n.º 17, 1986

VILLEY, Michel, *Le droit dans les choses*, in *Controverses autour de l'ontologie du droit*, dir. de Paul Amselek e Christophe Grzegorczyk, Paris, P.U.F., 1989, p. 11 ss..

VILLEY, Michel, *Le Droit et les Droits de L'Homme*, Paris, P.U.F., 1983

VILLEY, Michel, *Mobilité, diversité et richesse du Droit Naturel chez Aristote et Saint Thomas*, in "Archives de Philosophie du Droit", XXIX, 1984, pp. 190 ss..

VILLEY, Michel, *Philosophie du Droit, I. Les fins du droit*, 3.ª ed., Paris, Dalloz, 1982

VILLEY, Michel, *Préface* a KANT, *Métaphysique des Moeurs. Première Partie. Doctrine du Droit*, 3.ª ed. fr., tr. de A. Philonenko, pp. 7 ss..

VILLEY, Michel, *Questions de St. Thomas sur le droit et la politique ou le bon usage des dialogues*, Paris, P.U.F., 1987

VILLEY, Michel, *Réflexions sur la Philosophie et le Droit. Les Carnets*, Paris, P.U.F., 1995

VILLEY, Michel, *Seize essais de Philosophie du Droit dont un sur la crise universitaire*, Paris, Dalloz, 1969

VILLEY, Michel, *Philosophie du Droit, II. Les moyens du droit*, 2.ª ed., Paris, Dalloz, 1984

VOEGELIN, Eric, *A Natureza do Direito e outros textos jurídicos*, Lx.ª, Vega, 1998

WEBER, Max, *Ueber die protestantische Ethik und den Geist des Kapitalismus*, 1920-1921

WILSON, Richard A. (ed.), *Human Rights, Culture and Context: Anthropological Perspectives*, Londres/Chicago, Pluto Press, 1997

WINCH, Peter, *The idea of a social science*, London, Routledge & Kegan Paul, 1958

WIND, Edgar, *La Justicia platónica representada por Rafael*, in *La elocuencia de los símbolos. Estudios sobre arte humanista,* ed. cast. de Jaynie Anderson, biog. de Hugh Lloyd-Jones, trad. cast. de Luis Millán (ed. orig.: *The elocuence of Symbols: Studies in Humanist Art*, 2.ª ed. rev., Oxford, Oxford University Press, 1993)

WOLFF, Eric, *Das Problem der Naturrechtslehre*, trad. cast. de Manuel Entenza, *El problema del derecho natural*, Barcelona, Ariel, 1960.

YEATS, W. B., *The Tables of the Law*, in *Mythologies*, 3.ª ed. , Londres, Papermac, 1982

ZBANKOWSKI, Z., "The value of truth. Fact scepticism revisited", *Legal Studies*, n.º 1, 1981, p. 257 ss.

ZENHA, Francisco Salgado, *Processo Civil, Constituição e Democracia*, in "Revista da Ordem dos Advogados", ano 52, Julho 1992, II, p. 341 ss..

ÍNDICE ANALÍTICO

Lições de Filosofia Jurídica
Natureza & Arte do Direito

PREÂMBULO 11

Parte I

***Direito Natural, Metodogia Jurídica e Teoria da Justiça* 15**

Capítulo Primeiro
Direito Natural e Teoria da Justiça
Deontologia, Terminologia, Sistematização 17

   I. Introdução. Em torno de uma deontologia da produção teórica 17
     1. Teorias da 'tabula rasa', teorias para 'épater le bourgeois' e Epigonismo 17
     2. Requisitos de rigor teórico e de responsabilidade 19
   II. O que é uma Teoria? Teoria e figuras próximas 22
     1. Theoria e Praxis 22
     2. Theoria e Aestesis 23
     3. Theoria e Doxa 24
     4. Theoria e Philo-Sophia 24
     5. Theoros e Mnemones 24
     6. Physikoi, Psychikoi, Pneumatikoi 25
     7. Da Sophia à Técnica 26
   III. Teoria, Ficção e Mito; Realidade e Verdade 27
     1. Teoria, Cepticismo e Niilismo 27
     2. Realidade e Verdade. Falsidade e Erro 28
     3. Fictio e Mythos 30
     4. Theoria vs. Realidade 32
   IV. O que é uma Doutrina? 34
     1. Sentido profano de Doutrina 34
     2. Polissemia no uso jurídico da expressão 35
     3. Tentativa de sistematização 36
     4. Sapientia e Doxa 38
     5. A Doutrina e os Juristas 38
   V. Teorias da Justiça e Doutrina do Direito Natural
     1. O Problema Conotativo 39

270 *Lições de Filosofia Jurídica*

2. *"Doutrina do Direito Natural": a melhor qualificação positivista* 42
   a) *Theoria* 42
   b) *Doxa* 42
   c) *Fictio* 43
   d) *Mythos* 43
   e) *Doutrina* 43
3. *Direito Natural: Realidade, Teoria, Verdade* 43
   a) *Uma Realidade, ou várias Realidades* 44
   b) *Uma Teoria, ou um Conjunto de Teorias, ou*
      Um Conjunto de Doutrinas (no sentido positivo) 44
   c) *Uma Verdade, ou um Conjunto de Verdades* 44

Capítulo II

A Aporia Metodológica do Direito Natural

Alegorias na Caverna 49

I. Metodologia do Direito Natural – 'Contradictio in terminis'? 49
1. *Direito Natural, realidade do Mundo do Espírito* 49
2. *Direito Natural e Epistemologia* 50
3. *Dificuldades Teóricas: Anúncio* 50
   3.1. Relações Direito Natural / Direito Positivo e unidade do jurídico 50
   3.2. O radical problema metodológico 50
4. *Metodologia do Direito Natural – 'Contradictio in terminis'?* 51
5. *Alguns caminhos (métodos) do Direito Natural* 51
6. *Três formas metodológicas de Direito Natural* 51
   6.1. Ciência jurídica positiva 52
   6.2. Transição do Direito Natural para o Direito Positivo 52
   6.3. Indagação do Direito Natural 52
7. *As duas vertentes mais profundas: indagação e positivação* 52
8. *Grandes Problemas da Metodologia do Direito Natural* 53
   8.1. Questão Ontonoética 53
   8.2. Questão Transpositiva 53
II. Conhecimento do Direito Natural 53
1. *Velhos Caminhos* 53
2. *Antropologia e Teologia* 54
3. *Visão e Introspecção* 54
   3.1. Deduzir ou Ver e Ponderar? 54
   3.2. Os 'Cavernícolas' 55
   3.3. Metodologia híbrida 57
4. *Destinatários e Agentes do Direito Natural* 57
   4.1. Um Direito Natural elitista? 57
   4.2. O Néon ou o Sol? 58
   4.3. Complexidade do Direito Natural 59
   4.4. Síntese 59
   4.5. Justiça jusnaturalisticamente 'laica' 62
   4.6. Dificuldades do Jusnaturalismo e o recurso do Direito positivo 62
III. Aplicação do Direito Natural 63
1. *Positivação vs. Teorização?* 63

Índice Analítico

2. *O Direito Natural na criação do Direito positivo: enunciação* 64
  2.1. *Na "criação" do Direito* 65
  2.2. *Na "execução" do Direito* 65
  2.3. *Na Judicatura* 65
3. *O Direito Natural na criação do Direito Positivo: implicações actuais* 65
4. *Privação metodológica jusnatural e estratégias superadoras na ciência jurídica geral* 66
5. *Duas metodologias jusnaturalistas* 69
  5.1. *Metodologia "instintiva"* 69
  5.2. *Metodologia 'proprio sensu'* 69
6. *O Problema da Metodologia em si mesma* 70
7. *Caminhos e Lugares. Da Metodologia à Tópica* 71
8. *Direito Natural e Metodologia do Direito Natural* 72
9. *A Aporia Metodológica do Direito Natural* 73
10. *Para além da Metodologia* 74

Capítulo III

Da Metodologia do Direito Natural ao Direito Natural como Método Jurídico

Deambulações sob o céu estrelado 77

I. Do Problema da Metodologia em Geral 77
  1. *O Direito, de cientificamente influente a influenciado e traumatizado* 77
  2. *Crítica do metodologismo triunfante* 78
  3. *Da falência do método nas ciências 'tout court'* 79
II. Pressupostos Filosófico-Jurídicos 82
  1. *Carácter Artístico do Direito* 82
  2. *Imprescindibilidade e ancilaridade da Metodologia Jurídica* 82
  3. *Adequação da Metodologia à 'Episteme' que serve.*
     A dialéctica para a Arte Jurídica 82
  4. *Unidade do Direito: ontológica e metodológica*
     A Aporia (ou dilema?) do Direito Positivo 83
  5. *Metodologia do Direito, caminho para a Justiça* 83
  6. *Dialéctica, método do Direito* 84
III. Do Céu dos Conceitos ao Limbo das Doutrinas 85
  1. *A Tentação Normativista* 85
  2. *A sedução dos extremos: jusnaturalismo proclamatório e jusnaturalismo construtivista* 85
  3. *Minimalismos Jusnaturalistas* 86
  4. *Do minimalismo à ideia de mutabilidade do Direito Natural* 88
IV. Teses 89
  1. *Objectividade do Direito Natural e Metodologia sócio-axiológica indagadora* 89
  2. *Insondabilidade da 'natura hominis' profunda, e mutabilidade da superficial* 90
  3. *Excelência do método empírico, da experiência e da sabedoria da História e da tradição. Paralelo com a arte e a educação do gosto artístico.* 91
  4. *Phronesis, diálogo das gerações, e decantação histórica das teorias do Direito Natural* 92
  5. *Ilusão dos Catálogos de Direitos e Realidade da Justiça* 93

272 — *Lições de Filosofia Jurídica*

6. *A armadilha da pirâmide normativa "tomista"* 94
7. *Direito Natural, estrela da Justiça* 95
8. *Direito por linhas tortas...* 95
V. Conclusões provisórias 97
   1. *Direito Natural como uma Metodologia da Justiça (ou: um método de determinação do justo)* 97
   2. *Metodologia pluralista no Direito Natural: o concurso de múltiplos métodos ancilares* 97
   3. *Papel das humanidades e disciplinas jurídicas humanísticas na feitura das Leis* 98
   4. *A misteriosa ponderação dialéctica na consciência do juiz. Direito Natural, fontes de Direito e Hermenêutica jurídica* 98
   5. *Do dito, do não-dito, do que fica por dizer... e fazer* 100

Capítulo IV

Perspectivas Jusnaturalistas. *Nova et Vetera*

Babel, o Deserto e o Vedor 101

   I. Sair da Babel Jusracionalista 101
   II. Orientações Jusnaturais 103

Capítulo V

Um Direito Natural para o séc. XXI

Da intangibilidade e do normativismo à dialéctica e ao eclectismo 107

   I. Introdução 107
   II. Intangibilidade jusnatural 108
   III. Normativismo jusnatural 109
   IV. Dialéctica e eclectismo no Direito Natural 109
      1. *Da Teorética à Eidética* 109
      2. *Metodologia Dialéctica* 110
      3. *Forma e Conteúdo* 110
      4. *Direitos Humanos e Fundamentais e abertura eclética jusnatural* 111

Capítulo VI

Da Teoria à prática na Metodologia do Direito Natural

O anão dialéctico 113

   I. Metodologia cognoscitiva e Metodologia vivencial 113
   II. Conhecer o Direito Natural, prevenidamente 114
   III. Viver o Direito Natural, dialecticamente 116
   IV. Métodos no Direito Natural 119
      1. *Sociologia axiologizada* 119
      2. *Experiência e História, ou Filosofia a partir de Exemplos* 120
      3. *Educação do Gosto, sentido estético/sentido ético* 120
      4. *História do Direito Natural e Sociologia do Direito Natural* 121
      5. *O decisivo teste da Injustiça* 121
   V. Razões do Coração 122

Índice Analítico 273

Capítulo VII

Do Direito Natural como Teoria da Justiça

Prolegómenos a uma Teoria Futura 123

   I. **Da Justiça jurídica** 123
   II. **Teorias Contemporâneas da Justiça** 126
   III. **O Direito Natural como Teoria da Justiça** 128

Parte II

Símbolos e Cânones 141

Capítulo VIII

A Espada e a Lei

Simbolismo das representações plásticas da Justiça 143

   I. **A Balança, ou o Problema do Símbolo** 143
   II. **A Venda, ou a Dualidade Simbólica** 147
   III. **A Espada, ou a Decisão Simbólica** 150

Capítulo IX

O Direito e os Sentidos

Exercícios de Interdisciplinaridade 159

   I. **O Direito e a Cultura do Ouvido e da Palavra** 159
   II. **O Direito e os sentidos atrofiados** 160
   III. **Visão e Teoria do Direito: um sentido alternativo** 161
   IV. **Ver ou Não Ver: eis a questão** 163
   V. **'Trompe-l'oeil'. Platão e Rafael na 'Stanza della Segnatura'** 164
   VI. **Justiça virtude e Justiça jurídica: Leitura da 'Ética a Nicómaco', de Aristóteles** 168
   VII. **O Livro dos Símbolos. Direito e Visão do Direito no Livro de Tobias** 169
   VIII. **Pureza e Isolamento jurídicos: de Platão e Aristóteles aos Direitos Humanos e às visões pós-modernas do Direito** 171
   IX. **O Segundo Segredo do Direito** 174

Capítulo X

O Jurista, Pintor da Natureza

Exercícios de Sinestesia 179

   I. **Pintura e Direito** 179
   II. **Natureza Morta e Paisagem, símbolos do Direito** 181
     1. *Natureza Morta* 181
     2. *Paisagem* 183

274 *Lições de Filosofia Jurídica*

III. Poesia sobre a Natureza: uma outra Natureza Morta, uma outra Paisagem 184
   1. A Redescrição poética da Pintura 184
   2. Poemas 184
   3. Comentários estéticos e jurídico-filosóficos 186
      3.1. Comentários estético-existenciais 186
      3.2. Comentários jurídico-políticos 189

Capítulo XI
Estéticas e Juridicidades
Exercícios de Perspectiva 195

   I. Aristóteles, Kempis, Sade: Direito, Eudemonismo, Hedonismo 195
   II. Narciso, a Estética e o Direito 203
   III. Nero, Pombal e Narciso 212
   IV. Letra e Espírito 213

Capítulo XII
Do Fim dos Cânones ao Fim do Direito
Os Quatro Cavaleiros 217

   I. Ritual e estilo académico tradicional 217
   II. Dogmas e anti-dogmas 218
   III. O Fim da Verdade 220
   IV. O Fim do Direito 224

CONCLUSÃO
Razão Dogmática, Razão Canónica, Razão Dialéctica
Viagens na Terra do Hobbit 231

   I. O Direito, uma 'Episteme' essencialmente prática 231
   II. A Dialéctica na matriz epistemológica do Direito e na Simbologia Jurídica 233
      1. Nascimento greco-romano do Direito 233
      2. Da Dogmática à Dialéctica na Simbologia do Direito 238
   III. Razão Dogmática e Razão Canónica 239
   IV. Razão Canónica e Razão Dialéctica 245
   V. Dogma e Dialéctica. Razão sistemática *vs.* **Razão Tópica** 248
   VI. Humildade dialéctica, arrogância dogmática 250

LECCIONES 253

BIBLIOGRAFIA 255